# 全国报关行业自律与诚信创建活动专辑

中国报关协会 ◎ 编

中国海关出版社

图书在版编目（CIP）数据

全国报关行业自律与诚信创建活动专辑/中国报关协会编．
—北京：中国海关出版社，2014.3
ISBN 978-7-5175-0005-6

Ⅰ.①全… Ⅱ.①中… Ⅲ.①海关管理—工作人员—职业道德—中国—学习参考资料 Ⅳ.①F752.5

中国版本图书馆 CIP 数据核字（2014）第 001283 号

## 全国报关行业自律与诚信创建活动专辑
QUANGUO BAOGUAN HANGYE ZILÜ YU CHENGXIN CHUANGJIAN HUODONG ZHUANJI

| | |
|---|---|
| 编　　者： | 中国报关协会 |
| 设计排版： | 张　鹏 |
| 责任编辑： | 冯　伟 |
| 助理编辑： | 史　娜　赵　蕊 |
| 出版发行： | 中国海关出版社 |
| 社　　址： | 北京市朝阳区东四环南路甲 1 号　邮政编码：100023 |
| 网　　址： | www.hgcbs.com.cn；www.hgbookvip.com |
| 编 辑 部： | 01065194242-7538（电话）　01065194231（传真） |
| 发 行 部： | 01065194221/4238/4246（电话）　01065194233（传真） |
| 社办书店： | 01065195616（电话）　01065195127（传真） |
| | http://store.hgbookvip.com（网址） |
| 印　　刷： | 北京铭成印刷有限公司　经　　销：新华书店 |
| 开　　本： | 710mm×1000mm　1/16 |
| 印　　张： | 20.75　字　　数：280 千字 |
| 版　　次： | 2014 年 3 月第 1 版 |
| 印　　次： | 2014 年 3 月第 1 次印刷 |
| 书　　号： | ISBN 978-7-5175-0005-6 |
| 定　　价： | 32.00 元 |

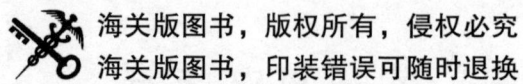

海关版图书，版权所有，侵权必究
海关版图书，印装错误可随时退换

# 《全国报关行业自律与诚信创建活动专辑》编委会

| | |
|---|---|
| **主　任** | 刘文杰 |
| **副主任** | 郝崇福　徐秋跃　白雪燕　王晓东　张华民　高泷湧 |
| **委　员** | 张　敏　王大隆　倪　红　张洪余　顾百川　刘方明 |
| | 崔汉桥　马传会　林钟铁　孙元林　骆卫国　陈春源 |
| | 杨秋生　杨映隆　戴康文　吴　俊　樊云光　王　杰 |
| | 许建国　但秀红　白凤川　杨汉平　耿维强 |

# 《全国报关行业自律与诚信创建活动专辑》编写组

主　　编　张华民
执行主编　许建国
成　　员　柳水才　蒋纯清　王秀彪　盘岩松　林　荣　张　鹏
　　　　　赵　蕊　胡晓燕　梁　茜　李春飞　陈健生　姚　瑶
　　　　　杨妮臻　胡晓明　张　丽　江　静　寿　挺　尚妍玲
　　　　　何国新　孙　莹　潘　岑　白珩金　罗　茜　李　娜
　　　　　欣菊敏　李未平　王柏林　李玉燕　唐　萍　吴耕凡
　　　　　郑松林　李　琳　黄丽敏　刘永琴　薛　巍　杨晓虎
　　　　　洪柳媛　林洪舟　金丽萍　陈国根　张　俊　张益海
　　　　　叶冬武　曹　强　季红梅　吕晓燕　陈志峰　马雪鸿
　　　　　张延伟　龚中新　林伟庆　池文辉　谭善勇　吴　婧
　　　　　王　松　林　斌　乔金辉　沈　凤

# 序
——奏响诚信建设主旋律，传播报关行业正能量

新春之际，经全国报关协会信息工作者的勤奋努力和报关企业精英们的鼎力相助，在中国海关出版社的精心指导下，《全国报关行业自律与诚信创建活动专辑》（以下简称《专辑》）出版发行了，这是中国报关协会成立以来首次汇集的一本全国报关行业行业自律与诚信建设的专辑，可喜可贺。《专辑》共编辑了94篇文章，从各个不同的侧面展示了全国报关行业，探索行业自律的工作成果，反映了全国报关企业勇于实践，勇于创新的精神风貌，彰显了全国报关行业诚信守法、崇尚专业、自律规范、创新务实的行业精神。谨此，特向积极参与行业自律与诚信建设的所有会员单位和参加编辑专辑活动的同仁们致以真挚的问候和谢意。

开展行业自律与诚信创建活动，是国家民政部2013年4月向全国行业协会发出的号召。推进行业自律与诚信建设，是适应政府简政放权、转变职能的新形势，提高行业协会社会公信力的重要举措；是强化行业自律管理，提高行业协会自律能力的有效途径；是激发行业协会活力，促进社会主义市场健康发展的有效手段。全国报关协会经过近一年"诚信活动"的实践，成绩喜人，初见成效。然而，开展行业自律与诚信创建活动是一项长期的任务，任重而道远。

我们要认真学习、善于思考。要在党的十八届三中全会精神的指导下，适应社会组织改革创新的新形势，明确行业协会的社会职责和工作要求，激发报关协会的内在活力。

我们要联系实际、谋划良策。要紧密结合行业协会发展的新情况、新问题，加强人才队伍建设和业务建设，依法兴会，理顺关系，加强监督，促进报关协会的科学发展。

我们要激发活力、提高效能。要以服务为宗旨，以创新为动力，以市场为导向，以会员为主体，更好地发挥"娘家人"和"中间人"的作用。

律回春晖见，万象始更新。2014年是全国报关行业全面深化改革的一年，也是继续深入开展行业自律与诚信建设活动的一年。让我们团结一心，攻坚克难，为推进中国报关事业的持续健康发展作出应有的贡献。

2014年2月16日

# 目 录

## 自律规范篇

突出重点　统筹兼顾　扎实开展行业自律与诚信创建活动
　　——中国报关协会 ································· 3

加强行业自律管理　开创协会建设新局面
　　——厦门报关协会 ································· 6

创新自律管理思路　当好会员企业"娘家人"
　　——浙江省报关协会 ······························· 9

坚持规范运作　推进行业自律
　　——重庆报关协会 ································ 12

创新企业发展思路　增强自律管理能力
　　——苏州工业园区报关有限公司 ···················· 15

坚持自律管理　推进诚信建设
　　——天津外代报关行有限公司 ······················ 18

严于自律抓管理　诚信经营促发展
　　——浙江八方物流有限公司 ························ 21

加强企业自律管理　提高诚信服务水平
　　——江门外海运输实业有限公司 ···················· 24

加强自律管理　努力当好行业排头兵
　　——江苏飞力达国际物流股份公司 ·················· 27

打造元丰品牌　推进诚信建设
　　——上海元丰报关有限公司 ………………………………… 30
靠管理创一流　靠服务创品牌
　　——天津渤海报关有限公司 ………………………………… 33
自律自省　有所作为
　　——中外运南通分公司 ……………………………………… 36
强化自律运行机制　创造守法经营环境
　　——天津华贸柏骏国际物流有限公司 ……………………… 39
托举自律引擎　推动服务转型
　　——安徽芜湖中外运有限公司 ……………………………… 42
践行"诚信自律"　铸就"大田"品牌
　　——苏州大田国际货运代理公司 …………………………… 46
自律管理出成果　艰苦创业谋发展
　　——上海心海国际物流有限公司 …………………………… 49
强化自律管理　创建诚信佳绩
　　——上海亚东报关公司 ……………………………………… 52
守法自律根基牢　诚信服务企业兴
　　——广州粤穗报关有限公司 ………………………………… 55
严于自律　诚信为本
　　——杭州汉德国际货运代理有限公司 ……………………… 58
坚持企业自律管理　铸造诚信服务品牌
　　——青岛中外运联丰国际物流有限公司 …………………… 61
坚持诚信守法经营　推动企业可持续发展
　　——吉林省国际仓储运输有限公司 ………………………… 64
加强规范管理　打造诚信品牌
　　——东莞市金盛国际物流服务有限公司 …………………… 66

加强自律管理　树立品牌形象
　　——上海申景报关有限公司 …………………………… 69
加强自律管理　打造诚信企业
　　——上海景鸿国际物流北京景鸿有限公司 …………… 72
诚信自律是企业发展的奠基石
　　——诺基亚通信有限公司 ……………………………… 76
诚信自律　经营之本
　　——浙江报关行有限公司 ……………………………… 80
爱岗敬业讲诚信　遵章守法促自律
　　——扬州航华国际船务有限公司 ……………………… 83
加强自律管理　促进企业发展
　　——重庆外贸报关行有限公司 ………………………… 86

# 崇尚专业篇

专业成就价值　质量铸造品牌
　　——南京宏康报关有限公司 …………………………… 91
着力做精报关业务　推进专业文化建设
　　——上海万历报关有限公司 …………………………… 95
开发电子信息系统　提升通关服务能力
　　——中外运空运发展股份有限公司华北分公司 ……… 98
强化自律管理力度　打造诚信服务品牌
　　——天津市永诚世佳国际货运代理有限公司 ………… 101
打造专业服务品牌　树立企业诚信形象
　　——上海美设国际货运有限公司 ……………………… 104
从纠正差错入手　加强自律管理
　　——江苏众诚国际物流有限公司 ……………………… 107

严把报关质量　打造诚信服务品牌
　　——佛山市口岸报关有限公司 ·················· 111

走诚信品牌之路　促报关业务发展
　　——无锡中外运报关公司 ······················ 114

打造专业服务品牌　促进企业健康发展
　　——广州市卓志报关有限公司 ·················· 117

开展诚信化服务　创新专业型代理
　　——厦门外代报关行有限公司 ·················· 121

加强报关环节管理　促进物流企业发展
　　——江苏凯通国际物流有限公司 ················ 124

树立诚信为本　提升自身素质
　　——东莞市昌运报关服务有限公司 ·············· 127

严格流程管理　提高报关质量
　　——浙江中外运有限公司杭州物流分公司 ········ 130

自律规范谋生存　诚信经营求发展
　　——嘉里大通物流无锡分公司 ·················· 133

# 诚信守法篇

践行行业精神　推进协会诚信建设
　　——广州报关协会 ···························· 139

规范运作育品牌　诚信服务促发展
　　——吉林省报关协会 ·························· 143

坚持诚实守信　促进企业发展
　　——北京环宇天马国际货运代理有限公司 ········ 147

诚信是企业发展的重要保证
　　——大连万顺达国际物流有限公司 ·············· 150

坚持诚信服务　提高报关质量
　　——中外运空运发展股份有限公司华南分公司 …………… 153

诚信奠基石　规范促发展
　　——天津振华报关行有限公司 …………………………… 156

加强自律诚信建设　争创报关行业先锋
　　——上海东芝外服货运代理有限公司杭州分公司 ………… 159

加强诚信管理　自律成就业绩
　　——中外运空运发展股份有限公司安徽分公司 …………… 163

诚信高效服务　促进企业良性发展
　　——南通中远物流有限公司 ……………………………… 166

坚持诚信取信原则　增强企业服务能力
　　——天津津通报关有限公司 ……………………………… 170

注重诚信文化建设　增强企业发展动力
　　——常州金港报关有限公司 ……………………………… 173

守法经营讲规范　诚信服务促发展
　　——汕头市华升报关有限公司 …………………………… 176

恪守服务宗旨　推进诚信建设
　　——上海兴亚报关有限公司 ……………………………… 180

诚信守法促经营　开拓创新谋发展
　　——舟山中外运报关有限公司 …………………………… 183

创新服务思路　促进诚信建设
　　——厦门申悦报关有限公司 ……………………………… 186

诚信为本　自律先行
　　——江苏恒联国际物流有限公司 ………………………… 189

以真诚之心　行信义之事
　　——上海劲达报关有限公司 ……………………………… 192

精心铸造诚信规范品牌
　　——东莞市基业报关公司 ·················· 195

顾客至上　诚信服务
　　——天津中铁青源国际货运代理有限公司 ·········· 199

坚持诚信守法原则　促进企业健康发展
　　——东莞市和记报关服务有限公司 ·············· 203

勇于探索实践　创建诚信企业
　　——上海增振国际物流有限公司 ··············· 206

诚信为天　服务至上
　　——吉林省福达国际物流有限公司 ·············· 209

自律诚信　尽职服务
　　——上海远山国际货运有限公司 ··············· 213

深入企业服务　打造诚信品牌
　　——海程邦达国际物流有限公司 ··············· 217

坚持自律诚信　促进企业健康发展
　　——无锡佳达国际货运代理有限公司 ············· 221

把诚信服务贯穿于企业建设的全过程
　　——上海元初国际物流有限公司 ··············· 224

坚持诚信守法　提高服务质量
　　——北京海龙国际运输代理有限公司 ············· 227

# 务实创新篇

创新诚信服务体系　促进行业健康发展
　　——上海市报关协会 ····················· 233

建立诚信工作机制　提高规范运作水平
　　——北京报关协会 ······················ 236

# 目录

勇于探索实践　推进协会诚信建设
　　——黄埔报关协会 · · · · · · · · · · · · · · · · · · · · · · · · · · · 239

创新自律管理方式　推进协会建设健康发展
　　——江苏报关协会 · · · · · · · · · · · · · · · · · · · · · · · · · · · 243

坚持务实创新　打造自律品牌
　　——天津报关协会 · · · · · · · · · · · · · · · · · · · · · · · · · · · 247

发扬求真务实精神　兑现诚信服务承诺
　　——安徽报关协会 · · · · · · · · · · · · · · · · · · · · · · · · · · · 251

坚持探索创新　强化诚信服务
　　——上海欣海报关有限公司 · · · · · · · · · · · · · · · · · · · 254

搭建自律管理平台　创建诚信服务企业
　　——深圳市华商联物流报关公司 · · · · · · · · · · · · · · · 257

坚持诚信经营　共扬发展之帆
　　——广州市挚联报关报检有限公司 · · · · · · · · · · · · · 260

坚守服务为本　构建诚信物流
　　——嘉里大通物流有限公司 · · · · · · · · · · · · · · · · · · · 263

打造优质服务品牌　争创诚信建设企业
　　——上海欣捷报关有限公司 · · · · · · · · · · · · · · · · · · · 267

秉承诚信经营理念　促进企业健康发展
　　——天津嘉里大通报关有限公司 · · · · · · · · · · · · · · · 271

精心打造企业诚信服务品牌
　　——厦门建发报关行有限责任公司 · · · · · · · · · · · · · 274

精诚服务　勇攀新峰
　　——上海新发展商务咨询服务有限公司 · · · · · · · · · 278

坚持创先争优标准　铸造自律诚信企业
　　——汕头利亨物流报关有限公司 · · · · · · · · · · · · · · · 281

7

锐意创新管理　力促自律诚信
　　——中国外运长江有限公司张家港分公司 ················· 284

坚持求真务实　打造服务品牌
　　——威时沛运集团萝岗分公司 ························· 287

坚持务实创新　促进自律管理
　　——重庆安捷国际运输代理有限公司 ··················· 290

恪守服务立潮头　坚持诚信铸品牌
　　——无锡外代报关有限公司 ··························· 293

实行内控管理是企业自律的好举措
　　——天津经济技术开发区报关行 ······················· 296

坚持诚信、尽责、进取　打造物流服务品牌
　　——北京泽坤国际货运代理有限公司 ··················· 299

坚持务实求真　打造诚信品牌
　　——上海星辰报关有限公司 ··························· 302

递送卓越品质　成就客户心愿
　　——中外运敦豪国际航空快件有限公司 ················· 306

树诚信理念　创服务品牌
　　——广州市花都口岸报关行 ··························· 309

在探索实践中创新通关服务方式
　　——上海华松报关服务有限公司 ······················· 312

编　后 ················································· 315

# 自律规范篇

ZILÜ GUIFAN PIAN

# 突出重点　统筹兼顾
# 扎实开展行业自律与诚信创建活动
——中国报关协会

2013年4月份以来,中国报关协会认真贯彻落实民政部《开展行业自律与诚信创建活动的通知》(以下简称《创建活动通知》),从本会做起,突出重点,统筹兼顾,引领全国报关协会系统扎实开展行业自律与诚信创建活动(以下简称"创建活动"),取得初步成效。

## 一、统一思想认识,强化诚信意识

中国报关协会组织全体常设机构人员认真学习、深刻领会行业协会开展行业自律和诚信创建活动的指导思想、创建内容和工作要求,充分认识当前开展创建活动是深入贯彻落实党和国家关于实现简政放权,推进职能转变战略部署的实际行动,是加强和改进行业协会自律管理,提高行业协会承接政府职能能力的有效措施,也是加强和推进行业协会自身建设,服务和促进报关市场健康发展的重要手段。

## 二、精心部署安排,营造创建氛围

为了使"创建活动"的各项要求落到实处,中国报关协会经过认真研究,制定了《关于开展行业自律与诚信创建活动的实施意见》,包括四个方面16条具体措施:健全自律规约,夯实创建活动基础;推进信息公开,营造创建氛围;开展诚信服务,增强创建能力;加强规范化建设,提高创建素质。随后,向全国32个地方报关协会转发实施意见,提出工作要求。中国报关协会还制定实施意见任务分解细则，责任到人，逐项落实，组织广大会员掀起创建活动热潮。

在"创建活动"中，中国报关协会加大宣传力度，发挥舆论引导示范作用，提升全协会系统的社会公信力。在协会网站上开辟了创建专栏，利用会议、网站、会刊等形式大力宣传民政部的通知精神和各地协会的学习体会、创建成效和工作经验。12家会员企业在协会理事会、常务理事会上介绍开展创建活动体会和企业发展成功之路。《中国报关》会刊刊登了22个省区地方报关协会的76篇创建文章，宣传了56家会员企业创建活动的经验成果。80多家报关企业集体登台亮相的《全国报关行业自律与诚信创建活动专辑》即将出版。

### 三、突出创建重点，加强自身建设

中国报关协会把健全规约作为重中之重，把学习整改贯穿于创建活动全过程，集中力量修改完善了由协会章程、常设机构工作职责、行政管理和财务管理等10个部分组成的《中国报关规章制度》，7月初全部上网公布。8月，中国报关协会对《报关行业自律准则》提出补充修改意见，在广泛征求意见的基础上经过第三次常务理事会三次会议审议通过。

同时，推进信息公开，增加工作透明度。利用协会网站的创建专栏，7月向社会系统公布了中国报关协会的机构组成、主要规约、历次重大活动和会议决议等。在《中国海关》杂志，国家民政部《社团组织》杂志公示中国报关协会建设概况，方便社会各界监督。

### 四、拓展服务空间，提高服务水平

中国报关协会以创建活动为抓手，在拓展服务内容，创新服务方式，打造服务品牌，提高服务能力上下工夫。

创新电子委托报关服务。为了适应海关通关无纸化改革，中国报关协会完善《代理报关委托书/委托报关协议》管理系统，吸纳企业、协会和海关意见，增加了海关接收电子申报委托检查、预录入报关单自动生成代理委托协议、报关企业备案变更、企业和口岸查询等功能。目前全国有近2000家报关企业申请使用该系统。

探索海关预归类社会化服务。根据海关总署部署，中国报关协会积极参与和培育海关预归类社会化服务试点单位。年内分别在天津、大连、上海、广州四地组织开展了预归类专家资质认定，600多人通过考试，62家报关企业获得预归类服务资质。截至11月底，出具预归类意见书共58634份，其中电子18358份，纸质40276份，为海关预归类社会化和拓展报关企业业务探索了新的途径。

参与制定和组织实施行业标准。中国报关协会组织专家草拟《报关服务质量要求》，在广泛征求意见进行修改后于6月正式向海关总署申报，经过海关总署标准委员会审定后正式对外颁布并自2013年9月1日起实施。海关总署政法司和中国报关协会联合下发了《关于加强海关行业标准宣传工作的通知》，促进了报关服务的程序化和规范化。

努力适应政府职能转变新形势。10月，海关总署取消了报关员资质认定和报关员资格考试。中国报关协会与海关有关部门及时沟通联系，联合下发有关文件，通过常务理事会和相关会议积极宣传海关改革的意义，着手制定报关员水平测试及分类管理的具体办法。

加强职业培训和报关后备人才培养。年内，根据报关行业业务发展的需求，举办了多期海关估价业务培训班、报关专业师资培训班和进出口商品归类培训班。同时，为地方协会提供师资和教材，前三季度，全国各省区报关协会共举办业务培训班260班次，参训21000人次。6月，在江苏淮安成功举办了全国职业院校报关技能大赛。在民政部的关心支持下，中国报关协会于8月成立了报关行业职业教育工作委员会，为报关行业人才可持续的全面培养提供了有力的组织保障。

开展"创建活动"是一项长期的任务，中国报关协会经过半年多时间的创建实践，取得初步成效。中国报关协会将认真总结经验，深入持久开展创建活动，全面加强协会建设，为报关市场的开放、有序发展，为稳增长、推转型、促就业作出应有的贡献。

# 加强行业自律管理　开创协会建设新局面
——厦门报关协会

厦门报关协会根据《创建活动通知》和中国报关协会关于转发此通知的要求，本着"规范报关市场、维护合法权益、提高行业素质、促进经贸发展"的工作思路，紧密联系厦门关区实际，围绕行业自律管理积极探索、勇于创新，努力开创厦门报关行业自律与诚信创建工作新局面。

## 一、优化报关市场，改善报关环境

厦门报关协会在自律实践中，注重强化报关市场规范化建设。一是主动配合海关做好规范申报工作。2011年，厦门关区开始实行规范申报工作，为做好配合，协会同海关审单处、法规处等有关部门举办了规范申报和知识产权海关保护实务的宣讲会，共有80家报关企业125人参加。通过规范申报标准讲解和知识产权案例分析，使报关企业掌握规范申报的要素要求，并增强了维权的意识。据统计，2012年厦门关区规范申报正确率为96.3%，比2011年上升了8.74%，位居全国前列。二是主动配合海关企业分类管理办法的实施。为了有效地配合管理办法的落实，2011年1月协会与厦门海关企业管理处、稽查处联合举办了最新企业分类管理办法与验证稽查政策宣讲会，120家报关企业195人参加，为海关新政实施做好宣传服务工作，同时帮助报关企业及时了解海关新政、新规，从而较好的履行守法义务，享受更多的通关便利。三是主动配合"海关实施自贸区政策"的宣传活动。提高报关企业对自贸区政策和海关实施措施的了解和认识，协会与关税处联合举办"海关实施自贸区政策"系列巡讲会，共100多家报关企业127人参加。通过宣讲，向报关企业宣传和普及自贸区的知识，同时也为《海峡两岸经济合作框架协议》的实施营造了良好的氛围。规范报关市场，改善了申报质量。2012年厦门口岸报关差错率由4月份的2.58%下降到12月份的1.54%，促进了报关市场的健康发展，营造了良好的通关环境。

## 二、规范报关行为，提高申报质量

厦门报关协会紧贴市场实际，以自律管理为抓手，推进口岸报关业务建设。一是落实行规行约。继续贯彻落实《报关行业自律准则（试行）》和《报关员公约》，以行业约定形式规范报关企业和报关员的报关行为和道德操守，通过广泛的宣传，提高了报关企业和报关员的自律意识，增强了遵纪守法、优质服务的自觉性，有力推进报关行业的健康发展。二是规范申报行为。紧密配合厦门海关企业管理处对泉州、石狮、漳州等几个下属关区进行规范申报、守法经营等内容的走访调研活动，共40家报关企业的经理参加座谈会，会上大家对行规行约中守法经营、廉洁自律等方面的情况进行了相互的交流，达到了相互学习、共同提高的目的。通过对行规行约的贯彻执行，实现报关质量与业务数量的同步增长，在提高通关效率和报关质量的同时，也创造了企业、海关、行业共赢的局面。三是加强业务培训。为确保报关行业整体素质的提升，协会始终把报关行业培训工作作为一项重点工作来抓。根据中国报关协会5年培训计划，围绕厦门关区中心工作，5年来协会共组织各类培训班70期，参训人数共有5477余人。报关员IC卡记分考核培训57期，参训人数共有3900人；规范申报抽核培训1期，参训人数共有80人；厦门关区报关质量通报会5次，参训人数共有500人；《报关服务作业规范》（以下简称《作业规范》）宣讲、最新企业分类管理办法与验证稽查培训班和规范申报实务、知识产权海关保护实务培训班5期，参训人数共有417人；通关信息查询服务系统讲座和海关实施自由贸易区政策宣讲会2次，参训人数共有 580 人。在整个培训工作中我们紧紧结合海关的中心工作，结合海关政策的变化，结合报关市场的实际，用心抓好落实，取得了较好的效果。2009 年以来，关区报关单量共 888.3 万票，报关平均差错率为 0.83%，低于海关企业分类管理办法规定的差错率。总结 5 年来的培训工作：一是注重培训内容的选定，保证每期培训内容都是企业最急需的；二是注重改进培训方法，丰富了培训的效果；三是注重培训效果的跟踪调查，使培训的内容始终得到落实。

### 三、创新服务方式，强化自律效率

厦门报关协会在自律管理中创新报关协会服务方式，强化自律效率，拓展协会自律管理的社会影响力。厦门协会贴近企业的"热点"、"难点"问题，竭诚为会员企业排忧解难，做到耐心细致、处理及时。据统计，5 年来协会通过走访企业、聘请海关相关人员为联络员，积极与海关、政府等有关部门协调与沟通，与海关各职能处室联手搭建合作交流平台等方式，为会员企业解决和部分解决了 200 多宗通关中的实际问题，为企业提供咨询服务 2300 多宗，咨询回复率为 100% 以上。较好地帮助企业解决了出口退税、货物查验、企业保级、核销、海关服务态度和跨关区通关等方面的问题。厦门建发物流集团有限公司因在宁波进口木材数量申报有误，宁波海关缉私局已预报了处罚通知，企业的等级将受到影响。协会了解情况后，主动与宁波海关缉私局协商说明原因，宁波海关缉私局在不违反法律法规的前提下，给予减轻处罚的决定，使建发物流公司保住了 A 类企业的资格。此外，协会也帮助关区有关企业解决跨关区报关过程中遇到的困难，并先后帮助解决了四川、福州、深圳等报关协会所属会员企业在厦门口岸通关、加工贸易核销等方面的难题，受到了当地报关协会和有关报关企业的信任和好评。

（作者：林荣）

# 创新自律管理思路
# 当好会员企业"娘家人"

——浙江省报关协会

浙江省报关协会(以下简称浙江协会)遵循《创建活动通知》精神和中国报关协会的工作要求,紧密联系杭州口岸报关行业实际,恪守服务宗旨,加强自律管理,努力当好当好会员企业"娘家人"。

## 一、以建章立制为抓手,营造自律管理氛围

2013年,浙江协会对涉及自身建设和内部管理的15项制度进行修订,保证协会工作有章可循,有序进行;规范内部管理,明确分工合作,整理协会文件、资料,落实建档工作;推进信息公开,向社会公布行规行约和规章制度,营造行业自律与诚信创建的氛围;浙江协会借网站平台,及时向会员公开重大活动、财务收支、年度工作报告等信息,增强协会工作的透明度,同时以此为载体建立会员信息交流平台,自觉接受社会和会员的查询、监督。同时,积极宣传海关规定、举措,把行业诚信自律作为重要内容,不厌其烦地宣传其重要性、必要性,把加强诚信建设与企业稳定客户、扩大业务紧密结合起来,让企业听得进,记得住,不断强化诚信自律意识。12月份,协会将《报关行业自律准则》刊登在杭州海关网站报关协会专栏上,引导会员企业认真学习行规行约。

## 二、以服务会员为根本,激励自律管理动力

浙江协会认真履行服务宗旨,深入企业调查研究,倾听会员的呼声

和建议。2013年9月至11月期间,浙江协会落实服务要求,以走访、座谈的形式对辖区6个地级市的41家报关企业开展了相关调研。协会还很重视宣传典型。在2013年"双优评比"的基础上,大力宣传、营造创先争优的良好氛围。10月份,协会专门召集8家优秀报关企业负责人座谈,交流和探索企业在行业自律方面的做法、经验,引导企业把自己的想法和做法总结出来,帮助他们开拓思路,撰写好经验材料,为行业树起标杆和样板。有6家企业的经验材料已上报中国报关协会。

积极配合海关,做好报关市场清理整顿调研工作。"强化报关员管理,清理整顿报关市场"是2013年杭州关区的一项重点工作。按照杭州海关领导要求,协会积极参与报关企业清理整顿调研工作,并作为联合调查组成员,先后到嘉兴海关、杭经开关、萧山办事处等多个关(办)实地调研,分析存在的问题,剖析问题的根源,提出了整改意见,为下一步清理整顿报关市场,营造公平竞争、诚信守法、相互协作的报关市场环境,提供了翔实调研资料。

浙江协会在服务实践中,十分重视企业与海关的信息沟通,将企业合理需求传达海关,同时协助海关加强对报关企业的管理。协会多次就目前协调海关业务、协会发展、对企业管理等问题与海关企业管理处进行沟通和协商;为配合海关无纸化通关工程的试点工作,多次与杭州海关通关作业无纸化改革领导小组办公室就无纸化改革推进的相关事项进行协商,积极为下一步做好电子版《代理委托报关协议》推广做好前期准备工作。浙江省报关协会网站正式上线,成了企业与海关之间联系的桥梁;另外,我们还加强与杭州海关关长热线"12360"合作,出版了《浙江省报关协会会员专刊》为会员单位提供海关、协会信息和解读相关文件,得到会员企业的好评。

### 三、以"创建活动"为导向,发展自律管理成果

浙江协会将"创建活动"纳入理事会议程,掀起学习热潮。在开展

行业自律与诚信创建活动的初期，协会组织驻会人员召开学习会，深入学习有关文件精神，充分认识此项活动开展的重要性。8月13日，报关协会召开二届四次理事会，会上协会领导向与会企业代表传达了有关文件精神及要求，与会员单位共同学习，深刻理解有关文件的指导思想、重要内容和活动要求。此次会议审议并通过了浙江省报关协会常设机构提交理事会审议的关于开展《行业自律与诚信建设创建活动的方案》。

开展"创建活动"，推动了实施《报关员国家职业标准（试行）》、资格评审前的培训等项工作。配合企管处对报关员的考核管理，组织好报关员相关业务培训。去年开展7次报关员岗位考核培训，参与达573人次。为配合中报协对预归类社会化服务的培训考试，协会共组织10人参加在苏州举办的预归类培训班，共考试合格2名。协会借助报关员记分考核培训，积极宣传海关规定、举措；同时，不断创新培训模式，拓展培训内容，进行了以报关员操作技能和海关新规定等为主要内容的业务培训工作，着力提高杭州关区报关从业人员的执业水平。

浙江协会在"创建活动"中将不辱使命，再接再厉，继续开拓创新，知难而进，求真务实，为促进浙江报关行业的健康发展，为助力浙江开放型经济作出更大贡献。

# 坚持规范运作　推进行业自律
## ——重庆报关协会

重庆报关协会坚持以党的十八大精神为指导，认真落实《创建活动通知》精神，紧密联系实际，建立健全协会制度和机制，积极开展诚信创建活动。协会在工作实践中坚持规范运作，强化行业自律，促进了协会建设的健康发展。

**一、建立联系协调制度、规范报关协会的工作行为**

协会有义务引导会员服从海关管理、配合海关工作。2012年重庆协会向重庆海关报送了《重庆报关协会与海关工作协调联系规则》（以下简称《协调规则》）海关发文各部门要求相互配合工作。2013年协会认真落实上述《协调规则》，积极应对和配合海关简政放权、职能转变工作的开展，支持海关管理和廉政建设，支持和参与海关的各项业务改革，让海关加速通关的各项便利措施更好、更多、更有效地惠及广大进出口企业，共同推动海关事业和报关行业的持续、健康发展，努力取得"双赢"的良好效果。

在诚信建设中，重庆协会从制度建设、规范运行、改进作风等方面入手，狠抓协会的内部管理，提高协会内部管理水平和运作效率。一是清理完善协会各项规章制度，保证办事有章可依，工作有据可查；二是重点抓运作机制规范：认真落实协会章程规定动作，严格执行各类会议召开规程，切实落实民主议事、民主决策；三是认真梳理、逐项检查协会信息公开的情况，并制定整改完善目标，年底重点改进协会重大活动、财务开支等情况的通报；四是根据形势变化和人员变化的实际需要，重新修订协会常设机构各岗位的工作职责，进一步明确职权范围，严明工作纪律。在此基础上，结合各部门的工作实际，坚持求真务实，开拓创新，积极主动开展工作。切实增强协会人员的廉政观念和工作责任心。协会的内部管理渐趋规范。

二、建立完善行业规约、规范报关企业的申报行为

近年来随着多家IT企业落户重庆投产，重庆报关市场由于市场容量增大导致竞争加剧。报关单数量连年翻番，报关企业和新入行人员大量新增，企业经营管理中遇到问题和诉求不断反映到协会。我们经过认真调研，结合诚信建设确定把一定时期影响行业发展的问题作为工作重点，下大力气进行攻关，力求突破一点带动规范报关市场运作的全盘。针对个别企业压低报关费争抢业务的问题，在行业内开展"提倡服务取胜，反对压价竞争"的活动。引导企业既要参与国内同行的竞争，还要与狼共舞，正确应对激烈的竞争。要求共同携手搭建一个平台，使行业发展、竞争、合作在有序、理性、自律、共赢形态下运营。

开发建立符合企业实际的计算机报关管理系统。针对重庆报关业务量激增、保税区业务门类繁杂的现状，重庆协会因势利导鼓励报关企业提高信息化管理操作水平，开发利用报关管理系统。目前已有几家企业开发运用自己企业的系统，实际报关业务运行实现效率高、质量好。为使企业信息化成效实现最大化，重庆报关协会顶住压力，尽力为企业仗义执言，积极向海关申请开放电子口岸TCS系统接口，从而实现报关企业与客户报关数据传输、与海关通关数据的交换。经过多次不懈努力，重庆海关相关部门充分理解了企业对开放系统诉求的作用，关领导已要求相关部门抓紧办理。对此会员单位和相关企业非常感动，称赞协会为企业服务真诚，对报关行业建设的高度负责。

三、探索社团培训机制、规范报关协会的培训行为

行业发展的根基是从业人员的能力，协会一直下大气力抓培训工作，

努力提高从业人员素质。重庆协会凭借着职业培训学校的平台，扎实认真开展培训工作：一是有计划的培养师资力量。其中对海关的业务骨干，协会与海关人教部门协商相对固定了人员，以保证教课的连贯性，同时聘请高校专职讲师指导协会的各类培训，以保证培训工作专业化；另外还在报关行业内选聘了几位有多年从业经验的经理参与授课，现身说教丰富培训内容。二是认真备课注重培训效果，针对每次培训对象、内容，首先要做好调研，了解参训人员的需求，了解海关管理的要求，在此基础上确定授课人员，并召开会议讨论确定课题后布置专人认真备课。年内在职报关员培训500余人，培训突出无纸报关、加工贸易企业关务运作等内容，培训结束后反响较好，参训人员要求将课件挂在网上供继续学习。

**四、履行协会工作职能、规范"娘家人"的服务行为**

当好维护会员利益的"娘家人"既是协会社团组织的职责所在，也是协会提升公信力重要途径；当好改进海关监管和服务的"中间人"，既体现报关协会的行业特色，又指明了报关协会的使命。协会认真履行服务宗旨，急企业所急，积极反映会员企业的诉求，协调解决通关疑难问题。坚持来电来访咨询登记，凡是会员企业登门或通过电话、传真咨询的事项，接待人员积极作出答复，切实为会员企业排忧解难。强化咨询服务跟踪，与海关相关部门建立联络机制，将会员企业的诉求在第一时间与海关有关部门协调沟通，并把处理结果及时反馈给会员；同时在处理诉求时不仅认真对待当时急需，还引导企业考虑长远规范运作。如处理企业遇到的归类、运费不准确等问题，在及时沟通海关给予便利的同时请企业归纳相同问题，联系海关有关部门研究给企业今后规范操作的建议。重庆协会还集中精力做好网站运行工作，以专业性和实用性的视角，搭建内容丰富、覆盖面大、有高度、有深度的信息资讯平台，为会员企业提供全方位、多层次的信息资讯服务。

# 创新企业发展思路　增强自律管理能力
—— 苏州工业园区报关有限公司

苏州工业园区报关有限公司（以下简称园区报关）成立于1996年，是苏州工业园区第一家经海关总署批准成立的专业报关公司。公司紧密联系实际，按照"全国优秀报关企业"关于"诚信服务好、遵纪守法好、规范管理好、报关质量好"的创优标准，开展以企业自律、诚信服务为重点内容的创建活动，取得了令人瞩目的成就，曾先后获得"全国百优报关企业"、"全国优秀报关企业"、"江苏省高新技术先进服务企业"等荣誉。通过十多年的努力，公司已逐步发展成为集专业报关、配送、仓储及现代物流方案为一体的综合性物流企业。

## 一、关注市场需求，改善服务思路，增强自律管理的经营能力

园区报关位于中国—新加坡合作的苏州工业园区东部，这里聚集了大批世界500强制造企业。近几年面临全球经济复苏迟缓，国际市场购买力持续走低，国内经济下行压力较大的现状。外需疲软、订单不稳定已经成为制约企业发展的主要因素。面临新环境的挑战，园区报关迎难而上，持续关注市场趋势，改变公司发展策略，从被动性的供应链物流向主动性的需求性物流转变，依托苏州周边雄厚的商贸、制造业等产业基础，充分发挥属地政策优势，开启了一系列创新服务方式，从改革区域物流模式，打造专业 VMI/DC 示范区，配合当地政府相关部门进行"海陆直通式转关"、"空运中转转关"、"SZV 虚拟空港"、"苏太联动"等区域物流模式改革和创新试点工作到陆续推进"运抵验放"、"无纸化

报关"等创新通关模式的应用,在实践中培养了企业自律管理的经营能力。但是市场在变,需求在变,传统的单一报关、报检模式已无法适应客户要求。经过探索、研究,园区报关精心推出定制化物流供应链服务,为企业定制专属通关模式,并培育"一站式关务咨询、商品预归类服务、配送精品专线、特殊区域间绿色快航、循环取货"等一系列新项目、新产品,企业通关效率翻了一番。"只有与时俱进才能开拓发展",通过主动创新、自律谋发展的意识,园区报关在业务发展中逐步形成了三大核心产品:专业报关、报检;货代配送;关务管理及供应链咨询。这种开拓发展、改善思路的自律经营模式相应地吸引了三星半导体全球配送中心、捷豹路虎区域配送中心等重点项目的落户,进一步增强了公司的自律经营能力。

二、运用科技手段,扩展服务市场,提升自律管理的竞争能力

伴随着物流行业的快速发展与崛起,在"创新驱动,转型发展"的今天,科技承载着推动经济、规范行业的重任。面对业务量倍增,物流时效高的压力,公司自主研发了"综合物流公共信息集成平台",该平台彻底解决了传统报关物流行业申报不规范、效率低、差错率高、信息流通不畅等状况,使海关、商检、场站等系统所需信息统一由平台数据提供,打破了信息孤岛局面,实现信息共享,同时该平台也和企业的 ERP 系统实现无缝对接。利用定制化服务理念与科技手段,公司已为区域内多家企业提供综合的供应链信息化系统服务,搭建对接客户的 SAP 系统,实现了数据采集,数据源认定和规范,智能化制单,一单多报功能等全流程可视化、自动化的预期效果,使客户订单从接收到货物至终端客户整个供应链执行时效提高了 40%。面对日新月异的市场需求,园区报关坚信科技是引导行业发展的助力器,是推动行业自律管理的源动力。

三、优化业务流程,创新管理模式,增强自律管理的业务能力

长期以来园区报关坚持诚信服务、创新管理模式,在优化业务流程、

诚信自律管理方面注重抓住了以下四个环节：一是落实 ISO 质量长效管理机制。组织全员学习并落实《作业规范》，对照 ISO 质量管理体系要求，不断修正完善内部管理制度，将 ISO 精髓贯彻至日常工作中；二是发挥党员先进模范，确立"一岗双责"制度，组织党员、干部和财务人员参加党建、党风相关文件的学习，强调两责并重，强化执行、问责分明，坚持"谁主管、谁负责"原则，进一步规范员工自身行为，增强自律能力。三是推行"驻厂"服务模式，借鉴嵌入式驻厂服务将专业化、精细化的关务管理植入企业实际运作当中，以规范诚信为准绳，发挥企业和政府的桥梁作用，引导企业在正确、深度理解海关政策法规的前提下，规范行为，有效降低差错率，提高通关效率。四是健全内外部管理体系，通过推行内部标准化操作流程评审制度和外部供应商管理体系相结合的方式，建立项目窗口制度和岗位绩效考核制度、内训师制度、轮岗制度、末位淘汰机制等一系列规范管理制度，借助岗位分析，对管理人员在履行岗位职责面临的潜在诚信自律从业风险进行识别、评估，依托教育、预防、惩治实施循环管理；在日常经营中不断向客户、供应商宣导诚信自律的重要性，并以合同条款或诚信承诺书方式予以固定。除此之外，公司特别举办"企业—客户自律与诚信"活动签约仪式，尽可能杜绝以任何方式出现的不正当竞争行为，从而形成有效的源头治理和防控机制，加强企业自律管理的业务能力。

　　"规范管理出成效，诚信服务促发展"。未来，园区报关还将持续以自律苦练内功，以诚信外塑形象，通过实践操作进一步贯彻履行"诚信守法、崇尚专业、自律规范、务实创新"的报关行业精神，为促进行业发展，创建规范化服务，更好地发挥诚信自律执行者的模范作用，为推动行业发展，促进社会进步贡献力量！

（作者：胡晓燕）

# 坚持自律管理　推进诚信建设

——天津外代报关行有限公司

天津外代报关行有限公司（以下简称天津外代）成立于1992年，是中国天津外轮代理有限公司的全资子公司，也是天津海关首批认定批准的可从事报关业务的国有企业，全国优秀报关企业，海关首批认定的A类报关企业。主要经营：报关、报检；转关，过境，区域通关，国际中转，散货转运，直接退运，暂时进出口审批，多式联运，进出口空箱及沿海空箱调运及申报，进口矿产品报关及货物代理，天津至广东、福建等诸多国内港口沿海集装箱货物订舱及运输等诸多业务。

## 一、坚持诚信为先，努力塑造企业品牌形象

"诚"是企业聚心之魂，"信"是企业立足之本，诚信是企业生存的根本。天津外代始终将"专家型代理，人性化服务"作为服务理念，注重诚信服务，在不断提升服务质量的同时，树立了良好的企业品牌形象。

完善服务标准体系，规范诚信服务指标。公司在充分了解行业特点及客户需求的基础上，制定了以规范性、及时性、准确性、经济性为重要模块的STAR服务标准体系。主要涉及员工如何适体、适时、适地的着装来塑造公司良好的对外服务形象；设立一些客户能亲身体验到的以方便为原则的人性化服务设施；统一邮件收发标准及有礼、有节、高效的电话接听拨打规范来塑造公司良好的对外沟通形象；对于客户询问的事项给予快速回复，对业务进展情况实时跟踪、对政策变动及时整理、

解读，随时为客户提供参考性资料，在满足客户需求的同时让客户感受到热情与重视以及卓越的专业执行力；制定首问负责制，建立公司内部科学的服务质量保证与监督体系，更为有效的改善员工工作作风，及增强员工服务意识及服务水平。

积极营造深厚氛围，树牢诚信服务理念。天津外代始终将树立员工的诚信服务理念，作为管理工作中的重点环节抓紧抓好抓实。在业务管理活动中注重打造诚信平台，造就忠诚员工队伍。充分利用企业网站、内部刊物、宣传栏、各种会议等对员工进行全面经常性教育，利用文件、规范、考核等各种形式认真落实。使诚信服务理念在全体员工心中扎根。通过"先进集体"、"服务标兵"、"优质服务小组"等一系列的服务评比活动积极引导员工树立热爱本职、干好本职的责任感和自豪感。

## 二、坚持自律管理，大力提升企业竞争实力

天津外代始终将"铁的纪律，爱的管理"作为管理理念，建立了"横向到边、纵向到底"的"分级管理、分工负责、人人管事"的制度机制，不断完善企业内部管理，扩大企业品牌的影响力。

推行全新人力资源管理模式，不断完善岗位职责分工。按照公司"以人为本、以激励为核心、以战略为导向"的3PTS人力资源管理模式，由专业人士为天津外代重新梳理组织结构、澄清部门职责、优化职位设置，并制定各部门绩效管理、薪酬管理、人才管理等诸多方案，不仅强化了部门的管理职能、市场的开发职能，而且区分了不同层级专业员工的角色与定位，形成了天津外代凝聚力、执行力、创造力的全面提升。

改进质量完善工作指导书，不断提高团队竞争力。天津外代高度重视，精选员工组建一些专项QC小组，全面推动质量管理工作深入开展。通过小组的活动，员工不仅提高了综合素质，而且加强了管理水平，特别是通过改进服务质量，提高了客户的满意度，更为重要的是通过发挥员工的积极性和创造性，改善了许多业务流程。我们将其写入天津外代的工作指导书，在细化岗位职责、工作内容、作业标准的同时，给予业

务操作者以正确指导。这里特别值得一提的是：为了满足客户对进口清关速度的需求，天津外代的进口清关 QC 小组成员依据 STAR 服务标准，通过对 2012 年每票业务所用报关时长及各操作环节的充分分析，找出了影响清关速度的关键点，并制定了行之有效的对策，从而为客户大大节省了通关时间及成本，得到了客户的赞誉。

**三、坚持创新发展，积极引领企业科学发展**

完善企业通关系统，助力服务质量提升。为全面推动质量管理工作深入开展，天津外代开发引进了集管理与录制报关单电子数据为一体的便捷通关系统，并结合在报关业务中的实际操作，实现了数据在单证、录入、外勤等多岗位的共享。天津外代切实改进部分数据管理、费用管理中的项目，不仅加强了业务流程中的关键点控制，而且强化了信息管理技术。新报关程序的引进在加大监控各通关环节力度的同时，也大大提升了单证的质量，提高了的通关速度。

延伸报关服务职能，助力服务水平均衡。对于天津外代来说，直退业务一直是个短板。为此天津外代认真研习海关总署发布的《中华人民共和国海关进口货物直接退运管理办法》，对其中不明白的地方多次向海关相关业务负责人寻求解答，为成功操作业务打下了良好的基础。此后积极向海关提出申请，并经过严格审核，成功取得了船公司的错卸、溢卸货物等退运业务的操作权，增加了天津外代报关服务职能，提高了天津外代业务的对外竞争优势和影响力。截至目前，经天津外代操作的直退业务以及时、规范、高效的服务，赢得了客户的交口称赞。

拓展新的业务领域，助力服务范围拓展。天津外代在确保常规业务正常开展的同时，积极创新思维模式，拓展、开发了租船业务、订舱配载、仓储代理等新的业务领域，为企业增加了新的利润增长点，减少了客户的成本，赢得了客户的高度好评。

（作者：梁茜）

# 严于自律抓管理　诚信经营促发展
——浙江八方物流有限公司

浙江八方物流有限公司（以下简称八方物流）主要经营运输、配送、仓储、国际货代、海关监管车辆、代理报关、代理报检等一系列"一体化服务"服务项目，物流网络覆盖全国的大型综合物流企业。八方物流长期以来紧密围绕中国报关协会关于"诚信服务好、遵纪守法好、规范管理好、报关质量好"的创优标准，以科学高效的自律管理水平、精湛娴熟的报关业务技术、规范诚信的企业经营行为，严于自律抓管理，诚信经营促发展。在六年多的时间内，八方物流在努力探索实践中推进自律诚信建设，并得到了省内外众多客户的认可。八方物流已经被授予A类企业以及全国优秀报关企业称号。

## 一、严于自律、内部管理规范化

为了加强企业内部业务的规范化管理，八方物流根据报关业务的客户组成和业务的繁杂性、流程的先后顺序，将整个部门横向分成若干个报关小组，纵向分成整理，预录入，核对，申报，现场等若干个岗位。每位报关员需根据自己的岗位的工作，制定出操作流程图表，其内容除了每一个岗位的标准化操作流程以外，还包括客户的姓名、邮箱、联系方式；客户货代和异地报关行的联系方式；客户的特殊要求；货物进出卡口时与货车驾驶员的交接、如何带车，遇到海关查验时怎样做好驾驶员与海关的配合工作等，一方面使报关工作系统化，标准化，另一方面，又使客户体会到全面的服务；除此之外，我们还实行了"文明办公和劳动纪律暂行规定"和"经济责任制考核制度"。奖勤罚懒，奖罚分明。报关部经理和每位员工签订了岗位责任书，书面明确了每个人的工作任务和应承担的责任，同时贯彻分工明确、分工不分家的原则。在"一规定，一制度"中明确表示，凡是严格按照其条例中的要求执行工作，并且能做到百分百无差错的员工，将每月提高奖金比例，而那些未能严格按照其条例中的要求执行工作，由于自身原因造成差错的员工，则根据其违反规定的严重程度和差错的影响程度，进行一定比例的奖金的降级。这一举措，大大降低了整个报关部门的差错率，同时也可以说是为客户提供诚信报关服务，向海关做到诚信申报最直接的表现。对于报关过程中出现的差错，八方物流一直抱着勇于面对，积极处理的态度，事后做好差错登记，组织全体报关人员，对差错进行深层次的剖析，并提出将来的解决方案，使得同类差错的比例大大降低。

## 二、加强学习、遵纪守法群体化

自律是在没有监督的情况下，自觉遵纪守法，主动自我约束。通关业务多涉及进出口贸易，在国际形势多变的情况下，其报关相关的政策法规往往会随着国际形势和我国贸易情况有所调整和更新，所以八方物流总是把政策法规尤其是海关总署颁布的海关总署令放在重要位置。一方面，八方物流积极关注海关总署和杭州海关的官网上的公告的发布，并进行认真的解读和学习，另一方面，八方物流积极参与海关和报关协会每年举办的学习班和报关企业座谈会，其宣讲、贯彻海关总署的新政策，对我们受益颇深。公司每次都会派业务强的骨干参加，不折不扣地把政策精神完整地带回。然后，组织全体报关员学习，并补充到人手一册的报关员操作流程中。同时，八方物流也把这些相关的政策，与企业一起分享，尤其是那些对现阶段业务有所影响或者推进的企业，特别要重点的进行宣传，努力实现诚实、守信、自律、互信的通关环境。

## 三、求真务实、诚信服务精细化

一是给客户把关：一方面对于海关有可能提出的质疑事项报关员要

事先与客户沟通,让其准备好充分有效的资料以消除通关过程中关员的合理怀疑;对于客户不理解的相关海关政策,积极耐心地向其解释并说服其配合海关的执法工作。另一方面八方物流针对每个客户的特殊情况和要求,来制定切实有效的报关方案建议供客户选择,在加强双方配合的基础上,实现双赢;二是给海关把关,对于有恶意伪报、瞒报倾向的客户,即使有侥幸通过的可能和高额的经济利益,在劝导其按规范申报无效后,坚决不予以接单,做到对海关诚信申报。八方物流始终相信,只有将诚实守信作为经营的宗旨,才有可能或得客户的长期信赖和支持。

**四、服务员工、激励机制人本化**

只有增强了员工对企业的认同感,使员工和企业之间相互信任,创建和谐的劳动关系,才能使企业立于不败之地。为了让员工深切地感受到企业以人为本的经营理念,公司总是定期组织相关座谈会,积极听取员工不同阶段的个人诉求以及对公司不同阶段的发展建议和意见;同时报关部为了给每一位员工提供向上发展的机会,设立了一个公开、公正、公平的竞争机制。每年年末,部门会让员工进行背靠背互相考评。考评的内容包括:服务态度、工作责任心、业务全面掌握程度、工作效率、工作主动性、处理异常情况能力、差错率、与海关商检客户的协调能力、组织能力九个方面的考评。考评的结果实行末位淘汰制(在人员超编的情况下)。并在此基础上民主推选出次年的报关部经理、副经理、主管。这项制度不仅提高了公司的服务水平,也为员工营造了良好竞争环境。

"一分耕耘,一分收获。"目前,八方物流已经成为松下、东芝、博世、矢崎等国内外多家知名企业的物流通关供应商,并以杭州出口加工区为核心,以一日游为战略重点,实现了六年来报关单量的稳步上升和报关差错率的逐步下降。我们相信八方物流的明天会更好!

(作者:李春飞)

# 加强企业自律管理　提高诚信服务水平
——江门外海运输实业有限公司

江门外海运输实业有限公司（以下简称江门外海）是一家有着20多年报关报检业务经验的国际货代报关企业，在粤西地区有着较为领先的市场地位和行业知名度，并屡获"全国优秀报关企业"、"中国百强报关企业"的殊荣。特别是"创建活动"以来，本公司以"诚信服务好、遵纪守法好、规范管理好、报关质量好"为企业经营发展的最高标准，严格按照全国报关行业协会"双优评比"的要求，在日常工作中切实贯彻落实"创建活动"的各项任务和重点工作，有效促进了企业的全面建设。

## 一、规范作业流程、提升管理能力

江门外海为了规范操作流程，尝试设立了ISO操作规范作业流程，各个报关环节设有接单员、录入员、审单员、通关员、系统维护员及财务人员，力争每个岗位分工细致，责任分明。为了做到各流程透明清晰，还统一制作了各项交接单、申报手填单、委托书的格式文本，并把制单、审单、报关等流程分开操作，派专人负责跟进，用规范的管理来规避企业的经营风险。通过ISO延伸了财务管理体系、客户服务体系、业务控制体系，各业务环节实现了业务信息互通共享，由此公司决策层通过信息系统就可以掌握运营基本情况，更好地提升了管理能力建设。

江门外海在"创建活动"初期阶段，从内部开始做起，从实际业务流程入手，按照"创建活动"要求进行全面自查和剖析。先发动各业务组集思广益，听取多方意见建议，总结制定了一套标准化操作流程，并召开专题会议对流程进行修订和完善。经过一段时间的反复论证和探讨，针对不同类型进出口货物的报关标准和操作流程陆续出台，不仅提高了报关员的工作效率和业务水平，也为客户申报提供了指导和帮助，进一步提升了公司报关操作的整体水平，同时公司总体效益得以提高。

## 二、苦练企业内功、规范内部管理

江门外海在业务量增长乏力的大环境中，规范内部管理，苦练企业内功，成为有效应对金融危机、市场环境欠佳等不利因素的重要举措。江门外海发现在办理某货代企业的报关业务时，经常是货主（而非货代公司业务员）直接与报关员联系，把报关单证寄给报关员。如果遇到不全、不清或错误的单证，报关员需紧急与货主联系，索要或修正单证资料，这样操作既费时费力，还容易出错。针对这种情况，江门外海认为，报关业务流程混乱，造成单证交接环节不清晰，不仅增加了报关员的工作量，还导致差错率上升，甚至有可能触犯法律。经过与货代公司的积极沟通协调，业务交接流程调整为由货代公司安排专人转交、补充和解释报关单证。理顺了交接流程后，因单证交接引发的差错情况已经杜绝，因此得到了客户的好评。随后，江门外海以此为切入点对报关涉及的各个环节的业务流程进行了全面梳理和完善，并根据以往的经验教训，制定了较为科学、严谨的管理制度和控制措施，为以后的报关实务奠定了良好的基础。

## 三、降低报关差错、提高服务质量

江门外海深知报关差错率是专业报关公司的生命线，也是衡量公司是否优秀的一个重要标准。一直以来，江门外海都极为重视申报数据的准确性，并采取有效措施，尽可能地降低报关差错率。尤其是在开展"创建活动"过程中，江门外海对产生的差错认真分析、总结，力求将差错降到最低。公司要求每一位报关员做到工作"日清日毕"，确保每一票单证尽可能地以最快速度完成通关手续。与之相配合的则是公司管理层愈发重视、推行的绩效考核制度。并制定具体的考核要求、奖惩标准，形成了针对各项环节的严格的监督机制。江门外海除了继续做好常规性的申报数据审核工作，还专门制定并推行了差错率小组PK制度，即由各报关小组每周进行差错率控制比赛，该制度取得良好效果。截至目前统计结果显示，江门外海报关差错率的平均值已远低于2012年的平均值0.81%。除此之外，江门外海还设立了"合理化建议统计表"下发给每位员工，鼓励员工针对工作中出现的问题提出行之有效的改进方案，一系列的举措不仅提高了员工的业务知识水平，使商品归类方面的差错大大降低，也使得公司总体报关差错较同期相比由平均1.5票/天降低至0.5票/天，实行效果显而易见。

江门外海在报关业务建设中还建立了报关质量分析制度。由中层管理对通关过程进行全程跟踪，查清差错产生原因，并督促相关人员进行有针对性的整改。同时，每周召开业务工作例会，各业务班组对本周的报关业务质量进行详细、客观地分析，制定切实可行的措施，进一步完善今后的报关业务流程。此外，还建立内部培训制度，定期组织报关员进行业务培训，形成了一套集理论知识系统培训、有经验的报关员授课、从业人员之间的业务交流、报关员本岗位职责学习、现场熟悉工作流程等为一体的培训制度，不断提高员工的工作技能和业务水平，为提升服务质量奠定了基础。

江门外海将一如既往地坚持走"自律管理，诚信服务"的正确道路，不断加强企业自律管理，不断提高诚信服务水平，相信江门外海一定会因此而不断发展壮大，并在此过程中，为粤西地区外向型经济发展作出新的更大的贡献。

（作者：陈健生）

# 加强自律管理　努力当好行业排头兵
——江苏飞力达国际物流股份公司

江苏飞力达国际物流股份有限公司（以下简称江苏飞力达）是由昆山飞力国际货运有限公司（成立于1993年4月）依法整体变更设立的股份制有限公司，注册资本为1.671亿元人民币。公司已于2011年7月6日成功在深交所创业板上市，股票代码为300240。总部设在江苏省昆山市，同时在上海、南京、苏州、吴江、吴中、无锡、宁波、重庆、成都、深圳、香港等地设有共计51家分支机构。并在亚洲、欧洲、美洲、大洋洲的36个国家和地区拥有广泛的海外代理体系。截至2012年，公司实现营业收入20.21亿元，同比增长62.48%，净利润为12416万元，同比增长22.3%。

多年的实践中，江苏飞力达报关从业人员深刻感受了改革开放给外向型经济带来的翻天覆地的变化，同时也体会到，我国报关行业在取得辉煌成果的同时也出现了许多制约发展速度的不利因素。其中，报关企业的诚信自律问题就是主要因素之一。江苏飞力达作为上市公司、全国优秀报关企业，非常重视报关行业的健康发展，着力加强自律管理，努力在诚信报关、诚信服务方面作出表率。江苏飞力达认为诚信就是对承诺的兑现。在诚信指导服务的同时，服务又体现诚信。因此，企业加强诚信文化建设，按照行业服务规范的要求制定服务标准，认真履行服务承诺条款。依法经营，是企业立于行业不败的关键。多年来，公司作为昆山报关行业的领军者在诚信自律方面作了很多努力。

## 一、对海关诚信，做到规范申报

规范申报是海关提高数据质量、加快通关速度、促进贸易便利化的前提，所以各地海关对于规范申报的要求越来越高，同时还出台了一系列规定，诸如给企业评级、公布企业申报质量排行榜等考核措施，约束规范报关行为。江苏飞力达一直认为，做好规范申报、力当规范申报标兵，责无旁贷。为了达到海关的要求，更为了提升报关质量，在规范申报方面，公司采取了以下几个方面的措施：

一是对客户进行大力宣导。公司营销人员、操作人员为了把海关规范申报的精神下达到每一个委托报关企业，采用了口头宣导，书面、邮件通知，甚至组织专业人员进厂当面传授等多种形式进行广泛宣传，帮助企业提高规范申报意识，督促、监督企业提供规范申报的单证，传授和切磋规范申报技巧。

二是抓好自身规范申报质量。我们从硬件、软件两个方面加强了规范建设。硬件方面：设专人制作客户申报货物的归类档案，即把每一家企业在我司申报过的货物名称、编码、申报要素制作成共享文档，以便下次同一家企业申报同一种货物时可进行比对，防止出现相同品名不同归类的现象，同时对于由编码原因造成的海关删改单一定会在共享文档中予以标注和提醒，确保下次能按海关要求的正确编码、要素申报；公司给每两个制审员配备一本《中华人民共和国海关进出口商品规范申报目录》（以下简称《规范申报目录》），要求每位制审员做到每个品名都要按《规范申报目录》上的申报要素填制，并在补充申报资料中附带详细完整的申报要素一起报进海关，以确保海关看到的每一票单子，每一个品名的申报要素都是规范完整的。软件方面：组织多形式、多人次的业务培训，提高制审人员的业务能力，并重点对企业申报货物的归类进行严格把关，降低因编码不正确而导致的删改单率；对于差错单证，尤其是不规范申报的单子由专人整理归档，定期和制审人员分享，同时也把它作为新进员工学习的第一手资料；随时按海关的要求来调整改进制审操作流程，以确保公司高质量的报关品质；公司自主研发了专门的制审单系统，使每位制单员在系统制单时能由系统自动提示申报要素及相关监管条件，从而大大提高了制审单速度及正确度。在2010年"百日创优"中，公司承担了112415票报关单量，删改单率控制在0.89%；在2011年"百日创优"中，承担368962票报关单量，删改单率控制在1.01%。

三是未雨绸缪。即提前把一般贸易规范申报的做法延伸到所有免税贸易方式中，动员企业在申请手册或免表时把申报要素做进备案里；对于申报要素未做进备案的品名，要求制审人员按发票上的规格型号写在对应品名下，并确保做到每一个品名下面不为空；对于同一品名不同型号合并申报的也尽可能在备注栏内把型号打全。正是由于采用了以上措施，才使得公司在海关报关质量评比中稳居领先地位。

## 二、对客户诚信，做到报关过程透明化

江苏飞力达制定了严格的报价体系，督促销售人员严格按规定报价。客户可以随时进行市场价格比对，能放心与我们合作；通过制定严格的管理制度，约束员工规范申报，对可能遇到的违规违纪要求做到不苟同，不徇私，为客户规避经营风险；花重资大力研发系统，不仅已实现了制单电子化，而且把整个公司各报关环节，各岗位节点的数据都录入系统，很快将把系统对客户开放，最终实现每一家委托公司报关的客户能在开放的系统平台上了解货物的实时动态。公司自律、诚信的做法赢得了客户的信任，赢得了市场。

对海关诚信，对客户诚信是我们加强自律管理的重要内容。"诚信服务好、遵纪守法好、规范管理好、报关质量好"是公司的一贯宗旨。今后，江苏飞力达会继续向着这"四好标准"努力奋斗，在创优过程中发挥好行业排头兵的积极影响，为地区经济的繁荣，为江苏报关行业的进步作出应有的贡献。

（作者：姚瑶）

# 打造元丰品牌　推进诚信建设

——上海元丰报关有限公司

上海元丰报关有限公司（以下简称元丰报关）是为客户承办海、陆、空运的进出口货物报关、报检等专业配套服务公司。公司配备了一支经验丰富、业务精湛、素质达标的专业报关队伍，同时配置了海关通关EDI预录入系统、出入境检验检疫联网电子报检系统。元丰报关近年来，坚持规范经营、企业管理科学化；落实自律管理、报关流程程序化；强化业务培训、企业文化人性化，精心打造元丰诚信服务品牌，受到报关业界的好评，2012年被中国报关协会评为全国优秀报关企业。

## 一、坚持规范经营、企业管理科学化

元丰报关在追求经济效益的同时，始终不忘恪守法律法规，认真履行各项规章制度，规范报关工作管理。在工作中，明确报关业务操作流程以及报关员的资格审定，注册、年审，报关员权利和义务，强化报关员职业道德建设，落实报关员操作责任，从制度上，流程上保障报关质量。长期坚持严把单证质量关，在接单、制单、报关报检、单证管理等每道工序中加强管理和审核，用制度保障质量，将人治转变为法治。业务每道操作环节均按照操作标准进行考核，发现差错，通报全公司，责令及时整改，将事故苗头消除在萌芽之中，并要求当事人查找差错原因，提出整改意见，形成书面报告，承担相应经济损失。

随着经营能力的提升和业务范围的不断扩展，元丰报关的经营区域分布上海各个口岸，有集海运业务于一体的航交所，有集空运于一体的浦东机场，有以报关为主，仓储运输、物流等配套服务为辅的外高桥保税区，以及一些享受国家优惠政策的特殊区域，如漕河泾出口加工区、松江出口加工区等。

## 二、落实自律管理、报关流程程序化

元丰报关根据点多面广的经营现状和电子信息技术日新月异的特点，与海关建立了EDI报关申报系统，日常业务必须经过严格规范的操作流程才能完成，明确上道操作为下道操作负责，下道岗位为上道岗位审核报关的职责，确保一级管理一级，上下级流程交接清楚，台账记录清晰，档案保存完全，查询快捷方便，各项业务有条不紊地开展。

在具体报关业务中，元丰报关注重落实以下三个环节：第一，从业务员接单开始就进行质量监督和控制，做到业务数据不全不接，申报品名不清不接，违规、违章业务不接，从报关工作源头控制操作质量；第二，准确、清晰地预录入进口货物报关单，并在录入过程中进一步审核单证。认真做好报关是业务的预审工作，严格遵守国家有关法律、法规和海关规章，审核单证；第三，委派业务精、能力强的老员工专对报关单的合法性、规范性和准确性进行审查复核，并有权拒绝项目不真实、手续不齐全的报关单证，确保单证的准确性和通关率。

完善的信息化管理是提升公司品牌和提高企业效率的重要手段之一。因此，元丰公司不遗余力地投入大量人力、物力、财力，用于开发和完善IT业务信息管理系统。通过多次更新与协调，目前，元丰公司的进口、货代、物流业务的信息采集和操作均可采取无纸化办公，极大地提高了工作效率，强化了管理的及时有效性。

从质量要求到企业品牌，必须常抓不懈。为了保证单证质量长期稳定，元丰报关采取四项措施：一是加强沟通。要求业务部门及时与客户加强沟通，将因客户各种原因造成的记分情况，向他们进行宣传，讲清道理，避免同类情况再次发生；二是责任到人。要求报关员在今后的工作中，强化责任意识，不断提高自身业务素质，严格操作规程，认真制单、审单，保证单证操作的准确性；三是奖罚分明。要求各业务部门必须严肃纪律、遵章守法、强化管理，杜绝各类违规、违纪情况发生。要求各部门每月向公司上报报关员记分情况，分析记分原因，并将报关员的记录情况纳入公司员工绩效考核体系。从空运、海运各部门抽调精兵强将，成立了有丰富报关经验的专业人才队伍，上海元丰报关有限公司对重大报关项目进行统一报关。

### 三、强化业务培训、企业文化人性化

元丰报关的远景目标是建设"优秀的，品牌的，民族的百年老店"，为此要求从业人员必须牢固树立"精确，精准，精益，严格，严密，严谨"的工作作风，日常工作中严格按照"客户第一，服务第一，质量第一"的方针，努力营造为客户为员工为社会创造更多价值的企业文化环境。

新员工上岗前，入职后都不放松岗位知识培训与业务考核，形成了有元丰特色的制度化、规范化的培训大纲、绩效考核指标，不断提高员工队伍的职业素质和操作水平。如，元丰公司报关员必须具备大专以上学历，从事相关工作一年以上，并取得报关员资格证书；必须熟悉和遵守国家有关进出口政策，法令和海关的相关管理规定；必须拥护中华人民共和国海关法，遵守报关行业自律准则和报关从业人员公约。公司本着公平公正和择优的原则，根据从业人员的基本条件、职数标准和工作需要对企业报关员进行考核筛选。新注册报关员，必须先由本人申请，经部门同意，报公司领导审批。保证报关员的素质，为提高报关质量提供了人力支持。

近年来，元丰报关在上海市报关协会的指导下，积极配合海关、商检等职能部门做好关务工作，探索有元丰特色的报关业务管理模式。高质量、高效率、高度专业化的操作，为企业赢得了声誉，打造了元丰品牌，在激烈的市场竞争中站稳了脚跟。

# 靠管理创一流　靠服务创品牌
## ——天津渤海报关有限公司

　　天津渤海报关有限公司（以下简称天津渤海）成立于1995年3月，原名天津市武清报关行。是武清区唯一一家专业报关、报检、物流、仓储型企业。具有多年的报关、报检、货运代理及仓储工作经验。2011年1月被评为AA类报关企业。天津渤海崇尚：守法、诚信、以人为本的经营理念，让客户亲自体验专家与资深报关员一对一服务的快乐。公司对员工的要求是：具有极强的法制观念，崇高的敬业精神，独立的工作能力，严格的组织纪律性。天津渤海公司对客户的服务宗旨是：以我们百分之百的努力，争取您百分之百的满意。

　　天津渤海为客户提供真正的"一条龙"全方位关务整体解决方案，包括商品预归类、免税备案及核销、进出口货物报关、报验、免税仓储、租船订舱、货运代理、船务代理、公路运输、铁路及航空运输代理、代办货运保险等各项服务。天津渤海旗下的天津渤海联合物流有限公司，于2007年6月在武清区政府及天津海关的大力支持下，经国家及地区交通、工商、税务等有关部门审批，注册资金1000万元人民币。公司涉及运输、装卸、报关、报检以及仓储几大类，总部坐落于天津市武清新技术产业园区内，占地面积2.2万平方米，其中集装箱堆放场地7700平方米，保税仓库6500平方米，普通仓库5500平方米，并在市区、北辰及塘沽分别建立了办事处，是武清区最大的一家正规专业物流企业。

　　优化通关、物流环节是天津渤海的执著追求。天津渤海联合物流贸易创新服务平台，致力于整合中小企业进出口环节需求，利用自主研发的互联网进出口服务软件系统，整合通关（海关监管和商检监管）、物流（运输、仓储、保险和口岸）和金融（外汇收付和核销、出口退税、融资等）等服务功能。平台集中中小企业的通关和物流需求，天津渤海与专业的通关和物流服务机构合作，采用标准化和信息化的技术处理业务，通过互联网实现为客户提供环节对接的服务。实现跨区域、跨行业、低成本的专业服务，我们提供的不是办理进出口手续的工具，而是在真正意义上实现客户需求，替客户办理全部进出口手续。在金融环节，平台集中中小企业的融资需求，与银行进行战略合作，由我们作为担保人为企业提供无需抵押担保和无需单独授信的贷款融资，解决中小企业融资难的问题。

企业的生存与发展以经济利益的最大化为目标，而真正持久的经济效益来自于诚信经营。随着报关行业以市场化为取向的改革不断深入，这种情况下，企业在客户关系管理中只有以诚信服务为前提，才能切实保证报关企业员工与广大客户进行深入交流，增进彼此的了解和认知，与客户建立符合彼此要求的诚信服务体系。天津渤海一直坚持"为客户提供最有价值的物流服务，靠服务创品牌，靠管理创一流"的经营宗旨，本着以客户为中心、精益求精、敬业守信、挑战创新的理念来指导自身的工作，有雄心、也有信心将天津渤海建成一流的物流企业。

从企业内部而言，企业的凝聚力是企业生命力和企业活力的重要标志，而企业的诚信则是增强企业凝聚力的源泉。天津渤海一直以"诚信为本，全心全意为您服务"为企业的核心价值观，把企业在长期奋斗中形成的优良品质、顽强作风挖掘和提炼出来，成为公司员工认同和遵从的价值理念，有助于把各级员工对企业的朴素情感升华为强烈的责任心和自豪感，把敬业爱岗的自发意识转化为员工的自觉行动，使每位员工的积极性凝聚为一个整体，从而增强企业的生命力和活力。

对外而言，天津渤海诚实守信，形成巨大的吸引力，从而不断的赢得创业和发展的机遇，其信誉度就会不断地提高。回忆十六年前渤海报关刚刚起步，杨志华总经理一个人接到了杰麦（天津）乐器发展有限公司的第一票单子，由于交通不便，为了不耽误客户业务，他马不停蹄坐着集装箱运输车连夜赶到塘沽进行现场报关，两天两夜之后，这票单子总算顺利报关。从那时候起，天津渤海克服一切困难直至今日，在同行业中保持着企业良好的诚信度。诚信是道路，随着开拓者的脚步延伸；诚信是智慧，随着博学者的求索积累；诚信是成功，随着奋进者的拼搏临近；诚信是财富的种子，只要你诚心种下，就能找到打开金库的钥匙。副总经理李雪连强调，每位不同岗位的员工，都需要在诚信这个问题上，在各自的岗位上扮演好自己的角色，在具体履行工作职责上、在言行举止上都要注重诚信这个问题，无论是在管理中，还是在市场开拓中，对每一位客户作出的承诺就一定要兑现，做不到的就不要承诺，不能失信于任一位客户。

诚信，如一把钥匙，打开企业内外那扇门上的锁，让企业内外敞开心扉，沐浴阳光。有了诚信，会更好的促进员工与客户之间的有效沟通。一个企业有了乐于沟通的诚信文化环境，人与人之间相互尊重就多，友情就多，心气就顺，人气就旺，就有利于克服部门之间的本位主义，培养和激发员工的主人翁精神，增强企业的凝聚力和向心力。有诚信才有沟通，有沟通才有活水，有活水才有活力。"鸡犬之声相闻，老死不相往来"，只能是死水一潭，不会有充满活力的和谐局面。诚信是中华民族的传统美德。几千年来，"一诺千金"的佳话不绝于史，广为流传。随着社会的发展变化，赋予了诚信日益丰富的时代内容，促使人们对诚信的理解从伦理道德的范畴提升到制度建设的层面。天津渤海将会一直秉承"诚信"理念指导自己的经营活动，推动企业不断进步！

（作者：杨妮臻）

# 自律自省　有所作为
## ——中外运南通分公司

2013年5月,中外运南通分公司(以下简称南通中外运)根据南京海关的统一部署,南通海关推行通关作业无纸化、单指令放行两项新举措。全新的操作流程极大地提高了报关效率,为进出口企业带来了便捷。然而,这也意味着报关企业将承担更多的幕后工作,所承担的责任也随之增加。新形势、新要求下,南通中外运认真贯彻落实海关的通关要求,不断探索实现诚信服务,规范申报的约束机制。通过反思和实践,南通中外运深感作为报关企业有义务有责任,把住国门第一关,要在不断的自律自省中完善自身,求得发展。我们的体会是:

### 一、加强业务培训是落实规范要求的必要手段

为适应市场需求,加强规范管理,海关不断出台新的政策法规,报关企业如果跟不上形势,吃不透政策不仅事倍功半,影响通关效率,也不能很好利用相关政策帮助企业发展。为此,南通中外运不仅积极参加海关和报关协会举办的各类培训班,还经常根据需要邀请海关人员做专题讲座,帮助员工进一步了解海关规定,更好地执行海关规定。比如,由海关总署牵头下发的《规范申报目录》,要求现场海关按《规范申报目录》审单。由于同以往的申报习惯有很大差别,报关员有些抵触情绪,迫不得已只能加大篇幅去描绘商品。然而,还是常常会被海关退单,一线人员很是苦恼。后来,在与海关相关部门沟通中得知,虽然我们报关

时描绘商品字数多,但并没有紧扣海关申报要点。为此,公司特别召开了一次研讨会,邀请海关人员解读《规范申报目录》和规范申报的意义。报关员通过学习,提高了认识和水平,能主动按照《规范申报目录》的要求规范申报,海关退单现象明显减少。像这样的例子工作中还有很多。通过多交流、多学习,重视海关的指导作用,提高了员工的规范申报水平,不仅为公司节约了成本,还避免了很多弯路,促进了通关效率的提高。

**二、实现有效沟通是保证规范申报的重要前提**

报关员是海关和客户之间的桥梁。通过与海关的沟通,南通中外运得到了海关的及时指导,掌握了最新的政策法规和规范要求,提高了规范申报水平。在日常工作中,报关员还会接触各种各样的客户,在与客户的沟通中,掌握准确的报关依据,才能实现规范申报,南通中外运的服务才是合格的诚信的。乍一看,沟通客户好像会耽误时间,但仔细一想,如果出现退单或其他情况,更会影响效率。因此,加强沟通是做好服务的关键步骤。走好这一步,能避免许多差错,提高规范申报率。南通中外运认为,报关前不仅要与客户沟通,还要实现有效沟通,这样才能真正起到防范作用。要实现有效沟通,一是要讲究沟通的时机。制定通关方案前多与客户沟通,可以少走弯路,尽早让客户了解海关政策,争取客户的理解和配合。二是要讲究沟通技巧。客户合情合理的要求要尽量满足,对不符合规范要求的,甚至是违反国家法律法规的,也不能一弃了之,要晓之以理,做通他的思想工作,打消其侥幸心理,为国家把好国门第一关。三是要讲究沟通效率。我们要求报关员在与客户沟通前做好功课,一次性告诉客户海关的所有要求以及其他需要客户确认的事项,尽量避免多次询问,这样将客户的便捷放在首位,体现了诚信服务的态度,也提高了自己的工作效率。

**三、加强流程管理,是实现规范申报的有效保障**

根据公司业务需要,南通中外运制定了相应的报关业务流程,并对流程加以管理。一是让经验丰富的报关员驻守流程关键岗位。以接单环节为例，都是由经验丰富的报关员首先接单审单，画出重点（容易出错的地方或报关难度大的地方）后转交其他报关员制单，中间如果出现疑问由经验丰富的报关员参与协商。二是设置复核岗位。报关员制单后经复核员复核后再向海关申报。凭借经验丰富的报关员的阅历和经验，减少了报关过程中出现差错的机会。三是对商品归类等重点和难点环节，要求报关员在工作闲暇之余认真学习海关税则，提高归类水平，开展一天一记的竞赛活动，研究记忆归类的方法，通过日积月累，不断提高自己的业务水平。四是设置二次核对岗位，最终把关。今年实行通关作业无纸化后，海关对单证的要求比以往更加严格了。口岸、船名、航次、提单号、箱号、件数、毛重等全部与预配挂钩，一点都不能错，系统任何的对比不一致都会导致无法通关放行。公司随即调整岗位设置，再安排人员针对预配舱单的要求进行二次核对，以杜绝由此产生的物流无法放行的情况。由于沟通及时，审核严格，通关无纸化后，公司未发生一起因无纸化而漏放行的情况，优质、稳定的服务得到了客户的信任与肯定。

雄关漫道真如铁，而今迈步从头越。南通中外运通过加强员工队伍培训，实现关、企有效沟通，加强内部管理等有效措施认真践行自律自省的经营理念，在规范申报、诚信经营的道路上稳步前进。南通中外运时刻牢记，一个优秀的报关企业，不仅要对海关、对客户负责，更要对自己负责，只有真心爱惜自己的信誉与名声才能真正做到自律，才能将海关、客户的需求化作内在的要求，从而真正实现服务创造价值的目的。

（作者：胡晓明）

# 强化自律运行机制　创造守法经营环境

——天津华贸柏骏国际物流有限公司

天津华贸柏骏国际物流有限公司（以下简称天津华贸柏骏）的总部为港中旅华贸国际物流股份有限公司，是上海证券交易所上市的公众公司。天津华贸柏骏以跨境现代综合物流为核心，主营国际货代，供应链贸易，仓储、第三方物流和工程物流的业务，在行业内具有悠久的经营历史和较高的市场地位。迄今，公司已形成网络化、集约化相结合的经营和发展格局，近50个全资附属分支机构遍布中国主要港口和内陆经济发达城市以及纽约、洛杉矶、亚特兰大、德国法兰克福，长期合作的海外网络遍布世界150多个国家和地区，以轻资产为主，形成了全球物流服务和保障体系，员工近2500名。

天津华贸柏骏在天津滨海国际机场、天津保税区等口岸地区均设有办事机构，可以为广大客户提供综合性的物流服务，如：海、陆、空国际货物进出口运输业务并承办代客报关、报检报验、仓储保管，私人物品的运输，海空联运，国内海关监管货物运输，提货送货、实行门到门服务，签发提单，以及飞机订舱，租船配载，二程中转信息反馈等诸项业务。天津华贸柏骏公司空运部设在天津滨海国际机场，拥有近400平方米的办公室，处理日常空运进出口业务。航空公司准确及时的航班以及本公司优质高效的地面服务，能满足广大客户"安全、节省、方便、迅速"的业务要求。各种先进的办公设备、设施，以及从业人员的优良业务素质和敬业精神，为专业高效、精细确切的航空货运业务，提供坚实有力的根本保障。

天津华贸柏骏公司拥有一批经验丰富的报关、报检业务专业人员。早在2006年，就被天津海关及报关协会评为2006年度"天津市优秀报关企业"，并于2006年、2009年连续两届被评为优秀报关企业"。2008年又被授予首批"天津市A类报关企业"。2011年被天津海关评为"天津市AA类报关企业"，2012年度又被评为2012年度"全国优秀报关企业"，已连续蝉联三届全国优秀报关企业。2013年公司又获取了预归类服务单位资质。

天津华贸柏骏全体报关工作人员，在平日工作中一直做到细心、用心、专心。细节决定成败，逐个环节分析，责任到人，预见性地发现问题，充分肯定大家在平日的工作中取得的成绩，找出漏洞与不足，制定相应措施与方案。我们主要还是从报关质量入手，让优的更优，有欠缺的会及时找出问题、改进提高，加强行业自律。这样做的目的，是要在一定程度上增强企业的综合实力，能够更好地为客户提供最优质的服务。而这些成绩的取得，都来自于公司高起点、高素质的人员配备。

天津华贸柏骏具有独立的报关报检管理部门、健全的报关报检管理人员及报关从业人员管理制度；对报关员进行严格的系统管理，要求从事报关工作的都是持证人员，公司现有报关员14名，其中包括报关归类师5名。

健全的报关管理制度和完善的质量管理体系是华贸柏骏国际物流有限公司在行业中屡屡胜出的主要前提。公司严格遵守国家法律法规和有关规定及《天津报关协会章程》、《天津报关行业自律准则》和《天津报关从业人员公约》。通过ISO9001：2000国际质量体系认证后，更加规范化、制度化、标准化、程序化、系统化。完善的报关印章、台账、单证管理制度的设立，也让各环节作业流程都责任到人，并设有复核制度，奖惩分明，有效杜绝了挂靠飞单现象的发生。

高效、信息化管理系统和严谨的内部控制机制，是天津华贸柏骏制胜的法宝。信息化是现代化报关企业的核心资产要素。2008年，公司总部成为"中国信息化500强企业"，信息化建设获得CECA专家认可。目前，华贸柏骏拥有完善的、由总部开发的进出口操作系统，能全面适应天津海关电子审单模式，有与海关联网的QP4.0电子口岸录入系统、进出口舱单录入系统、九城电子检验检疫申报系统、检验检疫部门对监管库的监督管理系统及万士隆监管库区物流信息管理系统。我们还具有完善规范的报关营业记录、委托报关企业业务台账，并在海关规定的年限内完整保留报关单据，代理合同及委托单位提供的各种单证、票据、函电等与报关业务直接有关的其他资料，便于接受海关稽查。

天津华贸柏骏利用网络管理程序实现对报关作业流程全方位、全过程的监控，通过业务单证流转程序、单证交接签字制度、单证流转时间效率控制、差错责任追究制度等方式规范内部管理。建立业务培训、质量评比、绩效考核、客户反馈、满意度调查、投诉处理等制度，以保证整体的报关服务质量和水平。海关关于报关员扣分管理的规定也时时刻刻在为报关企业敲着警钟。提高报关效率，保证报关质量，配合海关提出的每项新举措，以达到增强企业自身的竞争力、与海关共同营造和谐通畅报关环境与报关秩序的目的。

20年的行业经验，天津华贸柏骏深切感受到，要想利用海关的通关便利来提高企业竞争力、提高效益，需要我们大家来共同维护口岸报关市场秩序，规范报关主体的职责范围及其经济和法律责任。

（作者：张丽）

# 托举自律引擎　推动服务转型
——安徽芜湖中外运有限公司

安徽芜湖中外运有限公司（以下简称芜湖中外运）隶属于中国外运长航集团有限公司，是安徽省沿江港口成立最早、规模最大、功能最全的综合物流企业，国家4A级综合物流企业、安徽物流行业首家海关AA类管理企业，安徽省报关协会常务理事单位、芜湖国际商会副会长单位。主要经营：海陆空货运代理，多式联运，船务代理，仓储保税，合同物流，工程物流以及租船、订舱、口岸交接、报关、报检、CFS堆场、集卡运输等业务，2010年~2012年连续两届被评为全国优秀报关企业。安徽芜湖中外运有限公司（以下简称"芜湖外运"）在积极开展企业自律与诚信服务创建活动、探索服务转型、拓展业绩过程中，逐步得出了以下经验体会：

## 一、"诚信创建"是推动服务转型和拓展业绩的永恒主题

举起自律"引擎，"积极探索创新，坚持诚信推动服务转型。芜湖中外运认为："自律是企业创新的'引擎'，诚信是以自律为前提和基础的，没有自律，则无从讲诚信。"2009年2月，海关总署下发《关于出口加工区拓展保税物流等功能海关监管有关问题的通知》，出口加工区拓展保税物流功能在全国范围内推广。与此同时，芜湖中外运面对芜湖出口加工区的保税物流园区开始正式启用，而此时面对保税业务需求不足，业务运作经验缺乏，主管部门的扶持政策不够明朗，符合条件且有意入驻

园区开展保税业务的物流企业少之又少的新形势,"拓展新型物流产品、完善服务功能,向现代化综合物流、专业报关服务企业转型",成为企业当时迫切的发展愿景。恰在此时,芜湖出口加工区保税叠加以及物流功能、各项代理业务的启动,让芜湖中外运看到了服务转型的希望。于是,公司抓住这一契机,在已设立的出口加工区办事处的基础上,迅速在园区注册成立了芜湖中外运出口加工区物流有限公司,成为首家入驻园区的物流、代理运输、报关综合型企业,利用园区的叠加保税功能,重点拓展保税物流和代理报关业务,开启了推动服务转型、拓展业绩的闸门。在经营实践中为了发展出口加工区保税物流、代理服务业务,就在规范内部管理、从严要求各级管理者和全体员工、注重学习研究和把握有关政策法规、强化服务素质、尤其是落实优秀报关企业"四好"要求等方面下真工夫,专门出台了一系列从严管理、守法经营、规范运作、诚信服务的具体制度和措施。也是从此时,开始了创造"一日游"业务。

## 二、"诚信创建"是推动服务转型和拓展业绩的重要措施

芜湖中外运对加工区保税物流业务及代理服务的认识从概念转为实务,并由此萌发出以"一日游"业务作为先期试营突破口及保税物流代理服务的经营思路。通过一段时间的实践探索,掌握了"一日游"业务与服务的特点,国内开展保税业务的供货方,如果其成品直接销往国内同样具有保税业务的收货方,这种方式称之为"进料深加工结转",而货物仍在海关监管之中,供货方只能做手册核销和收汇工作,不能进行退税,供货方只能通过提高含税价格来获得既定收益,这无疑增加了收货方资金的占压时间;如果供货方的货物通过出口加工区物流企业再配送至国内收货方,则供货方在货物经过区内物流公司办理报关手续后,即可向海关申请出口退单,及时办理退税及手册核销结案手续,及时收回资金,也为国内收货方减少了支出成本。

熟悉了"一日游"业务的这种特性,公司业务人员很快便操作了安

徽省内首单"一日游"业务,当日货物在合肥的客户工厂装箱,下午运抵芜湖出口加工区进行通关作业,海关放行后该批货物即刻起运至芜湖港码头上内贸船运至广州的国内进口方,进出口退单在几日后经申请签发给企业。此笔业务成功操作,标志着芜湖出口加工区保税物流叠加功能的正式运行。"一日游"为企业节约了运输成本,缩短了出口时间,给出口方尽早办理出口退税手续带来了便捷。有了操作经验和服务的良好开端,公司开始积极宣传推介,并在接下来的区内企业中达电子公司的保税项目上,以更高要求和服务标准为其量身订制了业务方案,详细分析了中达电子公司的业务现状,同时对比保税功能拓展前后对企业的利弊影响,最终方案获得中达公司肯定,实现了区内企业与区外企业之间货物流转的"一日游"。此项业务拓展的当年,公司完成"一日游"报关单量224票,进出口总额约1162万美元,保税功能创造的企业利润初步显现。而这项业务开展的过程中,始终以全公司员工加强自律、诚信服务为主线。

### 三、带领企业自律与诚信是服务转型和升级的强劲动力

芜湖中外运公司负责出口加工区代理业务的领导说:"员工能不能增强自律意识,能否坚持诚信服务,有两个关键,一是各级领导和管理者是不是说到做到,在自律和诚信方面以身作则、起带头作用;二是要求和管理严不严,有没有管理制度并落实,是不是常抓不懈,持之以恒。这两个关键把好了,领导就能带动员工,自律与诚信就能在服务过程中见实效。而全体员工都能自律、讲诚信,就是企业保持健康发展的动力,也是服务转型升级的强劲主力。"此言正是公司拓展保税物流代理服务、创造"一日游"业务的实际写照。

四年多来,公司开展的"一日游"业务蓬勃发展。2010年,"一日游"业务全年报关单量为1350票,涉及进出口总额达1.7亿美元;2011年,报关单量达7325票,涉及进出口总额3.6亿美元;2012年,因国外

局势等原因虽报关单量有所下降,但仍为6650票,涉及进出口总额2.3亿美元。几年来,通过服务产品的创新及领先发展,该公司从主营传统船货代业务,至目前已拥有包括保税物流在内、比较成熟的十大服务品牌,服务产品涉及供应链物流的各个环节,公司的口岸服务功能日臻完善,服务区域现代化综合物流事业发展的能力已经初步形成!

(作者:江静)

# 践行"诚信自律"　铸就"大田"品牌
——苏州大田国际货运代理公司

苏州大田国际货运代理有限公司（以下简称苏州大田）作为全国优秀报关企业，近年来通过增强服务能力、提高服务水平、完善服务功能，着力抓好诚信自律，认真践行"诚信服务好、遵纪守法好、规范管理好、报关质量好"的四好标准，各项业务得到了迅速发展，并于2013年1月荣升为海关AA类管理企业，使"大田"品牌的知名度得到有效提升，公司进入了新的发展阶段。

## 一、以"守法经营"为基点，实实在在夯基础

"守法经营"是大田人一直视为立足之本的生存底线。苏州大田在经营管理中恪守海关的政策法规，做到依法报关、规范操作，坚决抵制损害国家利益的行为。一是树立自律意识，提供诚信规范服务。严格遵守海关廉政规定，严守报关员职业操守，为委托人提供诚信规范服务，并做到信守服务承诺，杜绝违纪违规行为。二是对人员的"进"和"出"严格把关。入职前五年的工作、生活背景调查，主管级以上与财务、人事关键岗位重点背景调查与本人提供相关材料进行核实，人员离岗前要进行离职面谈，注销邮件，办理钥匙、胸卡与门禁卡上交等等手续。三是对客户与供应商资信审查。在开发客户和承接业务时，认真做好客户资信审查，筛选资信良好的客户合作，并在签订合同时，明确双方的义务和责任；在选择车队供应商时，要求提供营业执照、税务登记证、车

辆运营证等资料并进行审核，防止合作中出现违规违纪现象。

## 二、以"规范管理"为重心，勤勤恳恳求提升

一是深入贯彻中国报关协会制定的行业规范，进一步增强行业自律能力、提高报关执业水准。中国报关协会制定下发的《报关行业自律准则（试行）》和《报关员公约》既是报关行业增强自律能力和报关员提高执业水准必须遵守的行规公约，也是报关企业规范管理不可缺少的一个重要内容。二是制订SOP运作流程和作业指导书，强化企业的规范化管理。针对接单、审单、前台报关、输机等各个岗位制定了岗位职责。对报关部每月、每季度报关单的申报质量、录入准确及时率、删改率、报关员记分情况等进行考核，并向主管海关部门报备。如超过设置目标的，要进行原因分析、制定改进完善措施，并经责任人、监督人、管理层签字明确并记录在案。另外，加强档案管理，将每周、每月复核的台账装订成册，由专人负责归档，便于随时调阅。三是自主研发报关系统加强管控与督察。通过自主构建贴合企业实际的报关系统（CCS），对基础数据、报关数据的录入、归并，与客户的数据对接、交换，进行行之有效的管理与控制。四是制定内部激励机制。每月对无差错员工进行嘉奖，对有差错员工进行处罚，充分调动员工积极性。五是制定岗位培训机制，不断提高人员素质。通过参加海关和报关协会组织的各类培训，及时掌握并熟练运用有关法律、法规和报关流程、通关实务等，更好地为广大进出口企业服务。

## 三、以"诚信服务"为宗旨，兢兢业业谋发展

苏州大田奉行"诚实守信，立身之本"的理念，全力打造诚信服务的企业文化；弘扬"以至诚之心，待人处世；以至诚之德，律言律行"的企业价值观，强调"诚信服务"是企业生存发展的基础，通过企业诚信文化来实现价值，用诚信服务拓展市场，满足海关的监管要求和客户的通关需求。为此，公司要求：一是想客户所想，把客户的合理要求放

在首位，将对客户的承诺，高质高效地兑现。二是加强一线力量，将责任心强、业务水平高的员工安排在报关第一线，确保申报质量。三是急客户之所急，多提供合理化建议。在加强与企业沟通，详细了解客户基本情况的基础上，有针对性地提供服务和合理化建议。例如：根据单货相符、装箱明确、理货方便等便于通关查验的要求给客户提出进出口货物包装方面的建议，从报关申报要素齐全、单证清晰的角度向客户提出制作方面的建议；当商品归类碰到难点、疑点，协助客户向现场海关请教、沟通；对海关提出的新的通关政策和措施，在第一时间向客户通报等等。

苏州大田多年来，通过守法经营、规范管理、诚信服务等一系列管理措施的实施，逐步铸就了今天的"大田"品牌。时时处处思长远。如今，苏州大田把开展行业自律与诚信创建活动作为推动企业战略发展的核心要素，进一步实施大田的品牌战略，向更高更远的目标迈进。首先是进一步打造企业发展平台。做到客户第一，信誉至上，以人为本，诚信守法，更好地实现高效管理，增加"大田品牌"在海关和客户心中的含金量。其次是进一步实现科学发展。要求员工牢记海关的守法便利原则，在按章办理，规范行为的同时，以遵纪守法为荣。力求在报关服务中实现"无盲点"操作、"无错误"操作的目标，精益求精。三是进一步加强沟通合作。"大田品牌"是在关、企、协的合作中逐步成长起来的，今后的维护和发展同样需要各方面的支持与帮助。大田公司将加强与海关等方面的联系，积极参与海关的通关改革和其他社会活动，在谋求自身发展的同时，为地区经济的发展作出努力。

（作者：寿挺）

## 自律管理出成果　艰苦创业谋发展

——上海心海国际物流有限公司

上海心海国际物流有限公司（以下简称心海物流）在十余年的艰苦创业中，坚持科学管理、规范操作，精心打造一流的报关服务团队，在业内取得了骄人的成绩。2009年，公司就申请获得了"A类管理资质"，2011年实现了"AA类管理资质"的跨越性发展。2012被中国报关协会评为全国优秀报关企业。自律管理、规范操作心海物流始终秉承"科学、严谨、细致"的管理理念和经营方针。2010年初，公司引进了ISO2000质量管理体系，对各个业务环节和职能管理环节制定了规范程序和标准文件，要求公司员工按照管理体系的要求操作和管理。质量管理体系的实施使公司管理达到了统一，使各个岗位责权分明，对操作层面有明确的指导意义。2011年1月1日海关总署发布实施了《报关服务作业规范》，这个是由地方报关协会、报关单位等16家单位、23位专家研究制定的实施条例，心海物流在获悉后，立刻组织员工开展深入学习，对合同制定到报关最终结束的每个环节逐一审查，寻找差距和不足，严格按照《作业规范》上的规定贯彻执行，把规范操作的理念融入的日常经营环节中。也因为如此，心海物流工作期间未发生重大违纪违法的情事，在社会上树立了良好的信誉。心海物流现如今使用先进的管理软件平台，客户能从传达服务要求的第一时间开始，全程跟踪业务执行过程，实时掌握业务进展状况，利于保证服务的及时性和质量。

一、严格要求、控制差错

心海物流始终以"高标准,严要求"指导自身的行为。根据海关总署第197号令《中华人民共和国海关企业分类管理办法》,AA类报关资质的报关企业,其上一年度进出口报关差错率必须在3%以下。为此,心海物流始终将控制差错率放在首要位置,对其高度重视,并制定落实了具体的措施,例如:第一,公司出台各种激励奖惩机制,来鼓励和鞭策员工尽量少犯错、不犯错;第二,公司对员工的错误进行认真的分析,使员工在第一次犯错之后吸取教训,在以后的工作中能避免犯类似的错;第三,公司会定期组织各种学习交流会议,分享学习各个部门的经典案例,达到知识共享的作用。事实证明,这样的机制对于有效控制差错具有很大的促进作用:公司整体的差错率随着每年单量的新高不但没有反弹,反而逐年降低,2009年整体年差错率还在1%左右徘徊,而今通过各方努力,已稳稳地保持在0.5%左右,这是大家齐心协力、长期努力的成果。心海物流会继续保持良好势头,坚持先进的管理模式,诚信、高质量地服务于海关和客户之间。

二、依法报关、规避风险

《中华人民共和国海关关于〈中华人民共和国知识产权海关保护条例〉的实施办法》(海关总署第183号令)已于2009年2月17日经海关总署署务会议审议通过,2009年7月1日起正式实施。根据实施办法的规定,进出口货物的收发货人或者其代理人应当在合理的范围内了解其进出口货物的知识产权状况,保护其知识产权。心海物流作为专业报关公司,深知依法守法的重要性,一直以来都积极主动地去了解进出口货物的产权情况,为客户提供保护知识产权的有效途径:第一,建议知识产权权利人向海关总署申请知识产权海关保护备案,有效地保护自身的权益不受侵害;第二,建议在承接订单前要求国外委托方出具知识产权授权书,并查询加工中涉及的知识产权是否在中国工商总局注册、注册人与授权方是否一致、是否在海关总署备案；第三，建议客户在签订合同时加入担保条款，约定知识产权责任由委托方承担，这样一旦出现侵权，还有望挽回经济损失；第四，对一些新客户，心海物流会给他们传达海关关于知识产权保护的一些法律条文，让客户意识到保护知识产权、规避侵权的重要性。通过这些工作，心海物流已经顺利成为客户和海关之间沟通的桥梁，为海关的依法管理、客户的守法经营起到了保驾护航、不可或缺的作用。

### 三、加强培训、提高素质

在企业规模的逐步壮大中，心海物流相当重视员工业务素质和内在修养的培育。知识链的传递和知识库的扩充一直以来都是心海物流所倚重的核心竞争力。心海物流通过专业的行业知识培训和严格的绩效考核制度，保证了心海物流整体员工对报关行业多变的通关制度有最快最全的认知和把握，保障了与海关交流沟通的快速和畅通。通过心海物流一次又一次的培训和考核，心海人共享了知识，丰富了自身的通关经验，提高了自身解决复杂通关事务的能力，能更专业、更准确的贴近海关，将海关的政策传递给客户，在海关和客户间架起坚固的桥梁。

心海物流就是这样一支始终坚持着"科学管理合法经营诚信服务"的精英团队，相信"双A类资质"只是开端，心海物流将会一如既往的保持优良传统，并且积极吸取更为优化的管理理念，在激烈的竞争中占据不败之地。

## 强化自律管理　创建诚信佳绩
——上海亚东报关公司

走进上海亚东报关公司（以下简称上海亚东）的办公区域，映入眼帘最多的字幅是"诚信致远　厚德载物"，这八个字伴随着亚东走了七年，上海亚东始终大力推进以"强化自律意识，树立诚信品牌"为重点的企业文化建设，扎实基础工作，注重规范管理，做精报关产品，努力实现"守诚信、严管理、有规模、提供综合服务的专业性报关公司"的发展目标。诚信是企业健康发展，品牌优良的首要条件。上海亚东从2008年起就开始参加上海市诚信创建的评审活动，通过企业自律、行业评估，建立起企业诚信建设的长效机制，使公司的诚信工作进一步规范化、制度化，在自愿接受市场评价和监督的六年诚信创建活动过程中，2013年上海亚东获得了"五星级诚信创建企业"的荣誉称号，同时经组委会综合评估，上海亚东被授予"企业诚信信用标识"的启用资格。该标识是讲究以"诚信为本"的企业共同使用的社会化识别符号，也充分体现了公司"自律诚信"的企业文化。

规范专业是报关公司提升市场信誉度、提供诚信服务的有效途径。企业电子信息系统化和关务软件的建设是报关行业转型发展，走向高端化专业之路的必然。通过电子信息化软件植入日常操作，可以从成本、质量、服务和速度等方面提高企业的竞争力，在市场角逐中形成与众不同和吸引客户眼球的核心品牌。2011年，上海亚东组织公司管理层和骨干员工，提需求、提方案，在不断改进和完善中，与软件公司确定了关务管理系统，并配合开发了具有审单、纠错功能的软件，目的是将基础的关务管理软件上升到具有新型服务模式的软件产品。目前上海亚东已经在使用的纠错软件能首先从制单预录环节纠偏查错，有效降低了低级差错的发生。在以标准化管理为基础的前提下，上海亚东进一步完善了薄弱环节的作业流程，如大金额单证的三人审核制度、进出口查验 SOP、单证交接标准流程、单证复审标准流程以及多个岗位的抽查制度等，建立起完善的制单、审单、复核等流程体系和考核制度，全面贯彻落实"报关服务作业规范"和报关服务质量的行业要求。

同时，上海亚东也注重以信息化、系统化带动管理工作。每月的"报关质量分析报告"的制作和公布已成为常态化的管理工作。上海亚东每月从"资信派"软件中摘取数据，从通关量、通关效率、查验率、退单率、差错率、扣分情况以及竞争力现状分析多方面与行业进行横向、纵向地比较，通过真实、动态的数据分析，找出上海亚东在各个通关环节上的不足之处，进行差距管理，对症下药，合理调整和优化作业流程，改变不合理的环节，提高上海亚东的操作质量和操作效率，以将"上海亚东"的关务管理能力提升到行业的较高水平。

企业综合素质的提高，员工教育和队伍培养是关键。2011年公司开始试行绩效考核，上海亚东根据各业务部门的特点及业务操作的复杂程度，确定每个业务岗位的业务量，并细化到每票业务所需的工时，以此评估每个岗位的业务饱和程度，梳理出部门的冗员以及流程设置的不合理状况。通过定量和定性的统计分析，优化了操作流程，重组部分岗位和人员，把员工放在最适合的岗位上，发挥最大潜能，提高了工作效率。通过服务态度、工作质量和工作效率的综合考量和评估，做到以量化指标为核心，以标准化管理为基础，以绩效考核为动力，建成工作流程更规范、岗位分工更合理的内部管理体系。

上海亚东每年对各个岗位的"职位说明书"进行完善和梳理，以岗设人，各尽其职。"职位说明书"作为规范岗位操作的标准化文件，是绩效考核的依据之一，以此建立起严格的岗位淘汰制度。

在严格落实考核制度的同时，公司也注重培养员工爱岗敬业、积极向上的良好职业心态。在每位员工的入职培训中，上海亚东专门设置了规范礼仪用语、良好心态调整、抗压能力培养的课程。在工作中，对上海亚东影响最大的莫过于员工对待上海亚东的情绪，是选择积极的态度还是消极的态度将直接影响上海亚东工作。在工作中公司要求员工善于随时调整心态，不管遇到多大难题和忍受多大委屈，都要及时调整、疏解情绪，使自己始终保持积极的心态。其次，上海亚东建立了差错报告制度，当在工作中产生差错时，并不是急于责怪和追究过失，而是让当事人自己分析产生差错的原因，通过不断地检查自己行为中的不足，及时地反思失误之原因，员工能够提出较为有效的改进建议。

诚信是经商之魂，更是各种商业活动的最佳竞争手段，是市场经济的灵魂，是企业家的一张真正的"金质名片"。只有在没有人监督的情况下，能做到不自欺，才算是真正的诚信——那就是自律。这样才能真正赢得客户的满意和忠诚，才能在现代社会的竞争中扎稳脚步。上海亚东正是在自律诚信的实践中不断前进！

（作者：尚妍玲）

# 守法自律根基牢　诚信服务企业兴
—— 广州粤穗报关有限公司

广州粤穗报关有限公司（以下简称广州粤穗）是20世纪90年代初成立的以代理报关为主业的国有企业。20多年来，公司始终恪守守法自律，诚信服务的经营理念，在激烈的市场竞争中不断发展，不断进取。公司现有营业网点有17个，遍布于广州、黄埔、深圳关区。公司是中国报关协会会员单位、广东广州报关协会副长单位、黄埔报关协会会员单位、深圳报关协会会员单位，先后两次获得"全国优秀报关企业"称号，广州海关A类管理报关企业。在广州、黄埔、深圳关区，广州粤穗已被广大客户所信赖。公司管理运作通过德国莱茵ISO9001：2008质量认证。

## 一、在实践中不断提升经营理念

广州粤穗守法经营的理念是在经营实践中逐步形成并不断提升。主要体现在"增强两个意识"和"破除三种思想"上。

增强两个意识：一是增强带头守法意识。公司的每一届法定代表人和班子成员都清醒地意识到国有企业不但要努力实现国有资产的保值增值，还要对有社会负责。执行国家法律法规是公司经营班子的责任和义务。在报关行业中屈指可数的国有企业自知在行业中带头守法依规经营是必需的也是责无旁贷的，尤其要体现国有企业守法自律的素质和形象。二是增强打牢基础意识。经营基础是指企业经营所必须具备的资质和能力。打牢基础就是建立一个优良的经营平台，取得本行业中优良的经营资质。经营资质的建立和取得在一定的层面上反映出管理部门对企业守法自律的认可和企业的实际经营能力。如果在经营出现违法违规的行为，就难以获得这些资质。

破除三种思想：一是破除"老实人吃亏，精明人得利"的思想。有种社会认识把守法自律的人称为老实人，而把违法或钻法律空子的人称为精明人。事实上老实人根本不会吃亏，因为他不用承担违法的风险和成本，长远来看老实人比精明人得到的要多得多。所以宁愿做守法自律的"老实人"，不做违法乱纪的"精明人"。二是破除侥幸心理，铤而走险、孤注一掷的思想。这种思想在经营中十分危险，往往已经知道有违法风险存在，但不是采取正确的态度去回避和解决，而发生违法行为。积极的态度应该是立即中止违法行为，防止违法后果的发生，同时采取必要的补救措施消除不良影响。三是破除法不责众的思想。这种思想给自律行为带来很大挑战，因为暂时没违法的风险发生往往就会不自觉地参与其中，不能独善其身。由于公司历任班子对守法经营的重要性都有相当清醒的认识，使公司上下学法懂法用法守法蔚然成风，公司成立至今没有发生过违法经营受到处罚或造成经济或名誉损害的情况。

## 二、恪守诚信理念，打造服务品牌

广州粤穗公司一直以诚信服务为经营理念，以诚经营，惜诺为金，笃信诚信是企业的生命。诚信服务的主要做法是：

一是大力推行诚信服务经营理念。把诚信服务作为企业的追求，坚持靠诚信服务待客户，争市场。使诚信服务成为公司的企业文化，倡导"说老实话、办老实事、做老实人"的企业风气。提出以"以德兴企，诚实守信"的职业道德操守。狠抓以诚信服务为主题的职业道德教育，打造诚信服务平台，造就以诚信服务为价值取向的员工队伍。

二是不断强化诚信服务的管理。制定了公司诚信服务准则和员工的行为规范。公司领导经常深入报关现场了解诚信服务的情况，及时发现问题，及时改进。报关现场部门每月、公司每季度要对诚信服务的情况进行分析和讲评。公司领导经常与口岸通关管理部门沟通并听取意见，还定期征求客户的需求和建议，以加强和改进诚信服务。

三是不断优化诚信服务载体和平台。诚信服务载体即是全体员工，主要是提高员工的素质和诚信服务技能。公司对全体员工讲诚信守合同，全员签订劳动合同，按规定参加社保（五险一金），平等享受公司福利，按完成经营指标任务兑现奖金。员工在信任公司的前提下安心为公司服务并各显其能。优化诚信服务平台就是公司的基本信用，即长期保持对工商、税务、海关、商检等部门的很好信用。2013年还下大力把不符合《公司法》规范的无限责任公司改变成了合法合规的有限责任公司，提升和规范了公司的基本信用。

守法自律，诚信服务，使广州粤穗收获了丰厚的回报和发展的希望。诚招天下客，信招八方财。社会呼唤诚信，时代推崇诚信，企业需要诚信。广州粤穗将一以贯之地坚持守法自律，诚信服务，不断改革创新，将优质服务的品牌做大做强。

（作者：何国新）

# 严于自律　诚信为本
## ——杭州汉德国际货运代理有限公司

杭州汉德国际货运代理有限公司（以下简称杭州汉德）于 2005 年成立，是一家具有商务部国际货运代理批准的国际货运进出口业务资质，以及航空协会批准的一级代理业务资质民营企业，专业从事国际航空运输的货运代理公司，具有独立报关、报检能力，代理网络遍及全球，拥有海关监管仓库和海关监管车，提供提货、送货、仓储等一条龙服务。在强大硬件支持下，公司承办过杭州萧山机场首个进口活体货物包机业务；承办了操作难度较大的出口散件包机业务；公司承办危险品出口业务，成为口岸至今为止唯一承办操作该业务的公司。并提供家庭和个人物品的国际运输服务，可承接：家具、电器、衣物、书籍、厨房用品、工艺品、乐器、日用杂物等私人行李。最近杭州汉德致力于展览品进出口物流，代办 ATA 单证册，在进口展览品清关、仓储、展馆派送、现场服务等方面提供一条龙操作服务。杭州汉德本着"严于自律、诚信为本"的经营理念，赢得广大客户的信赖，在 2009、2012 年连续两届被评选为全国优秀报关企业，

严于自律杭州汉德公司于 2011 年通过 ISO9001 国际质量管理体系认证，使得公司各部门的操作规范和服务项目得以更加规范有序。公司主营特色业务为化工品进出口空运，电子产品进出口空运业务，针对化工医药产品专业性强、技术性高的特点，公司配备毕业于化工专业的客服人员为客户做税号归类预先审核避免事后改单；对质量要求高、时效性

强的电子产品运输依托杭州汉德高素质的服务，真诚的态度，使客户与我们建立了长期合作的关系。多源化，专业性的服务使公司客户遍及全国各地。此外我公司还根据自身行业特点制订了以下一系列管理规章。首先制订标准的作业流程。并与时俱进地升级使流程更规范更顺畅，提高了工作效率。例如在今年海关推行无纸化通关的过程中，海关事先对无纸化通关做了充分宣传，公司也根据实际情况提前对客户宣传了无纸化通关的流程，并在公司内部对代理企业资质和信用程度进行审核，为代理报关业务起了事先把关的作用，使代理企业无纸化通关得以顺利地过渡，报关的单证量上并未受较大的影响。其次建立了培训机制。加强培养管理类人员的财务意识，使得公司的每一分钱用到实处。并提高员工业务素质，不断培养高素质，全方位人才，在业务高峰时可以使得单证、货物得以高效能的运作，提高杭州汉德品牌核心竞争力。当然质量才是一个企业，特别是代理报关企业的基本。所以公司严把单证质量关，做到责任到岗，层层把关。在客服人员接到客户的委托书专人预审单单相符，单证一致后将相关数据抄送机场报关处，由专人录入并对税号、品名、金额等再进行重点审核申报，经过了多方位的控制让单证质量得到了大大改观。对工作努力负责的员工也给予一定的物质奖励。

  杭州汉德还建立了公司网络内部联网系统，使得公司的各类信息可以共享，反映的问题及时回馈。让一线的报关员可以及时有效地获取需要的资料，既节省了再单证缮制环节上的录入时间，又保证了报关单填制信息的准确性，大大提高了货物的通关速度，收效甚大。

  诚信为本，杭州汉德一直将诚信服务作为企业赖以生存和发展的基石，坚信企业的诚信是企业的核心竞争力，在经营中始终遵循诚信服务的原则，杭州汉德无论客户规模大小，一视同仁以诚相待，以客户需求为第一。客户正当的委托在第一时间内给予解决；对于一些不规范或与法律法规相悖的委托给予劝阻或拒绝；同时，针对客户所提出的意见，认真分析及时改进，不断提升服务质量。做到通关遇到问题时，不推脱，坚守承诺，协助好客户与职能部门的沟通。并合理安排好货物的续程，将问题带来的损失降低到最小的程度。对一些业务合作多年并密切的公司，例如浙江省化工品进出口有限公司是较早从事化工品进出口业务的企业，常常有不同规格、形态的化工品原料出口业务，因为化工品的操作与其他物品出口操作有较多的规范限制，公司就组织了资深的客服人员，到省化工中去，和客户单证组的员工对报关上常见的问题进行专门的业务解答，宣传通关、物流方面的知识。在互动中让客户更好地了解我们行业，也了解各职能部门的最新政策和服务，营造和谐发展的双赢局面。

杭州汉德将继续秉承"严于自律、诚信为本"的经营理念，在各级政府、海关和报关协会的指导、关心、帮助、支持下，严格执行国家的相关法律法规政策，用正能量提升企业的核心竞争力，争创汉德品牌。并与兄弟企业携手共同发展，共同维护行业形象，共创行业的宏伟蓝图。

（作者：孙莹）

# 坚持企业自律管理　铸造诚信服务品牌
——青岛中外运联丰国际物流有限公司

青岛中外运联丰国际物流有限公司（以下简称青岛联丰）在市场经济的探索实践中，积极开展企业自律与诚信服务创建活动，工作中以专业报关为中心，以外运平台为依托，坚持企业自律管理，铸造诚信服务品牌，注重提高企业的"生存能力、应变能力、战斗能力、创新能力"，上下团结，凭借丰富的经验，优质的服务，过硬的操作实力，让诚信成为企业生存的源泉，让规范管理成为企业进步的基石，让改革创新成为企业发展的动力。

## 一、完善自律管理制度，营造诚信服务的氛围

健全报关管理制度，完善质量管理体系。青岛联丰通过业务交叉一体化，单证交接签字制度，印章使用登记制度，差错责任追究制度等方式规范内部管理。根据年度发展要求，不断进行结构调整，完善部门设置，对重点岗位进行人员调配，完善了报关的操作模式，在规范管理中主要抓了四个环节：一是整合岗位职责，规范报关业务流程。青岛联丰对主要报关业务操作进行整合，划分各岗位工作职责并按照业务流程进行分段控制，有效地避免了报关各环节之间沟通不畅的局面。二是确立岗位标准，激励员工的工作责任心。2012年，公司建立了新的岗位操作标准，通过这套标准，任何人都能按照标准处理事务，既能提高工作效率，又能有效降低差错率。三是增置信息管理模块，提高管理质量。日

常操作中，对每一个报关步骤都作出清晰的记录，加强内控管理，增强员工在报关业务"一条龙"服务过程中的透明度。同时，对系统数据作出分析，找出报关环节中存在的问题，有针对性地解决报关差错和管理漏洞，保证了报关流程中的管理质量。四是规范单证管理。公司对客户单证予以留存，使用文件专柜完整保留委托单位提供的各种单证、传真件、函电等资料，确保向主管海关提供准确、真实、完整的报关业务统计数据，把企业单证规范管理的要求落到实处。

**二、完善业务操作流程，提升诚信服务的质量**

青岛联丰坚持"以客户为关注焦点"、"为客户提供诚信服务"的管理目标，制定了明确的管理措施，编制了科学化的工作流程，细化岗位职责，规范岗位操作。落实"一站式"服务。要求业务员接到客户问题或单据，必须在各自岗位上为其服务到底，直到圆满解决为止。强调主动服务，要求业务员在接到客户问题或单据时必须在当天把问题或单据核实落实，将情况反馈给客户；抓差错率的控制，采用奖惩并重的办法。规定制单人员每个月累计的制单量差错率不得超出4‰，制定了严格细致的奖惩标准。每月召开一次制单差错考评会议，把当月产生的差错逐一考评，按照报关量算出每人的差错率，对差错率最低的业务员给予奖励；坚持对报关过程的控制，做到日清日毕。借鉴海尔的管理理念，推行日清日毕管理体系，要求报关员必须将每日的工作量在当天进行输机整理，发现问题及时解决，做到当日事当日毕，避免因工作缺陷堆积，导致积重难返的现象。建立日清日毕报表，掌握每票单证的状态，为客户提供了有效诚信的服务；加强复审力度，建立有效的质量监控机制。对制单、申报、查验各环节，实行各岗位自检和互查制度，在内部加强复核员对报关单证的复核力度，极大地提高了报关的质量和通关效率。

在报关单的填报上，始终坚持全过程的审核，并结合公司实际，重点突出以下两个环节的审验。一是单证初审。接到客户单证后，要求主管人员必须认真审核单货是否相符,重点核实货物品名、规格、成分、件数、数量、重量、金额等,并借助进出口商品预归类单位的优势,匡正客户的错误归类,规范申报,减少因单证操作失误而产生额外风险及负担。如遇有疑问的单证及时向客户提出,让客户出具书面文件或邮件确认,避免因沟通不畅而出现差错。二是单证录制及复核。要求从制单、录入、预申报到复核环节,必须先后经过3名不同报关员的流水作业,依次审核并签字确认才能向海关发送。由于层层把关、递进审核,公司的报关差错率始终控制在较低的水平。

### 三、开展报关业务培训,强化诚信服务的素质

外树形象,内强素质。青岛联丰注重加强员工的业务学习和教育,努力提高相关人员的职业素质和服务水平。两年中公司采用员工培训制度,进行培训40多次,培训员工800余人次,培训覆盖率达100%。为了适应政策法规的变化和海关通关改革的需要,及时组织报关员学习海关新知识、新业务,尽快熟悉申报规定,不断提高工作技能和水平。在人才使用方面,根据个人的特长合理使用,在操作、报关现场、复审等岗位做到人尽其才,最大限度地发挥主观能动作用。对照报关的法律法规并结合公司的实际情况,制定和完善了《报关作业流程》、《报关岗位职责》等各项规章制度,组织学习《报关服务作业规范》,并制定了各环节细则发送客户,敦促员工严己自律,接受客户和公司的监督。定期组织业务学习。公司每个月召开一至两次工作会,围绕公司业务开展情况,把工作中遇到的难题和新业务知识摆到桌面上供大家评议和分析,从中找出最好的处理方法和应对策略,以此来提高大家的业务水平和应变能力。积极参加各种职业培训。"沉舟侧畔千帆过,病树前头万木春","青岛联丰立足"自律管理与诚信服务"这一宗旨,始终为实现"行业内最具竞争力企业"的目标不懈努力,通过诚信、高效、专业的服务,为青岛口岸的经济建设和高速发展人作出自己的贡献。

# 坚持诚信守法经营  推动企业可持续发展
——吉林省国际仓储运输有限公司

吉林省国际仓储运输有限公司成立于 1999 年，是商务部批准的综合性进出口公司，目前已逐步发展成为集采购、物流于一体的供应链服务提供商，是吉林省报关协会副会长单位。自公司成立以来，我们始终秉承务实、开拓、诚信、勤勉的经营理念，坚持诚信为本、守法经营的原则，致力于树立公司良好通关品牌形象，在各级海关和报关协会的指导、支持和帮助下，取得了优良的工作业绩。2012 年实现营业收入 6.1 亿元并被中国报关协会评为优秀报关企业。

## 一、诚信为本，守法经营

诚信是企业生存发展的基础。公司在为客户设计最佳物流解决方案过程中，严格遵循诚信服务原则，首先确保报关质量，在保障国家进出口政策法规有效实施的前提下满足客户的合理要求。

一是坚持资信评估，在开发客户和承接业务时，注重了解并认真核查客户资信状况，努力筛选资信良好的客户合作，对于资信欠佳的客户，我们主动放弃了多笔业务。二是在签订合同时，明确公司与客户双方的义务和责任，对不符合规定要求的进行说服、劝止乃至拒绝，防止合作当中出现违规违法的情事。三是对于每票具体报关业务，都要求经办人员详细了解相关货物的品名、价格、合同等业务信息，从报关的申报各项要素、单证清晰、单货相符等规范性要求入手进行合理分析，向客户提出通关方面的建议。四是对通关过程中遇到的审价、归类等疑难点，协助客户向现场海关请教和沟通。五是将海关总署出台的新通关政策和措施第一时间向客户通报，以便客户及时了解海关现行通关管理措施，增强对海关工作的理解和支持。

## 二、规范管理，自律经营

主动自律经营，严格规范化管理是报关企业实现管理目标的重要手段。公司自成立以来始终非常重视通过规范化管理不断提高自律经营水平。一是加强制度建设，规范内部工作流程。公司实行报关单填制、录入初审复核制度，报关单录入后由报关员初次核对，部门主管二次复核。同时，按照《作业规范》要求，修订完善公司管理制度和各项内控要求，确保最大限度地降低报关差错率。自公司成立以来，报关低差错率排名始终在省内名列前茅。二是落实岗位责任制，实施奖惩机制。公司实行绩效考核，将员工工作绩效完成情况与工资收入挂钩，大大增强了员工的主动自律意识和执行力。三是完善财务管理，公司依法建立财务账簿，真实完整记录各项账务费用，确保无拖欠海关税款的行为。多年来公司在商务、工商、税务、外汇等行政管理部门均无不良记录。

## 三、强化培训，提高能力

打铁还得自身硬。因此，拥有一支高素质的报关员队伍是提高代理报关企业服务能力，谋求企业可持续发展的根本。我们十分注重增强一线力量，始终坚持将责任心强、素质高的人员安排在报关第一线，保质保量完成报关工作任务。一是提高全员法律意识。公司要求全体员工都要从维护国家政策法规实施和企业品牌形象的高度看待遵纪守法的重要性，决不允许出现违法违规经营的情况。二是积极参加海关和报关协会组织的培训活动，要求参训人员做到学有所得、学以致用，凡是参加过此类培训的人员对必须就所学内容进行认真整理，并在公司进行讲解，提高全员政策法规水平。三是健全完善学习培训机制，在总结近年培训经验基础上，确定每星期一为报关员培训日，进一步完善了公司在职报关员的日常培训机制。

# 加强规范管理　打造诚信品牌
—— 东莞市金盛国际物流服务有限公司

东莞市金盛国际物流服务有限公司（以下简称金盛公司）经国家商务部批准成立，位于凤岗镇玉泉工业区，公司总投资伍仟多万，现有多功能办公楼2300平方米，拥有占地面积3.9万多平方米的物流基地，现有职员300多名，设有市场拓展部、船务部、操作部等部门。开展包括报关、报检、船务、运输等多元化为一体的综合性专业国际物流服务。

金盛公司于2009年被评为"A类报关企业"，并于2006年、2009年、2012年被评为"中国优秀报关企业"，2010年被评为"AAA交通运输公司"及"交通行业先进单位"。

在公司的经营和管理中，金盛公司发扬"团结奋进，务实创新、稳中求进，客户满意"的服务理念，坚持创新管理方法，规范高效运作，打造诚信服务品牌，有效促进了公司的持续健康发展。

## 一、创新管理方法

在经营管理上，金盛人始终坚持"以人为本，客户至上，诚信服务"，以"精益求精"为经营方针。管理是多元化和多层次的，经过多年的实践和摸索我们企业创建了一套符合自身发展需要的管理模式，这些管理模式涵盖基本制度、操作规范、决策、执行、企业文化等方面。员工管理方面，公司一直秉承"人性化的管理"理念，管理人员需要办四件事：一是制定目标。有了目标员工工作才有方向，以此衡量工作完成度及表现度。二是组织管理。管理者需要具备日常工作组织能力，并组织员工开展业余活动，丰富员工业余文体活动，增强体质，提高团队凝聚力。三是激励和沟通。员工的成长需要经历一定的过程，期间管理者需要通过激励和沟通，帮助其成长。四是培训。管理者要学会做施予者，培训好员工，使其具备相应岗位对应的技能，帮助其不断地成长，提升团队的整体实力。

## 二、高效规范运作

金盛公司拥有一支经验丰富的报关、报检、运输队伍，在物流领域运作专业，为提高物流整体运作效率起到了重要的作用。并拥有完善的IT信息管理系统、预录入系统、运输管理系统，在实际运作中，充分发挥人才和科技的优势，实现了规范、高效的运作。具体做法：一是在总公司和下属分公司均设有客户服务部，与客户保持良好的沟通，为分公司开拓业务提供保障。二是在深圳盐田港和寮步报关行设有独立的打单线，大大提高报关效率。三是在深圳分公司设立仓务部，由专人协助交单、入仓，发现问题、及时跟进，第一时间将实际情况反馈给客户，真正做到"客户至上，诚信服务"。

## 三、打造"诚信"品牌

金盛公司一直秉承"客户至上，诚信服务"的理念。对于不同的业务类别，设定统一的承诺时间表，在日常的工作中，真正落实"客户的事就是我们的事"、"急客户之所急"的理念，并把这样的理念纳入公司的管理制度当中，要求全体员工落实在行动中，努力打造诚信、优质服务的品牌。一是要求公司的管理层以身作则，树立诚信服务的大旗。二是充分利用公司会议加强诚信教育，强化诚信意识。三是建立以诚信服务为考量标准的综合考核标准，以员工总体考核成绩为评判部门绩效的标杆。四是树立诚信服务的典型，并适时组织交流和学习例会，探讨如何提高诚信服务水平。

"乘风破浪会有时，直挂云帆济沧海"，二十载的创业历程激励着金盛公司不断致力于管理理念的创新、运作流程的规范、服务水平的提高。展望未来，金盛公司将把"诚信守法、崇尚专业、自律规范、务实创新"的行业精神扎实贯彻在实践发展中。

（作者：白珩金）

# 加强自律管理　树立品牌形象
## ——上海申景报关有限公司

上海申景报关有限公司（以下简称上海申景）成立于1995年，报关网点涉及上海自由贸易试验区、漕河泾开发区、漕河泾出口加工区、海运航交所、浦东海关、外港等。目前公司客户群涵盖了众多知名企业。将近二十年里，公司始终秉承诚信、创新、专业的服务理念，加强企业规范经营管理、质量管理，在经营实践中树立诚信服务的品牌形象。上海申景先后获得了"上海浦东国际机场出入境检验检疫局2005年度空港口岸出入境报检诚信达标企业"，2006年、2007年、2009年、2011年、2012年、2013年"上海市诚信创建企业"，2012年"中国质量诚信企业"，2006年~2010年"上海市优秀报关企业"，2009年、2012年"全国优秀报关企业"等荣誉称号。

### 一、崇尚业务建设，创新管理品牌模式

迅速发展的国际贸易和不断提升的贸易便利化需求，催生了社会化预归类服务。随着上海海关加大对社会化预归类的宣传推广力度，公司进行了业务流程优化，管理模式上改革与创新并举，积极开展社会化预归类服务工作。为了提高社会化预归类服务工作质量，公司多管齐下，开展归类技能培训，熟悉"进出口商品预归类服务操作系统"，不断提高社会化预归类从业人员的归类水平。前期的摸索和实践证明，社会化预归类能够帮助公司在进出口前解决复杂的商品归类难题，提升了通关效

率,降低了企业运营成本,归类不一致、归类差错明显减少。实现了海关、进出口企业、预归类单位的多赢。

为了加强报关过程的电子化管理,公司出资配备了报关管理系统,目前在使用的有美华、科思达、榕基、亿通等专业报关、报检申报管理系统8套。但随着无纸化通关及业务创新转型,新的报关管理系统呼之欲出,公司领导班子研究决定,以团队建设和系统规划为起点,历经规划、开发、测试、上线、修订完善各个阶段,达成"以实用、统一平台、预留技术接口这一业务管理系统"的基本目标,打造符合公司业务需要和统一职能平台管控模式的信息系统。这套系统不仅可以自动实现对数据的逻辑校验,大大减少人为错误;还可以通过节点控制,实现对每个操作步骤的有效监控,为公司的整个工作流程提供了极大的便利。

## 二、加强规范管理、提升诚信品牌声誉

2012年上海申景共代理报关、报检业务30余万票。每票单证收费均由公司统一、公开报价。在日常的业务开展中偶尔会发生客户要求与法规相悖的情况。如以今年上海申景海运报关部的一则业务为例:某企业委托上海申景进口一批挖掘机械零部件。经海关查验,认为该商品归类存疑。建议归类与原申报税号有3%的税差,需补缴近4万余元的税款。由于税差较大,需请稽查缉私部门介入。该企业当即表示,该批货物急需用于生产线,希望上海申景能想尽办法帮助通关。上海申景立即声明:申景报关是"海关AA类报关企业",长期奉行诚信经营的准则。但为了能在合法合理的前提下尽量满足客户的需求,我们派出专职预归类人员、关务人员,实地进行了调研。在较为细致地了解到该商品的性质、用途、挖掘机械的行业标准后,上海申景给出了专业的预归类建议,并陪同企业相关人员,前往海关做沟通、解释。由于前期调研工作的比较充分,最终海关认定了上海申景提供的相关税号的准确性并予以采纳。上海申景的这一举措在法定的前提下,使得企业既快速地提取了相关货物,避

免工厂的停工、停产，又使其切实降低了进口的成本支出，受到了企业的高度赞扬。

上海申景于 2004 年通过了 ISO9001 质量管理体系认证，并于 2009 年通过了 ISO90001：2008 版的质量体系认证。各部门在质量管理大纲的框架下，严谨、科学地制定了符合部门实情的质量管理文件，并不断加强内审员的专业素养培训，使得质量控制纳入了公司的日常管理范围。目前公司的单证档案由专人负责管理，通关单的复印件、委托书等也随报关单一并存档。

### 三、注重业务建设，打造专业品牌团队

在分级管理和自我管理的机制下，通过内训和外训的有效结合，以公司战略规划为依托，由人力资源部牵头，公司组织了不同类型的能力培训。上海申景外高桥报关部目前正在积极申报上海市巾帼文明岗。该报关部现有员工 45 名，女员工占整个报关部全体员工数的 67%。这只队伍的平均年龄在 32 周岁以下。主要承担上海申景报关有限公司在外高桥保税区、外高桥物流园区内的报关代理业务。她们通过加强团队内部交流、热心投身公益活动、组织开展主题活动、重视收集客户评价，把创建巾帼文明岗的各项计划、目标、行动和保障都融入到日常的工作中。希望这次申报能为申景报关在上海自贸试验区内的品牌树立奠定下扎实的基础。

上海申景的经营管理有序、业务量充足，受到了来自各方的肯定。在面临"创新驱动、转型发展"的市场大背景下，现代物流业和服务业集聚着契机和挑战。上海申景报关有限公司会认真做好以往工作的总结分析，秉承公司理念，打造"景鸿物流"和"申景报关"的品牌特色，并着眼于宏观大环境，为实现专业化、系统化、信息化、社会化、个性化的中国物流梦而努力。在公司全员的努力下，今后公司还将朝着"立足上海、面向华东、展望全国、健全网络"的经营理念不断地发展和壮大，更好地为来自全球各地的客户提供一站式综合物流服务。

# 加强自律管理 打造诚信企业
——上海景鸿国际物流北京景鸿有限公司

2005年,为了更好地提供专业、优质、高效的代理报关服务,上海景鸿国际物流股份有限公司在北京投资成立北京申景报关有限公司,并在2008年更名为景鸿环宇国际物流(北京)有限公司(以下简称北京景鸿),专业服务于北京各大口岸,辐射华北地区物流市场。北京景鸿在服务实践中,围绕"全国优秀报关企业"关于"诚信服务好、遵纪守法好、规范管理好、报关质量好"的创优标准,秉承"让客户完全满意,服务精益求精,人与人相互尊重"的服务理念,积极开展企业自律与诚信服务创建活动,不断优化自身的服务技能、优化员工团队,连年获得报关协会的优秀报关单位、诚信企业、全国优秀报关公司等荣誉,得到了海关、中国报关协会及DHL、UPS等世界500强企业的认可。

## 一、加强员工队伍管理是打造诚信企业的基础

代理报关行业对于服务的规范性、效率和专业性具有相当的要求,除了日常的报关系统以及计算机技术的高效应用外,对队伍建设也提出了严格的要求,北京景鸿始终将人员管理作为公司发展的重要工作。

北京景鸿在企业中,始终倡导要事第一的时间观念,要求所有员工建立以终为始的工作制度。在日常工作中,要求每一位员工以紧急、重

要的时间管理四维象限图制定工作计划,对每一天的重要紧急事务予以优先考虑并努力做到日事日毕、日事日清。同时,北京景鸿的IT团队也不断从系统的设计开发等方面入手,力争通过系统的完善降低因人力操作所带来的差错,提升工作效率。

北京公司追求业务操作质量,通过了ISO9001:2008的质量体系认证,制定了小于0.3%的差错率指标,通过美华报关系统的介入,符合北京市场报关业务特点的《报关作业指导书》等文件的执行,不仅控制了差错情况,也大大提高了工作效率。

完善晋升与激励机制,提高员工的创新精神。北京景鸿制定了完善的激励机制和晋升机制,通过对报关差错率、通关效率、单证完成情况等可量化指标,以及业务创新能力等可变指标的考量,综合考评每位员工的工作能力并与其职业生涯规划相匹配,同时,北京景鸿的人力资源部还专门制定了梯队员工培养计划,定期与员工进行沟通,了解工作情况与工作建议,让员工真正感觉到参与性,建立主人翁的精神,努力营造"学校、家庭、舞台"的氛围,充分调动员工的工作积极性。

## 二、营造和谐氛围是发展诚信企业的手段

代理报关是服务性行业,围绕客户的需求开展服务是北京景鸿的职责。经过近20年的经验积累,北京景鸿认为,要让客户对报关企业建立信任,除了做好报关业务本质,即专业、快速、高效之外,还需要想客户所想,做客户所未做,同时,更多的是应该与客户建立一种共赢的战略合作关系。北京景鸿的措施主要有以下几点:

建立VIP客户服务通道,完善门对门服务。为方便客户,提高公司服务的及时性,北京公司率先提出门到门服务的理念,随后,又推出派驻人员上门服务,即派员工到客户现场服务,派驻人员均为经过培训的专业报关员,在客户现场将单证制作完毕和客户确认关键信息,为客户

解决报关过程中的疑难杂症。

同时,针对DHL、UPS等大客户,北京景鸿于2009年推出了VIP客户服务,开启了应急服务通道,除了定期提供海关最新政策、通关政策变更等信息,也实现了一年365天,7×24小时的紧急服务通道,VIP客户在通关过程中的任何问题,都能够第一时间得到专业人员的意见。

追求双赢,用服务质量赢得客户的信任。北京景鸿始终将自身定位于客户的战略合作伙伴。北京景鸿的服务能够有效降低客户货物在物流环节中的成本损耗,尤其是时间成本损耗;北京景鸿的VIP客户通道能够第一时间为客户提供最专业的意见,在紧急事务的处理上具有一定的优势;北京景鸿的员工,能够用高效、快速、优质的服务提升客户,尤其是货代企业客户的价值,而这,也正是如DHL等大客户信任"北京景鸿"的原因。

### 三、谋划发展蓝图是创新诚信企业的方向

北京公司自成立至今,取得了一定的成绩,从政府、行业协会客户认可以及所获得的荣誉上看,北京景鸿是成功的;从员工素质,团队成员以及业务网点上看,北京景鸿是具有一定规模的;然而,这只能说明,北京景鸿在报关行业的海洋中是可以生存的,但还远未找到属于北京公司,属于代理报关行业的发展蓝图,这才是北京景鸿今后发展的方向。

谋划北京景鸿的发展蓝图,首先是制定对团队培养、业务技能的发展规划。在信息化时代高速发展的今天,北京景鸿相信,原先传统思维中靠人力完成报关业务的印象会有颠覆性的改变,信息系统能够一定程度上取代人力作用,并杜绝差错的发生,因此,下一阶段,北京景鸿首先要攻克的就是信息系统问题,无论从规范业务操作还是提升业务效率上,北京景鸿都会坚定地走下去。其次是企业的定位,北京景鸿将自身定位于是海关与企业的桥梁纽带,是众多货代企业、生产型企业的最优

战略合作伙伴,从这点上看,北京景鸿的业务规模还是不够的,各业务网点之间的业务素质也是参差不齐的,这就需要北京景鸿进一步将报关作业形成体系,配合不断优化的信息系统与可移植的工作指导一起,将北京公司打造成最专业、最高效、最系统的代理报关企业。

# 诚信自律是企业发展的奠基石
——诺基亚通信有限公司

诺基亚通信有限公司（以下简称诺基亚）是全球5大工厂中最重要的手机生产基地，自1995年在北京建厂，一直是国内重要的手机生产企业之一以及国内重要的手机出口企业之一，产品供应全球五大洲150多个国家的客户。多年来诺基亚秉承以人为本，规范经营，诚信服务，精心打造优质产品的理念。在通信产业及相关领域里起到领军带头作用，得到政府各职能部门以及相关行业协会的一致好评。

一、恪守自律原则、企业管理规范化

诺基亚坚信科技以人为本，质量是诺基亚对消费者承诺的核心。诺基亚对产品质量的保证，贯穿于产品的研发，物料采购，生产，售后服务的各个环节，每个环节都有专职的质量控制人员负责。诺基亚通信有限公司作为诺基亚最重要的智能手机研发、生产基地，全面贯彻诺基亚全球的质量方针和目标，自建厂当年就通过了ISO9000体系认证，并与2009年通过了挪威船级社ISO9001:2008版本升级认证。从2011年开始，公司管理层为使管理工作再上新台阶，在全公司大力推行六西格玛理念，通过对管理层，工程师的培训，使得基于数据和事实的决策理念深入人心。2013年7月，公司还启动了以"管理我参与，操作我参与，改善我参与，成功路上有你有我"为主题的感同身受活动。在几个星期的时间里，共有近400名员工参与了活动，涵盖了工厂各个部门，亲身体验产品生产全过程，其中包括了约100名不同级别的管理人员。在活动中，涌现出了一大批优秀员工，真正实现了产品零缺陷。

## 二、实行首席质量官制度

首席质量官是质量管理体系管理者的代表，他确保质量管理体系所需的过程得到建立、实施和保持，负责向最高管理者报告质量管理体系的业绩和任何改进的需求，确保在整个工厂内部提高满足顾客要求的意识，向工厂各级传达满足顾客和法律法规要求的重要性；提高质量意识，参与制定质量方针，确保质量目标的制定，并监控执行情况，定期进行管理评审，以确保质量管理体系持续的适宜性、充分性和有效性，确保资源的获得，并和诺基亚内部其他工厂，部门沟通，确保统一的质量标准得到执行。

## 三、优化操作流程、质量管控科学化

严格过程控制，每部手机的生产过程都要经过数个测试站，几百项的监测，合格后才能进入下一个环节。工厂还设立了可靠性试验试验室及失效分析实验室，对手机进行非常严苛的极限环境和条件下的功能测试，确保手机在任何环境下都能正常工作。对于发现的问题，及时反馈给研发团队，力求把可能影响质量的问题控制在生产的源头，同时也实现了生产、测试、研发无缝衔接的全面质量管控。2012年伊始，诺基亚进行了组织结构的细化调整。针对今年年底之前最大的亮点新品——Windows8系统的新品手机，为保证新品生产、测试的万无一失，诺基亚将原本的产品开发（PD）部门进行了进一步的整合扩充。增加了新品引入、测试引入职能部门，其职能分别是针对生产线上的生产设备和测试设备，引入市场上最新的生产技术更新和测试软件升级，时时对新品试制生产线进行灵活的微调。为新品正式生产之前的系统稳定增加了保障，也使我们的产品更加面向市场而不断进行自我完善。

### 四、应对市场需求、优质产品精细化

2000年5月8日，随着"世界级通信产业基地"——星网（国际）工业园破土动工，诺基亚用"上百亿的投资、上万个就业机会"创建了星网物流模式下的新质量管理体系。星网工业园是诺基亚在全球按照产业链模式建设的高科技生产基地，是诺基亚全球战略的重要组成部分。这种模式通过对人员、信息和实际物流的全新整合和优化配置，有效提高研究开发、生产、管理和资源使用的效率，实现零库存和规模经济的目标，以及世界一流的生产运作和快速灵活的经营管理，共享资源和信息，从而极大地增强诺基亚公司及其合作伙伴的全球竞争力。

目前，15家国内外领先供应商已进驻园区；50%的入园企业已引入研发功能；投资累计超过130亿人民币；自2006年开始，连续五年，星网工业园年销售额超过1000亿人民币；创造就业机会超过20000人次。

星网物流中心7×24的运作模式能够为同一供应链上的多家企业同时提供多方位的物流服务。满足企业每天24次的原材料需求，提供发出到送货到生产线仅为两小时的快捷配送。送货到生产线的操作充分利用了客户在工厂中的空间；物流中心与园区企业每天进行库存比对以确保货物存量的准确；星网物流中心为企业提供例如Age／DOS的增值服务；星网物流中心是第一个为企业提供订单履行及成品包装服务的全球成品库站点。

星网物流中心成功运作10年来，为星网工业园园区企业提供了涵盖仓储、运输、装卸、搬运、配送、出口包装、信息服务等物流全过程。在北京市海关、开发区海关的大力支持下，星网物流模式，实行便利的通关监管政策，在企业采购、货权及库存、原材料补货模式、原材料补货时间、成品出口等多方面进行优化整合，从而降低了企业的生产运营成本、缩短了供货时间、增加了生产灵活性，最终提高了企业的竞争优势。

诺基亚在 2012 年受到金融危机及行业竞争的激烈重创，业绩曾大幅度下滑，但在 2013 年我们迎来了新的曙光，随着新产品的上市，业绩已经稳步回升，这与诺基亚不断地创新开发和坚持不懈地严把质量关，诚信经营是着密不可分的。将来诺基亚将更好地运用诚信自律这块强有力的奠基石保驾护航，诺基亚在未来的征途上必将乘风破浪，快速发展！

# 诚信自律　经营之本
—— 浙江报关行有限公司

浙江报关行有限公司（以下简称浙江报关）是浙江省第一家专业报关企业，具有专业报关资格，拥有高素质专业报关队伍。现任中国报关协会理事、浙江报关协会副会长单位。浙江报关行有限公司在成立至今的 20 多年时间里，信奉诚信自律的原则，营造了报关业务稳定发展、企业无走私及海关规定的其他违规违法行为、报关行为规范的良好局面，连续被杭州海关评为"A"类企业；2009 年、2012 年在中国报关协会组织的"全国优秀报关企业和优秀报关员评比活动"中，以优秀的报关质量和显著的报关业务量被中国报关协会评选为"全国优秀报关企业"。

## 一、严格自律管理、强化诚信服务意识

浙江报关在企业的内部管理上注重自律，积极引进先进的管理观念、管理方法和技术手段，不断提高内部管理水平。自觉遵守国家法律法规；坚决不参与进出口收发货人逃避国家贸易管制和偷逃税等走私、违规行为。

加强报关员对诚信自律的认识并强化其专业知识。浙江报关以报关行业自律准则来指导报关员的考核，积极参加海关、报关协会或其授权单位组织的各类岗前培训、在职培训，并号召报关员坚持在职自学，以达到熟悉国家一般法律法规、税务、外贸、商品知识，精通海关法律、法规、海关业务制度和办理海关手续的技能，保持自身专业胜任能力的

要求。

浙江报关公司内部的报关员需以法律为准绳，以诚信体系为依据，严格遵守海关法及相关的法律法规，不参与瞒报、伪报等走私、违规活动，不承接单证不真实、资料不健全的报关业务，坚持诚信经营，规范操作，帮进出口企业把握好报关环节中的每个细节，高效保质地完成客户委托的报关任务。

## 二、注重业务建设、提高诚信服务的能力

注重业务技能建设，提高服务能力是开展诚信服务的基本条件。2013年10月接受浙江京昆艺术中心委托，对出运到香港的演出道具进行暂时进出口的申报。此次业务的难点在于：客户对象是浙江京昆艺术中心的艺术家们，报关意识相当淡薄，而且此次的报关贸易方式是暂时进出口货物，在进出口过程中海关的监管要求相对于一般贸易更严苛，另外演出道具的进出口报关时间因受在香港演出时间的限制，相当紧迫。

此次报关任务的重重困难，道具的数量既多又杂，经常是临近出运日期才确定道具的清单，再由浙江报关出面帮助客户准备报关所需的相关单证资料。报关员更是先期就对先出后进的通关模式作了全面细致的规划，将违规风险控制放在首位，特别再三交代客户千万不能图方便，把香港方面送的酒、烟等各种礼物放进道具箱，并将这种夹带所带来的严重法律后果郑重告知客户。客户虽是外行，但经过报关员的这番认真负责的解说，了解到海关对暂时进出口货物的相关监管要求，便保证在实际进出口时配合公司的报关工作，从香港返回国内时，完全按照原出口时的包装清单来装箱。另一方面公司从报关的速度上加快跟进，高效地进行报关的每一步，由此保证了此票业务符合海关监管要求，经海关查验后进出道具物品清单完全相符，道具得以按时快捷通关。既维护了客户的利益，又坚守海关法律法规，浙江报关也在此次业务申报过程中，因良好的沟通能力及高效优质的服务得到客户的肯定。

### 三、坚持务实高效、增强诚信服务的信誉

浙江报关在经营服务中，发扬求真务实的作风，优质高效地为客户服务。

2013年10月接受轻工业杭州机电设计研究院委托，申报阿姆斯壮建筑制品（俄罗斯）有限公司日产330吨隔音纸板生产线从上海出口至俄罗斯的业务。此单出口报关的重点：设备的商品归类问题，归类的正确与否会涉及海关监管、企业出口退税、进口国报关等相关问题，而这条生产线下设备、零配件众多，如何正确归类，成为这项业务的重中之重。

客户从生产线设备设计以及业务操作便利的角度出发，希望这条生产线的商品编码归类，归入8441400000"纸浆、纸或纸板制品模制成型机器"，就按这一项品名向海关申报出口。公司并没有单方面根据客户的要求，按照此HS编码对该批生产线进行出口申报，浙江报关坚持必须遵守海关商品编码的归类原则，如实地向海关申报。负责此业务的报关员通过对生产线的所有设备清单的详细了解，并认真解读《中华人民共和国进出口税则》第八十四章章注规定，认为这条生产线下的五部分设备都具备独立使用的功能，需将生产线设备按各自功能分别归类成：离心泵、不锈钢工作台、搅拌器、成型机等各项设备。并要求企业按照设备归类装箱，方便海关出口查验。正因为公司在报关归类的过程中诚信待客，自律在先，使得该业务在出口期间的报关工作顺畅，没有因为归类问题被海关质疑，从而保证该生产线按时赶上船期，维护了客户的信誉。

浙江报关在经营实践中体会到：报关企业的生存与发展必须坚持诚信经营，企业才能健康持久发展。浙江报关将继续坚守"诚信自律、经营之本"的经营理念，争取在日益更新的报关行业中越走越远。

# 爱岗敬业讲诚信　遵章守法促自律

——扬州航华国际船务有限公司

扬州航华作为一家由上港集团长江公司和扬州港务集团合资组建的国有物流企业,多年来一直注重维护报关市场秩序,加强行业自律,坚持诚信守法,把强化自我约束,增强公信力,树立良好信誉作为企业的主要工作目标和任务,有效地推动了企业经营和报关工作持续发展。扬州航华经营实力不断增强,业务总量、报关单量持续领先市场,先后多次被评为南京关区优秀报关企业,并获得了全国优秀报关员和全国优秀报关企业的荣誉。在开展报关行业自律和诚信创建活动中,公司更是积极响应,领导重视,全员参与,联系实际,有力贯彻,把自律与诚信贯穿于报关工作全过程,进一步提升公司报关工作的自律管理能力和诚信服务能力。

## 一、争创双优,塑造品牌,确立企业的自律与诚信文化理念

扬州航华认真按照中报协的有关创建要求,积极构建以诚信自律为基础的企业文化,把自律守法、诚实守信作为建设企业文化的首要任务,竭力弘扬"诚信、守法、专业、创新"的企业文化精神,从强化诚信制度、诚信维护和自律管理入手,采取多种形式,积极培育企业诚信文化,增强员工诚信意识,强化企业诚信理念,塑造企业诚信形象。公司全体员工深刻认识到自律诚信经营是企业赖以生存和发展的基础,是企业的经营核心和灵魂,诚信就是企业的无形资产,只有在经营活动中遵守诚信理念,企业才能拥有广泛稳定的客户,才能不断开辟新市场,才能得

到行业的认可，才能赢得可持续发展。公司把这些诚信的理念，通过一系列具体要求以多种形式深入贯彻到每位员工的思想行为中去，在企业中牢固确立以诚信自律为核心的企业文化理念。

1. 制定企业的诚信自律准则。报关工作的准则，就是要严格遵守《报关员国家职业标准》，依照海关的法律法规，规范准确申报。公司规定，企业任何举措、员工的任何行为都必须以诚信自律为基准，任何人都要实事求是，不论什么原因都不允许瞒报、虚报，这也是公司对报关员所要求的铁定底线和红线。公司还坚持不懈抓报关复核流程，通过事前控制、事后总结的方式，牢牢锁定这条底线和红线，不断提升报关质量，公司多年来始终保持了优秀的报关记录。

2. 开展形式多样的诚信自律培训。扬州航华通过读书征文、员工讲坛、专题讲座，以及有影响的失信、缺信反面案例剖析，在员工中反复强调企业诚信的重要意义和必要性，要求员工把诚信自律作为自身必须履行的责任和义务，不断提升员工守法诚信的自律意识。

3. 树立"诚信第一，品牌第一"的理念。这几年，公司一直把树立以诚信为核心的扬州航华品牌当作一项常规工作来抓，不断创新服务模式，深化服务内涵，努力提升公司品牌形象，把报关协会的"双优评比"与树立企业品牌结合起来，通过创先进班组争当优秀报关员、参加中报协"双优"评选、学先进赶先进岗位竞赛、倡导爱岗敬业员工演讲比赛等一系列活动，在提高报关水平和申报质量上狠下工夫，并以获得"双优"为契机，结合自律与诚信创建活动，加大市场宣传力度，扩大扬州航华在市场上的影响力，提升扬州航华在代理报关服务上良好的品牌知名度和信誉度，从而吸引更多的客户积极与扬州航华建立密切的合作关系，品牌的影响力实实在在地推动了公司业务的快速发展。

## 二、加强学习、全员培训，提升诚信服务能力

打造一支高素质的企业员工队伍是建设企业诚信文化、塑造企业诚信形象必需的基础工作。为此，扬州航华将诚信自律文化建设与创建学

习型企业相结合，把构建诚信自律文化作为创建学习型企业的基本要求，通过学习培训，提高员工执行自律诚信的业务素质、思想素质、政治素质。公司领导一方面引导带领全体员工学习相关的法律法规以及自律与诚信创建要求，特别是及时了解掌握海关的各项规定和条例，另一方面适时组织员工参加业内的各项培训和考试，尤其是加强报关队伍的建设。现在公司中各类从业资格证书人员所占比例在扬州代理行业一直名列前茅。我们认为，只有通过不断学习提高员工的综合素质，企业的诚信理念方能入脑入心，企业的诚信自律措施方能落地有声，企业的诚信要求才能转化为员工的自律行为。

### 三、健全制度、落实监督，强化自律管理效用

建立健全一套完善的规章制度和奖励机制，是规范和激励员工自觉遵守诚信自律的有力保障，也是对诚信报关的有效维护。扬州航华结合工作实际先后配套建立了《报关员管理制度》、《报关员岗位职责》、《报关复核制度》、《报关服务及诚信规定》等一系列规章制度。扬州航华还建立健全了报关人员申报诚信台账的机制，并落实奖惩监督机制，对公司报关相关人员实行量化和责任事故双重考核，奖罚分明。将每月报关单量、删改单率、差错移交和当月工资奖金挂钩，对于差错移交，即使属于统计处罚案件，最低处罚也是取消全年先进评选资格，最高处罚是公司不再续签劳动合同。如果全年报关实现报关单证零移交、零案件、零处罚，员工工资自动上浮，个人自动评为公司年度先进。另外公司为了普及全员报关知识，鼓励员工不管是否从事报关工作，都可参加报关员考试，一旦取得报关证书，除一次性奖励外，每月工资也作相应调整。在多种奖惩监督措施下，公司形成了"人人争取报关资格，人人争当报关人员，人人争先创优"的学习竞争氛围，为公司坚持践行自律诚信报关打下了坚实的基础。

## 加强自律管理　促进企业发展
——重庆外贸报关行有限公司

重庆外贸报关行（以下简称重庆外贸）成立于1998年，是隶属于重庆对外经贸集团的全资国有企业，公司现下辖重庆西永分公司、重庆两路寸滩保税港服务中心，重庆空港保税区业务部。多年来，公司专心营运于代理服务领域，提供专业的报关、报检、预录入、转关、进出境备案、减免税、加工贸易、预归类、特殊贸易货物通关、中转业务、进出口贸易、物流等代理服务，形成了一体多元化的综合服务体系。重庆外贸通过自己的努力业务水平得到行内与客户的认可，于2008年获得A类报关企业资质。先后被评为2012年全国优秀报关企业、重庆关区2008年度、2011年度、2012年度优秀报关企业。公司多位报关员也同时获得重庆关区优秀报关员的殊荣。

重庆外贸公司崇尚报关专业建设。在经营实践中开发使用报关物流信息管理平台，完成更快速准确的单据制作和信息传递，与公司管理体系相结合，形成标准的服务产业链，确保业务操作的准确性和高效性，拥有较强的组织、协调、管理的综合服务能力。主要表现在与公司物流业务以及华东平台报关行管理系统（TCS）的完美对接上，特别是华东平台报关行管理系统（TCS）的无缝连接。重庆外贸公司客服通过公司的系统录入主单号、口岸、运输工具、毛重、净重、件数、台数、金额和目的国等信息后，自动在TCS系统中生成以上信息，然后利用系统设计的逻辑校验程序进一步降低差错率，极大地提高了报关效率，减少了客户的通关成本。

重庆外贸公司2012年全年报关差错率保持在0.8%以下，远低于平均水平。在重庆关区报关业务量前十报关企业中名列前茅。重庆外贸公司针对报关业务繁琐而复杂的特点，要求从业人员在办理业务过程中保持严谨缜密的工作态度。在2012年报关业务中，公司在完成37340票报关业务前提下，将报关删退改单率控制在0.87%，远低于关区同期平均值。在2013年度报关业务中截至10月31日，报关差错率为0.4%，在专业代理报关企业低差错率排名中位列第一。重庆外贸凭借精准的信息化管理、雄厚的团队实力、处理业务疑难问题的丰富经验，与惠普、华硕、延锋伟世通、延锋江森、长安铃木、理文造纸等客户建立了长期稳定的合作关系，成为众多知名大型企业的指定报关公司。

团队建设是企业发展的重要因素。重庆外贸是一个年轻的队伍，，为了更好地发挥团队效应，将年轻的优势优化放大，公司领导对公司工作人员实行了更为务实与科学的人性化管理，组织全体公司员工参与了拓展训练等活动，使每个人都能积极适应时代变化与发展，人人都以公司为家，为了大家共同的利益出谋划策。每个年轻人少了当代人的浮躁与好高骛远，更加地脚踏实地和充满务实精神，真正做到了一荣俱荣、一损俱损。在人性化管理的基础上，通过公平有效的绩效考评机制，提高人员积极性，工作效率得到了显著提升。对公司未来业务的开拓与发展打下了坚实的人才基础。

在日常报关工作中，时刻注重加强公司报关人员的法制意识，为了使所有员工都能严格遵守执行国家相关的法律法规，公司领导多次在例行会议上进行法制宣讲，重申了公司对报关工作中的违法违规行为的零容忍，坚持做到在报关工作中不出现违法及违规行为。

（作者：罗茜）

# 崇尚专业篇

CHONGSHANG ZUANYE PIAN

# 专业成就价值　质量铸造品牌
——南京宏康报关有限公司

南京宏康报关有限公司（以下简称宏康报关）2006年、2009年、2012年连续3届被评为"全国优秀报关企业"（首届为"百优报关企业"），树立了企业诚信规范的良好形象。在荣誉面前，宏康报关全体员工没有沾沾自喜，而是把荣誉化作动力，更加严格要求自己。近年来，积极投入到自律与诚信创建活动中来。在履行"规范夯实基础、专业成就价值、诚信塑造未来"的工作理念基础上，着重从以下几个方面寻求突破：

## 一、落实作业规范，促进品牌建设

2011年初《作业规范》的颁布实施，给我们报关企业的规范建设提供了法律依据。它意味着中国报关行业进入了一个崭新的发展时期。宏康报关集中四个月时间，在企业内部全面系统地开展了学习《作业规范》活动。宏康报关认为《作业规范》不仅有利于加强报关企业内部的业务管理，而且有助于推动行业自律，促进企业守法经营和规范经营，推进报关行业的健康发展。通过学习、实践、检查和考核，让员工全面了解掌握《规范》内容，进一步规范了报关公司的服务作业行为，夯实了诚信服务的基础，推进宏康报关作业规范建设进入了一个新的发展阶段。

2012年，宏康报关有幸作为南京地区唯一一家被推荐的报关企业参与到南京亚青会的通关方案设计工作中。公司专门成立了工作小组并派专人驻点亚青组委会协调工作，同时在亚青会前抽调各现场的精英骨干组成通关小组，全面保障了货物正常的清关，赢得了各方面的好评，为宏康这个品牌添上了光辉的一笔。

宏康的客户服务标准是：100%准确地完成客户的委托、低于1%的客户投诉率、低于2%的差错率。如今，宏康报关的品牌在南京关区已经成为一个响亮的品牌，受到业内广泛赞誉。

多种措施并举，争当AA类企业宏康报关把加强自律管理和企业晋升"AA类"报关企业结合起来，优上创优，实现企业新的更高的目标。

宏康报关采取多种措施，提升企业形象。一是通过逐步消化、细化和强化，推陈出新，不断完善内部管理体系。公司先组织中高层领导人员进行相应的学习，阐述公司发展的理念以及"AA类"报关企业的优势等，然后由中高层人员向员工推行，层层递进。每个员工都能了解企业的"宏观发展方向"，通过"微观目标"的具体实现来帮助企业"宏观目标"的实现。二是结合公司实际运作情况，完善决策程序化、组织系统化、目标计划化、业务流程化、行为标准化、控制过程化的"宏康式"内部控制机制。先后完善了岗位责任制、复核制，印章管理、报关单证留存制等等，每个员工都能了解自己的工作职责、管理内容、操作流程及工作方式方法。三是完善外部服务监控体系。为进一步提高客户满意策略的准确性，公司强化了客户满意度调查，在原有的问卷、走访、座谈等基础上，通过货量分析、客户流失情况等具体数据分析和综合评估，使公司外部服务监控体系更趋完善。

## 二、加强制度管理，严格控制报关质量

一是完善差错监督机制。加强对报关员的考核管理，辅以必要的奖惩制度，从机制上杜绝差错，保障报关质量。二是培养差错分析能力。所有差错采用系统化管理方式进行记录，由业务部专人对每天出现的删

改单情况进行差错原因分析,提出合理化建议,再由各现场部门落实后续管理措施,并定期召开质量总结分享会,对典型案例由当事人现身说法进行通报,并与其他报关员交流经验,做到从源头上控制差错。三是培养差错纠正能力。出现差错在所难免,重要的是及时弥补差错。一方面要及时与海关沟通。平时能掌握政策变化和相关规定,能答复海关就报关单数据提出的疑问,及时了解扣分原因以便整改;另一方面,加强与客户的沟通联系。平时对容易产生错误的环节重点核实,如提示客户及时办理换证、手册变更等海关手续,一旦因客户原因造成差错,要及时联系,采取必要措施,予以解决。今年,宏康报关已顺利通过海关验证稽查,批准晋升为"AA类"管理报关企业。

**三、专业成就价值、质量铸造品牌**

企业发展,专业先行,是宏康报关专业建设的一贯做法。

开展多种形式的学习竞赛活动,加强企业文化建设,是宏康报关走向专业化的必要基础。宏康报关始终要求员工牢记作为一名职业人的服务准则,对客户怀揣一颗责任心,以客户利益为己任,爱岗敬业,努力工作。为了给员工创造良好的学习环境,公司建立了专门的阅览室,提供各类通关物流方面的专业书籍供员工借阅,还建立了"宏康大学"在线网络学习平台,让员工在业余时间能够学习到全面的职场课程,帮助员工提升自我修养。

注重研发、推广网络平台建设也是宏康报关走向专业化、信息化的重要步骤。宏康报关近年来自主研发的CMI关务管理系统,建立企业资料库,更是实现了与企业ERP系统和电子口岸系统的对接。目前,这一项目正从信息化管理的模式全面推向网络操作模式,力求改变传统报关地域和空间限制,使进出口关务管理走向网络化、国际化,使快速通关真正意义上迈出创新的步伐,也为今后的无纸化通关打下了坚实的基础。

质量是企业的生命之本，诚信是企业的发展之魂。宏康报关将在海关和协会的领导、支持下，坚决拥护行业质量诚信体系建设，与同行们一起努力，以"诚信、规范、专业"为价值导向，汇集行业文化精髓，将报关事业做精、做专、做大、做强，促进行业持续健康地发展。

# 着力做精报关业务  推进专业文化建设
——上海万历报关有限公司

上海万历报关有限公司（以下简称上海万历）是中国优秀报关企业之一。上海万历长期以来坚持改革创新，崇尚业务建设，致力于通关模式的完善与推广，积极开展口岸通关、商品归类与咨询、价格预警、检验检疫、原产地证、外汇管理、知识产权、政策咨询、合作调研等多项服务，为更多进出口企业获得省心、放心、安心、舒心的全球贸易通关服务，为壳牌、通用电器、台积电等世界500强企业提供着专业的清关服务。并于2009年成为海关总署企业分类管理"AA类"报关企业。上海万历把报关专业建设作为企业文化建设的重要内容，着力做精报关业务，推进专业文化建设。

## 一、强化企业文化理念、营造专业文化建设的创新氛围

落实企业文化导向，提升全体员工的报关专业理念是加强企业文化建设的基础工作。从2006年开始，上海万历结合企业建设需求，确定以"企业内刊"为报关专业导向理念的载体，陆续推出三本企业内刊（《万历专刊》、《万历员工管理刊物》、《万历员工工会之家》），引导员工、客户提升报关专业理念，强化报关专业知识，营造企业文化建设的氛围。三本企业内刊宣传进出口行业内的专业关务知识，为客户提供清关服务方案；帮助员工提升职业素养，助力企业规范管理；反映企业文化风貌，提升员工工作质量。《万历专刊》融合了行业趋势、客户需求及行业清关规范要求，对于新出台的通关政策，报关报检等操作流程，都适时给出

了全面详细的解读和分析,并设置了特别企划、政策解读、行业观察、热点聚焦、专家视点等版块,从各领域、各角度帮助进出口企业了解实时动态、规范作业流程。《万历员工管理刊》是上海万历与国内某著名培训机构联合打造的一本旨在帮助员工强化职业认同感、提升员工职业素养、打造职场阳光心态的企业内刊。该刊物以精炼的小故事、短言论为表述形式,易读、易懂,有效地强化内部员工的自我管理能力和事业责任心。《万历工会之家》反映企业文化风貌,凝聚员工生活活力。该刊物采用图文的方式记载万历人的每个精彩瞬间,提升员工归属感,强化企业凝聚力。

## 二、建立"预防风险"机制、保驾专业文化建设的健康发展

建立完善"预防风险"机制,是上海万历做精报关业务的有力保证。

一是客户"预防风险"管理制度。客户的预防风险管理,是引导客户专业化的一种制度。上海万历对每家客户都进行专业的分析,通过企业的规模、产品特点、单证量、单证类型等信息分析,为企业制定个性化的快速清关解决方案。并不断加强客户沟通,及时把握客户需求,主动上门为客户提供行业政策、规范申报等业务培训,以期降低客户层面产生的差错,提高通关效率。

二是员工"预防风险"管理制度。员工的预防风险管理,是培养员工专业化的一种制度。上海万历通过多年来的经验积累,创建了一套参与式的培训模式,对新进员工及在职员工业务的提升起到了积极的作用。多年来,上海万历培训了500余名应届毕业生,为他们的职业生涯奠定了强有力的基石。对于在职员工,公司更是定期组织员工参加各项技能培训,并邀请海关、检验检疫领导等来企业进行专题讲座。同时,组织专业人员收集日常工作案例汇编成《万历通关技能手册》供大家来学习,大幅度地提升了员工的专业技能,为更好的服务客户奠定了基础。

三是业务操作"预防风险"管理制度。2007年上海万历被授予"进出口商品预归类单位"资质以来,就积极开展预归类的推广工作,并单

独成立了预归类专家团队，对公司 80% 以上的企业建立了商品预归类数据库，并定期对企业的规范申报工作进行分析，提出积极有效的整改方案。预归类团队还经常前往各口岸进行专业的作业指导，经过 6 年的发展，上海万历已在商品预归类工作上积累了大量丰富而实用的归类经验，已经成功为多家进出口企业提供了专业化的预归类服务，为公司报关、报检事务的专业化操作起到了锦上添花的作用。

### 三、打造专业软件平台、拓展专业文化建设的服务市场

精心打造专业软件平台，是上海万历做精报关业务，拓展企业文化服务市场的重要手段。近年来上海万历有计划，系统地逐步推广软件客户端在进出口企业中的配置与运用，将更多的企业纳入到自动通关体系中来，以更加专业化的系统帮助合作伙伴建立起规范、迅捷、高效的通关运作模式，切实推进贸易便利，为广大企业节省时间、人力、物力等耗费，为企业在国际进出口市场上的推广提供更强而有力的支持。

上海万历在努力探索专业文化精神的工作中，精心打造以积极创新为导向、以专业报关为本质的企业专业文化品牌，使上海万历形成了高效快捷，规范操作的报关服务效应，得到了报关市场的认可、广大客户的拥戴。我们现有客户 80% 都是世界 500 强企业，像壳牌、通用电器、台积电等国际性大型跨国公司，就一直与上海万历保持着长久密切的合作关系。在企业专业文化的引领下，2009 年荣获"全国优秀报关企业"；同年，荣获海关总署企业分类管理"AA 类"报关企业称号；2010 年 9 月 15 日，成为全国首家"分类通关—单证代存"试点企业，并当日成功申报成为全国首批"分类通关—单证代存"企业。在今后的发展过程中，上海万历进一步发扬文化建设精神，不断创新、超越自我，不断通过文化来检验和指导企业未来的发展方向，促进上海万历健康持续发展。

# 开发电子信息系统　提升通关服务能力
——中外运空运发展股份有限公司华北分公司

中外运空运发展股份有限公司华北分公司（以下简称华北空运公司）是中外运集团旗下，专门从事航空货运代理业务的上市公司，目前在全国范围有35家分公司及超过160个经营网点。多年来围绕"双优评比"标准，创新发展思路，强化自律管理，积极开展诚信创建活动，促进了自身的健康发展。华北空运公司以口岸为依托，为客户提供高效快捷的航空物流服务。在服务国际进出口货运业务的实践中，发挥自身信息系统领先的优势，开发电子信息系统，配合海关通关作业制度改革，提升了通关服务能力。

## 一、联系物流报关实际、在探索中强化科技服务意识

华北空运公司作为地处北京口岸的物流通关企业，是一上市国企，必须摒弃以前的手工操作模式，逐渐过渡到电子化的物流通关模式中来。

货运代理企业的一个重要工作环节是通关服务，这个环节是企业内部运营的一个重要关口，然而，传统的通关服务明知其重要，但却难以改变其弊端：一是通关效率低、录入时间慢。公司经过测算，系统应用前，仅排队录入和打印环节耗费的时间要占整个通关时间的一半左右，大大地影响通关时效，是整个通关环节的一个瓶颈。二是差错率高、申报不规范。在报关制单方面，原来的操作模式是报关员接到客户的单据后，进行人工审单，并根据海关的相关规定等进行手工归类汇总，手工填写预录入申报草单，然后在通过海关的预录入中心进行预录入工作，

由报关员核对后进行申报。在整个的过程中，几乎不会用电子化的技术，都是纯手工操作，这样就造成了效率低、错误率高、通关速度缓慢、客户满意度下降的情况。

## 二、改革手工操作模式、在创新中开发电子信息系统

为了能够加快通关速度、简化通关准备手续、降低企业成本，华北空运公司积极地与海关及口岸数据中心进行合作，共同启用了电子口岸录入系统。电子口岸预录入系统首先提供了两种基础功能：一是预录入功能模块。通过使用该系统，海关把预录入工作前移至代理公司，由代理公司按照海关的要求进行软件配置，自行在办公室完成预录入工作。这样，从预录入开始，到审单中心审结单据后的打印工作，都可以在自己的办公室一站式完成，极大地缩短了通关的时间。跟踪发现，平均每票货物的录入时间只需要不到10分钟时间，提速5倍以上。二是查询及个性化服务。公司在进行进出口报关的时候，会进行许多数据的查询，比如进口仓单的准确性、出口核销单的信息是否正常传递、报关员的分数查询、企业整体报关量的统计等等。海关开发应用电子口岸预录入系统其中最革命性的新功能，就是可以依托企业的自有ERP系统，进行嵌入式的开发和服务。简而言之，就是当公司客服人员在自有的CMIS系统上完成接收客户委托，并录入了相应信息后，无需重新进入海关的电子口岸数据录入界面，而是由CMIS系统自动将相关数据提交至海关的电子口岸平台。同时，基于电子口岸提供的数据反馈功能，为了更好地配合海关的规范申报要求，公司还嵌入了历史数据查询功能，客服人员在接收客户委托时，只需输入商品名称，系统会自动模糊查询出历史上成功申报的商品申报记录。这种功能对于减少报关差错、提高规范申报有明显帮助。

## 三、实行电子一体化、在经营中提升通关服务效率

作为外运发展信息系统中最先开发和上线使用的系统，该电子信息

系统共分为基础层、信息沟通层、业务层、管理层四个层面。基础层是业务层运行的基础,主要包括计费和基础数据功能;信息沟通层是各层和各模块之间交换信息的通道;业务层包括业务运作、结算、货物跟踪和台账功能,它们构成业务运作的核心;最上面是管理层,管理层包括管理和客户自服务,完成对数据的统计分析、人员管理、功能管理和通过互联网服务客户的功能。

华北空运公司依托于自身 CMIS 系统和海关电子口岸系统,在货物未到港前就已经将报关数据暂存,在货物到港后,第一时间就能够通过电子口岸系统查询到相应的货物信息。通过电子口岸平台使客户足不出户且用10分钟不到的时候就完成了平时需要3~5人半个工作日才能够完成的工作,使公司的报关及时率能够达到90%以上。

"服务创造价值,科技改变服务",是华北空运公司所有官方网站和宣传资料上的口号,通过技术手段的提高,明显提升了通关服务效率。大幅度地提高了企业的通关效率,提高了企业的竞争力,真正做到了满足客户通关 KIP 的要求;利用强大的 TCS 系统,我们做到了所有报关数据的电子化,并利用系统的自学习功能,可以做到申报信息的自动匹配,减少了报关差错的发生,促进了规范申报;公司实施 TCS 报关电子化系统后,所有的报关业务必须通过 TCS 来申报,每一票业务在我公司的 CMIS 系统中都有详细的 KPI 记录,通过电子系统,杜绝了行业内普遍存在的干私活现象,做到公司申报的每票通关业务都有迹可循,实现了企业的科技化管理;利用 TCS 强大的自学习功能,公司针对不同的客户建立了相应的数据库系统,帮助客户整理进口零件,进行归类汇总,为企业提供了便利。

华北空运公司相信,随着海关无纸化通关业务改革与企业信息系统更进一步的深度融合,在报关协会的指导和帮助下,必定能够打造更加高效、快捷的口岸通关环境,提升我国企业整体的国际竞争力。

# 强化自律管理力度　打造诚信服务品牌
—— 天津市永诚世佳国际货运代理有限公司

天津市永诚世佳国际货运代理有限公司（以下简称永诚世佳）是天津关区首家获得AA类报关企业荣誉的专业报关企业，并经国家商务委批准注册的一级国际货运代理有限公司，已顺利通过了ISO9001：2008质量管理体系的严格认证。永诚世佳始终以自律规范为基础，以诚信服务为根本，奉行"一站式服务、全程化管理、快乐式工作"的经营理念，精心打造诚信服务品牌，率先成为天津海关首批"AA类代理报关企业"，2012年再次获得"全国优秀报关企业"的荣誉称号。

## 一、加强自我管理，企业资质规范化

永诚世佳于2008年7月成功申请A类报关企业以后，更是把"严抓内控管理，提高全员质量意识"放置到企业日常管理的首位。2009年7月公司又向天津海关递交了适用AA类管理申请书，由于严格的内控和完善的管理，公司顺利通过了天津海关稽查处的验证审核，2010年1月11日，海关总署下达了适用AA类管理决定书，自此公司成为了天津海关第一家获得AA类荣誉的报关企业。

继2009年首次通过ISO9000认证后，2012年5月17日我公司再次通过了认证审核，并于2013年5月8日接受并顺利通过了中国质量认证中心的年度监督审核，并获得了中心出具的监督审核合格证书。几年来，公司积极按照体系标准贯彻落实每项工作，严格按照体系要求每年进行企业内审和管理评审，从而持续推进管理体系的充分性、有效性和适宜性。通过运行ISO9000管理体系，公司各部门的操作规程及服务项目得以更加规范、有序地开展，同时也为广大客户提供了高满意度的服务。

## 二、注重队伍建设，团队员工专业化

永诚世佳注重提高公司团队的业务水平。2010年，天津报关协会计划开展一系列的培训工作，并自3月份起开始筹备各项工作并组织编写教材。永诚世佳公司报关部经理作为天津报关协会聘请的"加工贸易"行业专家，应邀加入教材编写组，与天津海关加贸处的资深关员共同参与教材的编制工作，2010年12月，公司报关部经理作为天津报关协会讲师团的一名讲师，参与了加工贸易业务的专项培训工作。

2011年4月28日，天津海关归类分中心和天津报关协会联合授予永诚世佳天津关区"专业预归类单位"资质。在全面开展社会化预归类服务的同时，公司通过积极参加海关和协会组织的培训活动，大力拓展社会化预归类业务，并在预归类工作方面取得了很大发展。目前，公司已拥有七位海关授予资质的专业归类师及十余名相关辅助人员。由公司出具的社会化预归类建议书，得到了天津关区各现场海关的认可，自2011年9月社会化预归类出证业务正式开展至今，公司共计出具商品预归类意见书近1300份，占天津关区社会化预归类出证的60%左右，且出证正确率达到100%。

多年以来，公司员工始终秉承"做人要真诚、工作要热诚、态度要虔诚、服务要挚诚"的服务理念，将"严格内部管理，提高报关质量"纳入企业的日常管理，在企业内部营造"提高质量，人人有责"的工作氛围，制定各个工作环节的自律守则，不断强化每一个员工的质量意识。也正是由于制定了严格、可行的作业规范，自2007年天津报关协会公布"天津关区报关质量排行榜"以来，公司始终蝉联佳绩。在2010年1月至2013年7月期间的报关质量排行榜中，共计上榜69次，上榜率达80%，在全年报关单数量达45000余票的基础上，将申报差错率控制在0.5%以下。

### 三、注重服务质量，管理系统电子化

永诚世佳始终以规范经营为根本，以诚信服务为基础，相继获得了"海关监管车队、海关监管仓库"的资质，2011年，被海关授予"专业预归类单位"，并组建了专业预归类小组和关务咨询部门。2012年6月又有幸成为天津海关首批"事后交单"和"无纸化通关"试点单位，并代表天津报关企业接受了中央电视台关于天津关区无纸通关实行情况的采访。几年前，为了加强报关过程的电子化管理，公司出资配备了报关管理系统，但随着近些年公司业务的不断发展壮大，永诚世佳明显感觉到原来使用的报关管理系统已经越来越跟不上我们的发展步伐。2011年7月，公司领导班子研究决定，自主研发一套全方位报关管理系统，经过整整一年的开发、调研、修改、试用，这套管理系统于2012年7月1日正式运行使用。这套报关管理系统通过计件管理，实现按劳分酬。这套系统的使用使我公司全面步入电子化管理，为公司的整个工作流程提供了极大的便利。

2012年8月天津海关承担海运进口货物无纸化通关的试点关区工作。公司又有幸成为天津关区第一批通关无纸化试点单位。自8月1日起，公司正式开展通关无纸化申报，且过程十分顺利，取得了开门红的好成绩，并代表天津报关企业接受了中央电视台关于天津关区无纸通关实行情况的采访。这是我公司在发展历程上又一项重要的里程碑，使通关无纸化报关工作有了一个良好的开端。

永诚世佳强化自律管理力度，打造诚信服务品牌，得到了天津市政府，海关商检等职能部门的认可，取得了一些实实在在的成果，为企业的腾飞和发展奠定了坚实的基础。今后公司会继续将"强化自律管理力度，打造诚信服务品牌"作为发展的座右铭，以推动报关行业规范发展为己任，与兄弟企业携手发展，共创报关行业的宏伟蓝图。

（作者：李娜）

# 打造专业服务品牌　树立企业诚信形象
——上海美设国际货运有限公司

上海美设国际货运有限公司（以下简称上海美设）于2004年9月注册成立。多年来坚持诚信服务理念，通过多元化经营发展，打造专业服务品牌，树立企业诚信形象，在市场的激烈竞争中上海美设逐步成为一家业务范围覆盖海运、空运、物流仓储、报关和国际贸易等众多领域的大型综合物流服务企业。长期以来，公司坚持遵纪守法、诚信经营，为客户提供优质、高效的服务，经过全体员工的共同努力，2009年、2012年美设货运连续评为"全国优秀报关企业"。

## 一、规范工作流程，落实岗位职责

规范工作流程是打造专业服务品牌的重要措施。上海美设根据报关业务单量大、船期紧的特点，首先在组织架构上将报关业务部门分为报关单证中心和报关现场部两个部门，报关单证中心则进一步细分出了审单、客服、理单、预录、复审等岗位，并安排专人担任报关调度，负责船期的跟进以及与报关现场部的联系。其次，每个岗位订立了完善而科学的工作流程并绘制了工作流程图，配以相应的工作流程说明、记录、工作依据、监督点、考核点和改进方法等，各岗位职责分工明确。上海美设新业务系统正式上线运行，依托公司强大的信息化平台，发挥信息中枢作用，做到了对业务流程中各个节点的有效控制，很大程度上提升了流程的执行度。

落实岗位职责是确保工作完成的重要前提。职责不清，则在工作中容易出现人力资源浪费或者相互推诿等一系列问题。在实际工作中，上海美设重点从管理、执行、监督三个层面入手，建立了立体交叉的职责体系。首先是突出各级管理人员在内管工作中应担负的职责，强调各级负责人要对本部门本岗位的规范管理工作全面负责。其次是强化员工的执行职责。对一些职责上相互交叉的工作，通过推进质量管理体系建设，梳理部门和岗位工作内容，理清职责范围。再次是监督职责。对在监督检查中发现的违规行为，按照"谁主管、谁负责"的原则，要求相关部门、相关人员，全面落实整改措施。

## 二、建立专业团队，提升业务能力

建立专业团队是打造专业服务品牌的中心环节。从报关单证的制作，到海关现场的申报，上海美设着力于打造一支专业化的报关队伍。多年来，美设货运一贯注重培养高素质实用专业型报关人才，通过各种方法力求使员工的综合素质得到提升。公司对报关业务各岗位的员工开展针对性的培训，例如外聘专家定期举行商品知识培训；内部开展针对特殊贸易方式、特殊监管证件、加工贸易电子账册、商品归类基础等方面的培训课程，定期对全体报关从业人员进行培训，在工作之余不断充电深化巩固报关专业知识。此外，公司鼓励员工参加报关员资格考试，并给予适当的激励机制，还积极组织参加海关和报关协会组织的各类专业和技能培训。

上海美设内部曾涌现出一大批员工积极要求进步，努力提升自我业务水平的先进事例。公司积极宣扬"业务达人"的事迹，推动企业专业人才健康发展。2012年11月，中国报关协会面向全国开展了预归类服务从业人员培训、资质考核的工作。获悉通知后，公司高度重视、积极响应，选派了10名工作在第一线的审单员分批赴广州、大连和上海参加了培训。最终10位同事不负众望全部通过了考核，上海美设也成为此次全国预归类服务从业人员资质考核中唯一一家通过率达到100%的公司。

### 三、强化质量意识，确保优质报关

确保优质报关打造专业服务品牌是根本目标。上海美设自报关业务创立之初便明确了报关专业化的发展方向。在工作中，上海美设发现社会各界对提高口岸通关效率，便利贸易，以及降低通关成本的要求日益迫切，公司清醒地意识到为客户提供高质量的报关服务的重要性。就报关业务而言，单证的质量是检视报关质量优劣的关键所在。上海美设始终把如何提高报关单证质量、降低差错率作为工作的重中之重。

减少差错，确保报关数据的准确性，做好规范申报是优质报关基本要求。近两年来，上海美设全年进出口报关业务量达到了25万多份，平均差错率控制在0.5%以下，事前事后改单率严格控制在2‰以内，远低于关区平均差错率。对于报关业务的质量，公司内部有着一套完善的质量管理体系，在报关业务的各个环节严格控制差错率。报关业务部门各岗位定期举行差错分析，研究讨论如何减少差错并提供行之有效的办法。公司还大力推进硬件建设，使得报关质量的提升得到有力保障。

上海美设还建立了相应的质量考核体系，激励员工奋发向上。员工从入职开始首先要进行"质量意识"的课程培训，并被告知相应岗位的KPI，以帮助他们清楚了解自己岗位的工作标准和关键考核指标，提高工作质量。另外，公司从三方面入手，推动考核机制的进一步加强。一是完善机制，美设公司形成了"日常监督、每周考核，月度检查，季度总结，年度考评"的分时段考核机制，促进监管职责落实到位；二是严格考核，考核中，以事实和数据为依据，检查员工工作开展情况，实行严格考核；三是绩效运用，将工作考核与绩效考核体系相结合，突出监督考核结果的绩效运用，把考核的结果作为对相关业务部门、相关岗位工作质量和绩效评价的重要依据。这一系列的举措都是为了提升公司的报关业务质量，质量不仅是企业诚信服务的体现，更是企业在市场竞争中立于不败之地的一项法宝，提升了企业诚信服务的良好信誉。

# 从纠正差错入手　加强自律管理

——江苏众诚国际物流有限公司

多年来，江苏众诚国际物流有限公司（以下简称江苏众诚）秉承诚信树形象，规范出效益的经营理念，先后多次被评为江苏优秀报关企业和全国优秀报关企业，取得了经济效益和社会效益双丰收的良好成绩。他们在工作中注重报关实际，在贯彻落实一系列法律法规要求的同时，不断完善企业质量管理体系，加大自律管理的力度，使报关业务各项操作环节都能够做到诚信、守法，符合海关的规范化要求。

一、加强对报关差错的综合分析，提高质量管理针对性

多年来，江苏众诚总结报关工作中出现的差错大概有以下几种：一是企业提供的单据错误。因企业制单人员将单据做错，或者提供的货物信息如材质、用途等模糊不清从而造成归类错误，导致改单或删单。因这种原因的删改单情况比较多，约占70%。二是企业手册超量。因企业未及时审核手册数量，申报后手册超量，导致退单记分。企业手册是否超量只有企业自己才能审查，而报关企业无法审查。在日常报关记分中，这种情况记分的比较多，约占20%。三是因大雾天气或者其他不可抗力，导致驳船停航，在这种情况下，只能申请删单退库，约占10%。四是因我司单量较大，报关员在平时报关过程中存在误录目的港等差错且核对把关不严的情况。但因我司报关流程较为规范，报关审单较为严格，这种原因导致的改单、删单情况较少。

通过以上几种差错情况分析，江苏众诚认为，究其原因有报关员的专业技能不扎实、细心程度不够；报关企业的内部管理制度不健全；报关员跟客户沟通不到位，服务意识淡薄；报关员对新出台的政策规定学习不够，与海关的沟通不足，对国家政策变化和相关规定掌握不到位等等。

**二、强调对报关差错的综合治理，提高质量管理有效性**

确立服务至上的理念，全力打造优质服务品牌。要使报关员不断提高优质服务意识，使优质服务理念深入人心，必须确立服务至上的理念，全心全意办妥每位客户的委托，帮助客户解决困难，身体力行实现承诺。必须使报关员充分认识到在市场竞争中一旦落后，就会被竞争对手淘汰；以强烈的危机感、急迫感、进取心，面对近几年来报关市场出现的多变复杂局面。调查发现，比较大的客户选择报关行的标准排序是公司品牌、应急处理能力、单证操作水平，报关行应在营销和服务上调整策略以建立公司品牌形象。李嘉诚在谈到品牌的价值时说过："企业最宝贵的资产就是没有列入资产负债表中的那部分资产！"品牌是企业最宝贵的资产，是企业对顾客许下的承诺，是顾客对企业的认同，是顾客的归属感和忠诚度。

建设质量管理体系，建立有效的质量监控机制。质量是企业生存发展的生命线，是企业的核心竞争力，是企业创造品牌的要素之一。为此，江苏众诚引入ISO9000理念，运行PDCA循环，关注过程控制。报关企业的产品即报关服务，差错意味着服务不合格。产品是过程的结果，报关是一个流程性工作，只有将组成该流程的各个环节质量进行控制，才能确保最终结果得到控制。对制单、申报、查验各环节，实行各岗位自检和互查制度，在企业内部设置复核员对报关单证进行最终复核，提高报关质量和通关效率。对报关业务中差错、失误事件的处理作出明确规定，经公司批准后利用办公系统进行发布，组织员工学习，并不断修订、完善，确保实施的有效性。实行每周例会讲评制度，坚持每周对上周通关质量问题进行讲评，对个案进行分析，对比较特殊或带有普遍性的质量问题，通过对个案的分析，警示当事人，并举一反三，促使其他报关员以后遇到相同业务时"不二过"。实行责任追究制度，报关单出现差错，不能总是强调客户的责任，而很少检查自己。无论出现任何差错，直接追究当事报关员的责任，并与员工的绩效直接挂钩。

加强信息化建设，提高信息化管理效率。运用科技手段建立起连接企业各个业务网点和顾客的信息平台。江苏众诚的业务管理、决策管理和客户管理都可以通过这个信息平台进行操作、协调和决策，在最短的时间内，沟通信息，解决疑难；另外，还通过建立电子台账，定期分析总结的办法，减少报关工作的差错率。

### 三、优化企业组织结构，为客户提供全方位专业化服务

要做到全方位专业化服务，要有专业化人才。因此，江苏众诚在培养专业化人才上下了很多工夫，以专业化人才队伍建立竞争优势。其一，强化报关员业务培训。积极组织有关海关法律法规知识、纺织类机电类商品归类知识、国际货运操作知识等业务培训，并展开内部竞赛，使比学赶超深入人心。同时加强在报关业务中对海关提供的新技术设备的应用的培训和学习。通过努力掌握海关提供的电子平台和信息网络扩展服务内容，加快通关速度，实现个性化服务，提高服务效率，通过组合服务和扩展服务提升服务价值。其二，成立归类专家小组，对商品按照食品、电子、服装、机械等分类，加强学习，为客户提供更加细致专业的服务。其三，成立专门针对国外客户的国际部门，与欧美或日韩客户进行无障碍沟通，了解国外贸易政策、了解产品特点及工作风格等，避免因信息传递或沟通不到位而出现差错或重复工作，保证报关质量与速度，合理规避风险。其四，派经验丰富的员工到企业驻厂，在办公现场交流，现场确认单据信息，保证单据的准确率和报关的质量与速度。

加强规范管理，提高报关质量，以诚信服务赢得信誉、赢得市场，既是企业经济效益的需要，更是整个报关行业健康稳定发展的需要。众诚将以全国优秀报关企业的荣誉为动力，继续加强自律管理，在诚信服务中，完善不足，发展自己，并努力为整个报关行业的和谐发展尽一份绵薄之力！

# 严把报关质量　打造诚信服务品牌
——佛山市口岸报关有限公司

佛山市口岸报关有限公司（以下简称佛山口岸报关）是经海关批准的一家专业报关公司，自1999年开业以来，公司坚持完善制度，从严管理，狠抓报关质量，通过快速、高效的服务，取得客户信赖，2013年报关单量排名列广州关区前三位，报关单删改率为1.36%。现有员工200多人，专业报关员80多人和其他专业技术人员30多人。公司是广东广州报关协会副会长单位，中国报关协会常务理事单位，2006年荣获"全国优秀报关企业证书"，2009年被评级为A类报关公司，2012年荣获了中国报关协会颁发的"中国优秀报关企业"的称号，2013年取得"进出口商品预归类"资质。佛山口岸报关在长年的工作实践中坚持严把报关质量，精心打造诚信服务品牌。

一、严把报关质量，从建章立制、规范作业流程做起

佛山口岸报关把建章立制、规范作业流程作为严把报关质量的基础手段。佛山口岸报关自建立之初就已建立公司章程、财务管理制度及人事管理制度和完备的人事档案，建立电脑管理单证制度、报关单证双人复核制度，这些制度的制定使得公司日常业务得以正常开展。

佛山口岸报关紧跟随海关的政策和改革的步伐不断地完善报关业务操作制度，2008年配合海关成功试点"属地报关，口岸验放"业务，并制定严格的具体操作流程，2012年在海关及铁路的大力配合下顺利开通

"佛欧国际铁路"货运业务，并积极配合海关完善报关作业的整个流程，开拓新业务不忘加紧完善新流程，保证新的业务可以持续稳定发展。

近几年随着报关行业的不断壮大，报关业界的负面问题也不断出现，比如：压价、回扣、恶性竞争、挂靠等不正当手段恶化了海关的外部执法环境，使企业的内部控制管理迫在眉睫，为此，公司先后制定了《委托方资信审查制度》、《委托报关资料审核及复核制度》、《报关员管理制度》、《内部审计制度》、《报关单证管理制度》、《单证暂存制度》、《报关专用章管理制度》、《报关员职业操守》、《服务公约》等，这些内部控制类指标的确立规范了报关经营行为。

## 二、严把报关质量，从不断提高员工素质做起

为了提高员工的专业素质，规范申报，提高报关质量，佛山口岸报关想了很多办法：一是公司分层次开展员工的入职培训、岗位培训，更新知识并提升技能。二是要求各营业部门每周例会学习专业知识、分析上周差错。三是每月一次知识更新学习，通过报关协会组织有针对性的专家讲座，先后举办了汽车零配件报关、公司全年差错分析、预归类服务业务等专题讲座。四是积极参与中国报关协会、广州海关以及广东广州报关协会组织的各项专业培训，订阅《中国海关》、《中国报关》等杂志，复印下发相关的内容并组织阅读，促使员工加强学习，不断提高自身业务水平。

## 三、严把报关质量，从降低差错、诚信服务做起

诚信服务是企业发展生存的灵魂。佛山口岸报关注重狠抓以下两个方面的工作：

一是规范申报，降低差错率。规范申报有利于提高进出口企业申报的质量，有利于提高进出口通关效率，有利于防范进出口企业通关和海关执法管理风险。但如何做到规范申报，则是我们必须思考和面对的问题，对此，我们是这样做的：第一，理解申报要素的含义，第二，读懂

海关总署对部分商品规范申报的公告，第三，严格按照海关进出口货物报关单的填报规定填制报关单，第四，随时更新和记录海关总署对部分商品增加的申报要素，经过日积月累，员工的业务素质在不断提高，我们的删改退单率在逐步下降，保证了报关的准确性、时效性。

　　二是诚信为本，注重服务质量。严格按照有关物价部门的收费标准实施收费，不弄虚作假、不乱收费。对于一些不能按时缴交税费或其他费用的客户，公司酌情预先予以垫付，保证客户的货物能及时使用。高度重视并及时处理客户对员工的投诉，如果确认是因报关员差错造成的损失，公司将按具体情况作出赔偿，从而在客户中建立了诚信服务、有错必改的良好形象，扩大了社会知名度，产生了良好的品牌效应。这些年，公司相继吸引了长春富维—江森自控汽车饰件系统（一汽大众）、欧司朗（中国）照明有限公司、江苏苏美达国际技术贸易有限公司、东莞大创贸易有限公司等大型厂家和大型国际物流公司到公司报关。佛山照明、海尔电冰箱、星星冷柜、台湾奇美电子、台湾菱展、日本的腾龙光学、东芝家用电器、百佳超市、德国奔驰汽车（零配件）、台湾亿达胶粘带、德国新金声、佛山诚通纸业、市光法雷奥（日法合资）、中显科技等，始终对我们不离不弃。

　　佛山口岸报关先后经历了主要路段对大货车限制进出、几个码头搬迁停运、本地企业大量外迁、用工荒、外省对进出口贸易的贴补政策等各种困难，凭借优质服务在不景气的大环境下始终处于竞争中的优势地位，公司从2004年转制时的22人2个营业点，发展到如今二百多人20个营业点。2013年公司顺利取得了预归类服务资质，通过提供高附加值服务，进一步提升了市场竞争力。

　　佛山口岸报关坚信，质量的好坏，关系到企业的生死存亡，企业要发展，就该把质量放在首位。作为报关企业，没有报关质量，就没有效益；没有报关质量，就没有市场；没有报关质量就没有发展，因此优质的报关质量才是我们报关企业可持续发展的硬道理。

# 走诚信品牌之路　促报关业务发展
——无锡中外运报关公司

过五十多年的风风雨雨,外运品牌已经在行业内发挥了巨大的影响力。2012年无锡中外运报关公司通过所有员工的努力荣获了"全国优秀报关企业"的光荣称号,为外运品牌添上了亮丽的一笔,无锡中外运引以为傲。但无锡中外运没有停滞不前,因为市场在不断变化,客户的要求和需求在不断改变,竞争者也在不断加强他们的力量,无锡中外运需要加强提高的还有很多。无锡中外运要在现有成绩基础上,不断自律、创新,力争取得AA类通关企业资格。为实现这个目标,无锡中外运继续加强内部管理,以诚信服务、规范申报创立品牌形象,为企业未来赢得更大发展。

### 一、提供诚信服务,赢得市场机遇

想客户所想,服务第一。无锡中外运始终坚持"服务创造价值"的理念,员工们在日常工作中能事事想客户所想,利用专业的报关知识给予客户优质的服务,并及时满足客户的要求。例如,综保区基本每天都会有客户的货物晚到,无锡中外运都会派人加班等货,主动和海关商检协商。除特殊情况外,基本能按客户的要求把当天的货物全部放行。遇到各种大、小节假日,无锡中外运都会提前做好加班统计,保证客户的货物能在假日期间顺利通关,从而获得客户的一致认可。

急业务所急,责任为重。报关公司每天要申报上百票单证,这就要求无锡中外运的员工有强烈的工作责任心和吃苦耐劳的精神。无锡中外运员工不管多忙，都能认真面对每一票单证，态度端正，忙而不乱，尽量避免人为的差错。

## 二、加强规范管理，赢得品牌信誉

加强制度管理，不断完善规范申报的约束机制。无锡中外运成立十年多来，逐步建立健全了岗位责任制。大家分工协作，职责明确，为做好规范申报工作打下了基础。每个客服将每票单证录入台账后，随时跟踪货物流转情况，商检、输机、审单、前台、查验、放行人员各司其职，相互配合，认真做好每个环节，保证每单业务符合海关的要求。

在明确职责的基础上，还注重对工作差错的控制管理。为此，无锡中外运建立了例会制度，针对出现的差错，进行分析总结，以加强报关员的工作责任心，杜绝重犯。

加强人员培训，不断提高规范申报的水平。无锡中外运每年组织报关员积极参加海关、报关协会举办的各种培训，特别是报关知识更新培训。要求参训人员认真做好培训记录，培训结束后将相关知识上传至公司共享文件，这样每位员工都能及时更新业务知识。同样，对于海关各种政策讲座，听课人员也会认真做好笔记，及时传达给全体业务人员，从而保证报关公司和海关信息一致。总公司还不定期组织各部门人员进行培训，让各业务部门间相互学习，沟通信息，以便在日常工作中学以致用。为了使各岗位更好地相互配合，相互协调，每个岗位派出一名业务骨干，整理出一份工作内容学习资料，利用午休时间给大家传阅。通过这个交流，大家对工作的整个流程有了更全面的了解，能从多角度把握工作要求，从换位思考中得到进一步的提高。遇到敏感复杂的单证，无锡中外运还会集中研讨，逐一核对，做到不疏漏、不瞒报。

通过一系列的管理措施，无锡中外运的规范申报率始终保持在同行的前列。2013年9月我司申报了3884票单证，改单30票，删单8票，差错率仅为0.9%，其中大部分还是由于客观原因造成的。无锡中外运的成绩受到了海关和客户的一致好评。

### 三、积极应对竞争，冲击AA管理目标

在现今市场开放度大，竞争越来越激烈的状况下，开发市场没有硬工夫不行。这种硬工夫包括企业的实力，从业人员的素质，市场的开发力度等。这方面外运品牌为无锡中外运打下了坚实基础，无锡中外运也经过多年的努力，占得了市场先机。企业的美誉度，成为无锡中外运对外揽货的最佳竞争手段。而且无锡中外运的从业人员很多都是在这一行工作多年的老同志，他们兢兢业业的工作作风，扎扎实实的工作能力，以客户为中心，用服务促发展的经营理念，都是无锡中外运取胜的法宝。有这样的强大基础，无锡中外运对冲击AA管理目标很有信心。首先要提高全体从业人员的认识，明了取得这种企业管理类别资质对企业发展的重要意义。其次，企业从管理入手，完善和加强相关操作规程的制度化建设，分清各自的责任和义务，各环节紧密联系，互相配合。通过多层次的把关复核，提高通关单据的准确率。再次，从我做起，为降低报关差错率而努力。对于工作中出现的差错，要认真对待，在总结经验教训的基础上不断进步。最后，结合实际工作中出现的问题和易忽略的方面，经常组织学习，以强带弱，以老带新，使整体从业人员的素质全面提高。实现新老员工的逐步更新，以更好地适应新时期对报关工作的要求，为企业未来取得更大发展奠定基础。

目前，无锡中外运正紧抓无锡综保区成立的机遇，进一步完善自身的报关流程，优化人员架构，深入推进管理提升工作，为实现企业的跨越式发展，进一步打造报关行业领军型企业提供强有力的支持。

（作者：欣菊敏）

## 打造专业服务品牌　促进企业健康发展
——广州市卓志报关有限公司

广州市卓志报关有限公司（以下简称广州卓志）成立于1997年，公司之前以提供专业报关服务为基础，经过16年的发展，业务逐渐扩大到港口经营、运输、仓储、多式联运、进出口代理、国际货运代理等领域，成为华南区著名的物流供应链服务提供商。多年来，广州卓志秉承"满足客户需求、超越客户期望"的服务理念，积极开展企业自律与诚信服务创建活动，打造专业服务品牌，促进企业健康发展。2012年，广州卓志再次在中国报关协会组织的评优活动中获评"全国优秀报关企业"。

### 一、强化诚信意识，完善业务管理机制

广州卓志一直重视内部管理制度的建设和质量管理体系的完善。从"做稳操作、做优客服、做强营销、做精市场"的目的出发，结合公司实际运作情况，加强以5S现场作业管理为核心的管理工作，完善了卓志报关公司的管理、运营、人力等标准化管理模式，全面提升了运营质量。

流程标准化管理控制。针对公司海运报关业务的特点，将报关业务按照操作的内容划分为订单排产管理、制单复核管理、申报管理、报检报验管理，每个管理工作中均制定了标准化岗位工作说明书和运作流程，并将工作内容实时录入电脑系统，通过电脑系统监控进程以及标准流程中各环节的关键控制点，起到质量管理实时监控的作用，从而提高通关

质量水平。

严格报关单证控制。客户提交的报关单证是报关业务的原始资料，为避免单证交接差错和单证遗漏、遗失，公司制定了《报关单证管理制度》，建立了《单证交接凭证》制度，在客户交接和内部交接各个环节建立交接记录，从而保证了单证管理质量。并根据海关要求和质量体系要求存档留底单证，设立专门的单证管理员，多次赢得客户和海关的好评。

实行报关差错控制。公司建立了《不合格控制程序》差错率控制指标，要求预录入差错不超过2%，申报环节零差错。建立了《报关差错登记表》，公司信息系统功能密切配合实施实时监控与预警，同时，信息系统将差错情况与操作人员工作绩效结合考评，实现了人机有效结合管理，做到各岗位质量控制点分工明确。公司还于每周不定期召开质量总结会议，分析、总结差错率情况，进行自查自纠，真正做到了差错率的有效控制。

## 二、加强员工培训，夯实专业人才基础

近年来，广州卓志实施了组织结构和人力资源结构的调整，进一步增强经营管理能力，提高企业运作效率，提升员工综合素质。

1. 加大人才投入。2012年6月，卓志集团领导、各事业部、中心负责人和部分经理级人员共计40余人参加了卓志管理大学一年级研习班。让经理级人员了解管理思想，理解基本管理形式，提升职业素养和管理素养，从而尽快进入管理角色。近年来，公司为提高人才素质，投入专门用于员工培训的资金近300万元，为企业各项业务改革和未来的发展奠定了坚实的基础。

2. 对员工开展技能专业培训。举办了各类业务专项培训，比如，进出口贸易知识、集装箱业务知识、客服工作的应用、信息化工作的应用、报关操作标准化流程、原产地规则、食品类商品的报检要求等专项培训。

入职后不定期进行企业文化建设培训。内容包括公司历史、远景、使命、价值观、职业道德、规章制度、行为准则以及个人职业生涯规划等内容。

3. 针对全体员工，广州卓志则注重团队协作意识的培养。在这方面分别组织了集体旅游、户外拓展等多项团队活动。增加了员工间的了解与沟通，统一了思想和目标，同时也树立了相互配合、相互支持的团队精神和整体意识，增强了集体凝聚力。

### 三、强化质量体系，保障专业服务品牌

广州卓志于2002年10月通过中国质量认证中心的ISO9001:2000质量管理体系认证，并连续10年通过跟踪认证和换证审核。在质量体系的维护方面，主要做了以下工作：

1. 进一步加强合同评审管理。为进一步加强企业诚信建设，公司根据ISO管理规范，进一步细化了合同评审程序，在单次合同、长期合同、费收调整等方面建立了各环节的监控制度，使合同履约率达到100%。同时，公司在原有的问卷、走访、座谈等形式的基础上，通过货量分析、客户流失情况分析以及客户价值评估等售后服务管理方式进行综合评估，对公司服务水平的提高起到了积极的作用。

2. 价格、风险意识控制。针对行业市场不成熟、价格混乱的现状，公司确立了不参与价格战，以"控制成本、提高服务"为核心的市场策略。完善了内部价格监控体系，细化了价格审批制度，形成了长效、稳定的价格战略，同时提升了企业健康发展的稳定性和风险控制意识。

3. 打造信息化平台。信息化水平是衡量现代化企业服务能力的重要标志。2008年6月份，公司实施了综合物流信息平台的建设，打造了一个集进出口、报关、港口、物流配送、仓储、人事、财务等于一身的综合物流信息平台，整合公司内部运营管理和对外业务信息化联络，从而使公司物流信息化程度五年内达到同行业市场领先地位。

广州卓志以"报关"为窗口,走综合化发展的道路,逐步做强做大,取得了明显的成效。广州卓志将认真总结,不断提高企业竞争力和持续发展能力,不断探索和创新报关企业的发展之路,在树立"诚信经营、优质服务"的品牌道路上争取取得更加卓越的成绩。

(作者:李未平)

# 开展诚信化服务　创新专业型代理
——厦门外代报关行有限公司

厦门外代报关行有限公司（以下简称厦门外代）是中国厦门外轮代理有限公司的全资下属子公司，成立于1995年。公司以外代为依托，秉持外代"专业型代理，诚信化服务"的企业精神，致力于为进出口相关企业提供高品质的综合通关服务。在全体员工团结协作下，整个公司呈现良好的工作氛围。2011年普货进出口业务量迅猛增长，进出口报关量已位居厦门关区前十名，普货的增长需各业务环节紧密配合，工作量大，又要保证质量，经过公司全体员工的共同努力，2012年厦门外代被评为全国优秀报关企业。

**一、健全规章制度，是打造诚信服务品牌的基础**

厦门外代报关行把规范内部管理作为提高企业核心竞争力的重要因素来抓，一方面从适应市场需求，完善企业管理机制入手，建立完善一系列管理制度，另一方面对企业的管理制度进行改革和创新，全面提升公司的管理水平。

建立完善的企业规章制度，保证公司的各项工作井然有序：工作纪律严明，内部治安在物业保安的配合下，状况良好，单位无安全质量事故；公司内务管理规范有序，卫生防疫制度落实，内外环境整洁有序，职工保健工作达到标准，落实各种措施，为职工创造了良好的工作生活环境；深入扎实地做好人口与计划生育工作，计划生育率100%；单位无

"黄赌毒"等丑恶现象，无邪教活动。

同时，厦门外代建立诚信奖罚奖励机制，为员工奋发进取明确方向。公司每月对员工在劳动纪律、服务质量、工作态度、安全生产、设备保养，关心他人和参加公益活动等方面的表现逐一进行考核。

## 二、创新服务模式，是提升诚信服务品质的中心环节

不断优化业务流程，提升服务品质，为客户提供优质高效的代理服务。驻厂服务方面：厦门外代驻厂柯达的业务模式继续平稳开展，与厦门外代国际货运有限公司配合，顺利完成柯达今年的进出口报关业务，得到客户的好评。为配合华纲精致物流（船舶到港后24小时门到门送货服务）的业务得以顺利开展，厦门外代在报关报检环节中设置了专人负责制，保证客户的货物到港后半天通关放行，深受客户的嘉许；而在金门酒厂特殊的通关模式（东渡转关后进入物流园区）中，该司在2011年全年共操作254个货柜，保证了客户在卖酒高峰期货物顺利清关。

加强质量管理，通过质量审核、部门负责等手段，及时发现和纠正工作中出现的问题；通过开展客户满意度调查、登门拜访客户、推出服务承诺等多种方式了解客户的需求、及时处理客户的投诉。通过采取各种切实有效的措施，员工服务意识普遍得到提高，得到客户的肯定，大大提高了客户满意度。

## 三、拓展报关业务，是开拓诚信服务市场的重要手段

2011年度，厦门外代进出口报关共完成57678票，报检票数22000多票，保税物流园区3600多票（预录入份数4500多份）。其中，在2011年度海沧区内的代理报关企业中，公司代理业务量位居行业前三名；在2012年第一季度，代理的业务量更是跃居行业第一名。

在内支线中转及国际中转业务中，厦门外代继续保持着在厦门港中转业务的主导地位，2011年共完成中转510多航次，进口中转472航次，上海出口中转44航次，国贸码头转栈381航次，国际中转560航次。

在换载方面，厦门外代协助万海、PIL、东方海外、泛洋、南美等多家船公司完成因舱位安排不当的退载共1082票。增加了北康、厦顺、乐捷电子、捷星电子、明达进口散货几大项目板块，为2012年业务大幅度增长打下了良好的基础。

厦门外代积极开拓新业务，完善综合服务能力，树立良好的企业形象，为厦门口岸的发展作贡献。通过加强营销、提高协同运作效率等措施，深挖业务潜力。目前，新增业务版块：进口代运重点项目。在与各相关部门积极协作、发挥整体优势、提高服务质量的前提下，发展顺利，业务规模不断壮大。

厦门外代在港务集团及厦门外代总公司等上级领导单位的指导和支持下，经过多年的发展，已发展成为厦门口岸的知名报关代理企业。成为国际会展通关业务、国际中转业务、整船换载业务、出口退运业务、大宗散货通关等多种综合通关业务领域的专家和领头羊；成为马士基、长荣、东方海外、中远、万海等知名船东的合作伙伴；成为"中国投资贸易洽谈会"和"对台商品交易会"等厦门地区举办的知名国际展会的指定报关代理企业。

# 加强报关环节管理　促进物流企业发展

——江苏凯通国际物流有限公司

江苏凯通国际物流有限公司（以下简称江苏凯通）（Kaitong Logistics Co., Ltd.）是集进出口货物的国际运输代理、企业供应链管理与物流方案设计、国内货物运输、报关、仓储、配送业务、中外籍国际船舶代理、长江中下游集装箱外贸内支线运输业务为一体的综合型物流企业。江苏凯通公司成立以来，始终秉承"服务客户，成就客户价值"的经营理念，踏实走出了一条"规范服务，诚信经营的发展道路，为公司赢得了荣誉，赢得了市场。先后被评为"中国国际货代物流百强企业"、"全国优秀报关企业"、海关A类报关企业以及南京关区首批"进出口商品预归类单位"、"南京关区优秀报关企业"等，现为江苏报关协会副会长单位。江苏凯通采取了多种手段，加强了对报关环节的管理：

一、加强报关质量的管理，提升企业的经营能力

现代物流企业注重多元化服务一体化发展，而在提供服务的过程中，物流方案设计、物流服务实施、物流产业投资无疑占有重要地位，是企业发展的重头戏。相比较而言，报关业务既头绪繁杂又利润微薄，往往不太受重视。江苏凯通经过多年的发展，业务范围不断扩大，报关早已不是主要业务，但我们仍然重视报关这个环节，没有放松对报关环节的管理，并更加注重对报关质量的把关和提升。我们认为，公司的发展，企业的信誉，经营的业绩，源于全体员工的艰苦努力，同时也与公司

"服务客户，成就客户价值"的服务理念息息相关。这些年我们在优化服务上下工夫，一方面要求员工有较高的服务水平，保证服务质量。江苏凯通要求报关部门严格按照ISO9000质量体系来制定日常工作计划，并建立健全了各项规章制度，对报关质量加以考核和予以奖惩，锻炼报关团队成为一支能打硬仗的队伍，从而在制度上保证报关业务达到高标准的要求。另一方面，要求有较强的工作责任心，把客户利益放在首位。要求员工在日常工作中能够与客户换位思考，将心比心，真正做到急客户所急，切实为客户解决问题。通过对报关质量的管理，实现了公司综合物流的良好运作，提高了企业的经营能力。

## 二、加强报关人才的培养，提升企业的管理能力

江苏凯通认为，人才是企业管理的首要因素，因此，公司把培养和引进大批高素质人才作为参与市场竞争的重要手段。一是满足服务客户的需求。客户是否认可我们的价值，在于我们的专业水平及解决问题的能力。我们通过打造学习型团队、不断提升专业服务水平，来满足服务客户的需求。二是实现员工自身价值的需求。员工在公司内部的价值，体现在本人的专业服务水平及服务客户的"成果"上。因此，无论是满足客户的要求，还是实现自我发展的需要，都必须发挥人才的引领作用。

江苏凯通通过培养高素质的人才队伍，开发和使用先进科学的信息化管理技术，有效发挥了网络信息的优势：一方面能帮助员工及时关注海关政策的变化，为员工的学习与成长提供一个沟通和交流的平台；另一方面能有效提升企业的管理水平，使企业具备了参与市场竞争的优势，为实现企业的跨越式发展这个远大目标打下了基础。

## 三、加强报关诚信的管理，提升企业的竞争能力

为了更好地体现诚信服务，公司内部大力提倡"成果思维"，一切工作必须以成果为导向。所谓"成果"，即是满足客户的需求，解决客户的问题和困难。让客户满意，为客户创造了价值，这就是"成果"。公司以

满足客户服务需求为中心,在为客户创造价值、成就客户的基础上,提倡以专业的服务能力提升客户的满意度、增强客户的依存度。同时,大力倡导行业诚信文化建设,要求员工在报关过程中,把国家利益放在第一位,严格审核报关数据,自觉说服合作单位遵纪守法,做到不瞒报、不漏报,杜绝一切违纪违规行为,从而与客户建立合作共赢的战略伙伴关系。除此以外,公司非常注重对合作伙伴的筛选。公司本身严格遵守海关的有关法律法规,依法经营,同时也选择诚信守法的企业作为合作伙伴。多年来,公司与许多重信誉单位合作,彼此信任,相互促进,获得了双赢的理想效果。比如,南汽罗孚项目,海外地铁项目,中国技术地铁项目,苏美达医疗器械,舜天化工品项目,江苏省粮油红酒项目,华凌、美菱、荣事达、佳通轮胎等多家大型企业。报关员在这些项目报关工作中,经过不断地摸索与沟通,积累了很多宝贵的经验,业务水平和岗位技能大大提升,这些都有效地促进了凯通报关总体水平的提高。

江苏凯通通过服务理念、成果文化的宣传引导,把企业的核心价值观注入日常经营工作之中,引导和激励员工积极进取、努力拼搏,为公司的持续发展提供了源源不断的动力,实现了员工的自律管理,使企业具备了参与市场竞争的实力。

对企业的有效管理,让江苏凯通有了比利润更加宝贵的社会美誉和客户的高度信赖。多年的业绩,无数的荣誉,让我们坚定了凯通质量管理战略是一条正确的企业经营之路的信念。江苏凯通将继续保持高昂的工作热情,以"诚信服务理念","成果思维理念"为座右铭,不断提升自律管理能力,在创造经济效益的同时,提升企业信誉,以企业的持续稳定发展为基石,争做报关行业的领头羊。

(作者:王柏林)

# 树立诚信为本　提升自身素质
—— 东莞市昌运报关服务有限公司

东莞市昌运报关服务有限公司（以下简称昌运公司）成立于2007年，是一家比较年轻的报关企业，成立初期就面临着报关人才短缺，客户少和缺乏行业经验的现实困难。但是公司一直坚持以人为本和开拓创新的管理理念，在主管海关和报关协会的指导下，不断克服困难，在激烈的市场竞争中逐渐成长壮大，短短几年间，从名不见经传的企业到2011年5月成为黄埔关区A类管理企业，随后2012年被评选为全国优秀报关企业。一路走来，成长中的经验和教训，愿意与同行企业一起分享，共勉共进。

## 一、以人为本，加强人员管理和培训

报关员对报关企业的作用毋庸置疑，报关员的整体素质也直接决定了企业服务的质量。昌运公司也一直注重对报关员的管理，从报关员进入公司，就对其进行严格规范的培训，内容包括公司报关业务流程，哪个环节容易出错，将来在哪个岗位，平时注意哪个环节，都要认真的培训，还要强化相关基础报关知识和法律知识。另一方面就是报关员沟通能力的培养，让报关员熟悉海关通关、查验等部门的作业方式和做法，努力让报关员成为企业和海关之间的直通桥梁。公司对报关员的生活和待遇也会同等的重视，让他们能在企业快乐地工作和生活，与企业一起成长。

## 二、规范作业流程，提高报关质量和效率

昌运公司在接手客户的报关文件后，就会有专业核对检查资料的单证人员逐一检查客户的装箱单、发票及合同等报关资料，看是否做到"单单相符"，有没有常识性错误和逻辑性错误，如果有问题和疑问，马上与客户沟通，确认资料上的信息，有时还要与海外客户联系以确认。虽然有时确实会麻烦一些，但是公司一直坚持下来，对进出口报关资料的准确性很有帮助，这样会减少后续因资料错误带来的麻烦。等资料确定下来后，公司就开始按照资料打单核对，再由经验丰富的报关员进行二次核对，如果报关员觉得有疑问，会直接联系客户做再次确认，准确后才向海关做最后的申报。

## 三、严格控制报关差错，适时总结经验

公司一直在降低报关差错率方面狠下工夫。报关中出现的错误和失误，昌运公司都会有详细的记录，包括时间、差错原因、差错人或者失误人、扣分情况等，在每次例会上进行分析讲解，讨论学习，提示别人犯错和容易错误的地方，自己警惕起来，从而减少类似情况的再次发生，这样提高了工作效率，少走了弯路，报关员及打单核对人员的经验也较快地积累起来。

## 四、坚持诚信为本，赢得客户信任

在报关环节，昌运公司会真实地反映货物的实际流通状态和海关现场的各类情况。比如在海关查验环节，一线报关员按照客户要求，告知查验处在哪个环节并及时跟进，如果查验有什么问题，现场报关员会按照实际情况，告诉客户货物的外箱包装情况，实际货物状况，产品标示的名字，产销地，英文字母等信息，如有必要，还会以照片，邮件等方式把信息真实地传递给客户，这样客户可以比较准确地掌握了现场情况，及时的向海关作出解释，快速地处理好问题，真正实现了快捷通关。在海关审价和通关方面，昌运公司也以诚信的态度面对，海关需要什么资

料，报关员会主动咨询海关，一次性告知需要哪些资料，公司就联系客户，一次性备齐所有资料，实现快速验放。昌运公司在市场经济的探索实践中由小到大，赢得了市场信赖，业务量每年以百分二十到三十的速度增长，低差错率排名在黄埔关的前列，成为全国优秀报关企业。在今后工作中，昌运公司将会继续坚持诚信为本，努力提升自身的业务水平，实现企业做大做强的最终目标。

# 严格流程管理　提高报关质量
## ——浙江中外运有限公司杭州物流分公司

浙江中外运有限公司杭州物流分公司（以下简称杭州物流）是中国外运集团所属分支机构，是经外经贸部批准、海关注册登记的专门从事国际货运代理的企业，是浙江中外运有限公司在杭州的空运、报关、报检平台。杭州物流公司在诚信创建中注重自律管理，建立流程管理模式，提高报关质量，促进企业发展。2010年度被评为中外运长航集团先进报关企业，2011年度被评为杭州市拱墅区创建和谐劳动关系先进企业，2012年12月被评为全国优秀报关企业。

## 一、加强学习，夯实规范管理基础

学习是树立理念的有效措施。学习报关政策法规：要求报关员提高自身素质，增强服务意识。定期开展报关员讨论会，针对海关新的政策法规和总署的法令进行学习讨论。总结每个月报关工作中出现的差错，并对该差错进行分析、研讨、归纳，以避免在下一次的申报过程中出现同样的错误。

加强与海关的沟通交流工作，沟通的过程其实也是学习的过程。特别是对暂时进出口货物、直接退运、修理物品、无代价抵偿物品等的具体操作规则和流程的学习和沟通。配合海关人员对监管货物的开箱，查验等工作。对碰到有客户不理解海关的规章制度以及HS编码归类的情况时，员工要能够耐心沟通，起到桥梁的作用。在学习中，要求报关员掌握国家有关进出口贸易的法律和海关规定。熟悉报关业务，在报关环节上严格把关，不违规代理他人报关及超经营范围报关。积极参加海关召开的报关业务会议和报关协会举办的报关员业务培训活动。对本公司代理的报关业务，依法承担相应的法律责任。

## 二、联系实际，建立规范管理模式

杭州物流公司逐年对报关管理的流程进行调整、改进、完善，拥有了符合自己特色的流程管理模式。

1. 设置报关流程：强调作业流程环节的紧密性。从货物到达前的资料准备、货物到达后的换单、货物的报检、报关资料的审单、关税的支付、海关大厅的跟单、货物的查验、最终货物放行的各个环节加强信息的通畅性，防止由于信息的遗漏导致货物清关速度降低。特别是当货物报关过程中出现异常情况时，提高应变能力，能够在短时间内形成处理问题的多种应急方案，体现报关的高效性。

2. 规范报关作业：首先必须签订委托合同；其次所有到达单证必须由专门的客服人员进行系统录入，这样所有相关人员都能够在公司系统里看到此票业务的进展情况，由部门经理监督业务进展有无异常；最后对于货物放行提货工作，必须有客户签收证明方能放货，避免货物被误提，确保不给客户造成损失。报关的规范性是报关工作安全的保障，因此我们更加关注公司建立良好的规范性的制度。报关作业时强调准确性：配备专门的录单人员进行录单工作，对单证的齐全性进行审核，专门的审单人员进行对客户单证的审核、沟通工作。

3. 严格报关纪律：一是报关信息的保密。对企业提供给我们报关的货物、企业信息、产品信息、产品生产的工艺流程、产品的配方等涉及客户商业秘密的文件、有关资料，为客户严格保密，防止泄露给他人，给企业造成不必要的损失。二是严格落实报关差错考核制度：为加强通关质量，减少报关差错，公司专门对报关建立了有别日常奖励制度的单独考核方案。将报关过程中每个环节以及相关的人员全部纳入考核体系，对报关差错、改单的内容、相关人员，我们每日都进行报表登记，月底进行统计、归纳并上报公司财务，进行考核奖惩。

4. 落实善后管理：一是报关单证的管理。对以往有纸报关单证的复印件和现在无纸化通关的进出口报关单证，当天申报放行的单证当天整理，并于每个月的月底予以归档整理，存放于公司的档案室。自进出口货物放行之日起保存三年，以备查阅。尤其是无纸化通关以来，公司严格要求报关员申报的每票进出口报关单证，扫描上传的同时，也留存一份电子存档，并以报关单号为文件名，以方便需要时快速调阅。二是报关印章的管理。报关企业印章包括业务专用章、报关专用章、企业法人章等，公司规定由专人负责报关，凡使用企业印章必须按规定履行审批手续，法人章用于《报关委托书》及有关业务协议书等用章。报关专用章用于报关单，向海关报关时使用。

### 三、坚持创新发展，巩固规范管理成果

杭州物流应对客户需求，拓展服务市场，先后开展了航空货运代理业务，包括国际空运、海运、陆运进出口货物、国际展品、私人物品和走境货物的国际运输代理业务，航空货物的订舱、包舱、包机、报关、报检、转运索赔及仓储、中转、联运业务，还为广大客户提供了简单的托运手续，客户可通过电话委托、上门取货，代办其他一切手续，充分体现航空运输快捷便利的特点。公司与多家航空公司（荷兰皇家、全日空、韩亚、埃塞俄比亚航空、港龙、南方航空、海南航空、厦门航空等）签订服务协议，有足够的舱位保证。

专业成就典范，服务创造价值。杭州物流本着"加强学习，规范管理，诚信服务"的经营理念，争取在未来发展的道路上越走越好。

（作者：李玉燕）

# 自律规范谋生存　诚信经营求发展
## ——嘉里大通物流无锡分公司

嘉里大通物流有限公司（以下简称嘉里大通）成立于1985年，是中国大陆成立较早的第三方物流公司。经过多年发展，嘉里大通已经在内地所有省份设立了300多家分公司和办事处。总部设于香港的嘉里物流网乃嘉里大通的母公司，为亚太地区最具领导地位的第三方物流服务供应商之一，拥有300万平方米的物流中心。作为嘉里物流网的一位成员，嘉里大通享有强大的环球网络资源，范围覆盖全球29个国家共500家业务中心，全球员工超过18000名。

无锡分公司自1996年成立以来，在总公司的支持下，业务增长迅速，逐步成为有较强影响力的专业物流公司，多次被评为江苏优秀报关企业和全国优秀报关企业。公司在十多年的发展过程中，始终坚持以诚信服务为宗旨，以专业规范为导向，通过自律管理赢得了市场和广泛好评。

### 一、加强制度管理，完善诚信自律机制

诚信守法是企业经营的前提。嘉里大通无锡分公司认真学习贯彻《作业规范》，并以公司章程为核心，建立健全了各项规章制度，明确了各部门的职责和作业规范，对不符合要求的人和事加以惩戒，确保公司的经营合规合法。

一是建立诚信服务制度，自觉抵制不正之风。嘉里大通要求在报关

过程中，坚持诚信、自律的原则，自觉遵守《海关法》及其他法律法规，不超出规定经营范围，不参与偷逃税等走私违法行为，自觉抵制行业不正之风，努力维护企业和行业秩序。二是建立工作例会制度，营造自律氛围。通过定期例会，一方面分析近期工作情况和差错原因，反复重申诚信规范服务要求；另一方面由管理人员分享自己的经验体会，以自律作用影响带动整个报关部门加强自律管理，营造自律氛围，培养员工爱岗敬业的精神。三是建立培训制度，加强对报关服务的研讨。公司经常安排报关人员参加海关和报关协会组织的业务培训，扩大知识面，并要求对一些少见或者疑难的报关业务，做好记录，在例会与公司平台中分享给其他同事；针对报关过程中商品归类这个难点，公司多次组织内部归类培训，分享优秀报关员归类经验。同时，对工作任务和完成情况进行总结回顾，配合海关新政策，探索更快捷有效的通关模式。四是建立客户沟通制度，及时交流服务信息。嘉里大通非常注重和企业的沟通，一旦出现工作上的疑问，都会专人专项跟进解决。报关经理和主管经常主动上门，介绍公司的报关模式和服务细节，减少双方合作中的误会，也可以根据企业的经营模式、贸易特点来制定适合企业的个性化服务。同时安排一线员工与企业做良好的互动，通过组织足球邀请赛、登山比赛、羽毛球比赛等活动，加强与企业的沟通和友谊，促进工作上的良好配合。

## 二、加强规范管理，保障诚信服务质量

嘉里大通无锡分公司坚持把规范申报、提高报关单质量作为日常工作的重点狠抓落实，规范申报质量始终保持在同行前列，规范申报准确率在海关的多次抽查中都名列前茅，得到了南京海关和无锡海关的一致认可。一是坚持从源头把关，杜绝事后改单。从理单环节开始，由于企业方面的疏漏，导致制单过程中经常出现事后改单现象。我司要求报关员在理单过程中，在"单单一致"的基础上，运用日常积累的知识和经

验，通过企业台账校验数据的合理性，对于单证上出现的价格异常，重量过高或过低，品名特殊等情况，及时发现并与企业沟通，在申报前预先纠错，从而降低报关差错率。二是坚持多层次把关，做到"零退单"。在海关实施规范申报以来，我司始终遵循海关要求，保持着"一录，二审，三申报"的良好习惯。要求工作不管多忙，也要保持清醒头脑和高度的责任心，审核所有环节，保证所申报的单据"单单相符、单证相符和单货相符"，基本实现"零退单"的目标。三是把优秀报关员放到一线，严把质量关。嘉里大通目前注册报关员有23位，其中复核报关员6位，全国优秀报关员2名，江苏省优秀报关员6名。公司将优秀报关员充实到工作一线，他们不仅熟悉单证申报的具体操作要求，也精通通关方面的法律法规，在报关实践中积累了丰富的经验，申报差错率低于关区平均水平，为企业保持较高的申报质量提供了有效保障。

### 三、加强信息管理，实现诚信服务监管

面对报关货物状态查询难，追踪难的问题，嘉里大通无锡分公司采用现代化科技手段，对监管车辆安装了先进的GPS设备，以便更好地监管货物的运输状态，既保证了运输的时效性，也可以通过GPS了解货物的状态，应对突发状况，从而保证了监管运输的安全性，这一举措得到无锡海关的肯定和支持。另外，为确保企业和公司内部人员及时、准确地沟通信息，公司自主开发了货代报关系统和交流平台，让企业第一时间获取报关货物在各个操作环节实时更新流转状态的信息，实现了报关的高效率和人性化。

通过这两项信息管理，一方面与企业分享海关最新流程，业务规范和其他信息，便于企业主动配合海关执法人员对单证、货物进行核查。另一方面便于做好与企业的互动，引导客户准确申报。

诚信自律谋经营，专业规范求发展。嘉里大通无锡分公司通过制度管理、规范管理、信息化监管等一系列管理措施的实施，提升了企业诚

信化、规范化程度和综合竞争力，推动了公司的稳定发展，较好地发挥了海关和企业之间的桥梁纽带作用。今后，将继续秉承"诚信、勤勉、记录、创新"的企业价值观，加强自律管理，为江苏报关行业的健康发展作出应有的贡献。

（作者：唐萍）

# 诚信守法篇

**CHENGXIN SHOUFA PIAN**

# 践行行业精神　推进协会诚信建设

——广州报关协会

近年来,广州报关协会围绕海关总署关于当好"'中间人'和'娘家人'"的要求,努力践行"诚信守法,崇尚专业,自律规范,务实创新"的新时代报关行业精神,从加强组织领导、推进信息公开、开展诚信服务,推动行业规范等四个方面开展行业自律和诚信创建活动,取得了一定的成效。我们的主要做法是:

## 一、加强组织领导,营造自律诚信的创建氛围

加强协会建设、推动行业自律,发展会员是基础、是根本。广州报关协会成立至今,始终把发展会员作为协会建设的一项重要工作来抓。遵照海关领导关于要求海关各职能部门全力以赴,配合报关协会的部署,大力发展会员,扩大协会影响力和凝聚力。一是抓住广州海关整顿规范报关市场的契机,主动与广州海关企管处联系,密切配合,与企管处一起分四片召开政策宣讲会和企业座谈会,宣传协会的宗旨和作用,引导企业自律。二是借助企管处联络员制度,在基层海关建立协会联络员,借助海关提供的平台,做好会员发展工作。今年以来,我会新发展会员107家,增加36%。

## 二、推进信息公开,搭建自律诚信活动平台

信息公开是诚信创建活动的前提。作为报关行业的引导者,报关协会既要在自身诚信创建方面作出表率,更要在信息宣传方面搭建平台,

发挥引导作用。为了进一步推进信息公开，2013年协会专设了一名人员负责信息宣传工作，及时维护协会网站、更新板块内容，及时报道海关各项业务改革和政策调整，及时反映协会的工作动态，同时积极挖掘信息源，鼓励会员企业多写多投，增强协会信息宣传工作的服务保障能力。年内协会在网站进行信息报道和海关政策法规等更新共67项。

根据民政部《创建活动通知》及中国报关协会统一部署，广州报关协会积极组织推动"行业自律与诚信创建活动"，一是召开理事会，传达学习民政部的通知精神，充分认识开展行业自律与诚信创建活动的重要性，动员理事单位积极组织本企业开展创建活动；二是利用协会网站宣传开展创建活动的重要意义和要求，扩大创建活动的影响；三是专门组织"双优企业"专题座谈，交流创建活动经验，起好带头作用，组织指导"双优"企业撰写"创建活动经验交流材料"，做好《创建活动专辑》征订动员工作。

### 三、履行协会宗旨、探索自律诚信的服务途径

广州报关协会在紧贴海关中心工作，发挥"桥梁"和"纽带"作用，当好维护会员企业利益的"娘家人"和改进海关监管和服务的"中间人"的实践中，认真落实以下四项工作：

一是加强政策宣传。围绕海关的工作重点，通过召开座谈会、走访调研、举办政策宣讲会等方式，积极宣传海关的各项政策、法规、海关改革创新监管模式和便利通关措施，让会员企业优先享受到海关改革政策的红利。

二是为会员企业排忧解难。密切与会员企业的联系，竭诚为会员企业提供各种服务，在解决企业问题方面，努力在"有效"上下工夫。今年以来召开会员企业座谈会沟通情况听取意见共9次，覆盖87%会员企业。走访会员企业5次，为会员企业提供通关援助12次，通关咨询23次。三是搭建横向交流平台，组织会员企业外出参观学习。年内，专门

组织5家副会长企业主要负责人，分别赴江苏、上海协会和相关报关企业，就协会自身建设、企业文化建设、报关作业流程、提高工作效率、降低差错率、信息化建设等方面进行学习交流。四是保持低标准培训收费。本着诚信服务的理念，这些年的专业培训，报关协会想会员企业所想，始终坚持服务高标准，收费低标准，能够维持培训资料费和教师讲课费即可。

### 四、推动行业规范，提升自律诚信的工作效率

规范培训方式，从粗犷型培训向有针对性的培训转变。根据会员企业需求以及海关监管要求，报关协会适时开展各类针对性培训、讲座，包括针对具体进口商品的专业性培训和针对企业中层以上管理人员的培训。积极探索与社会其他中介机构的合作，扩大协会服务的广度和深度。年内共举办各类培训班和讲座共7期，其中与世界著名的德勤永华会计师事务所合作3期，强化了报关人员的业务素质，提高了企业管理水平和经营效益。

规范报关业务，积极推进预归类服务工作。广州关区共有7家企业取得了预归类资质，其中有两家企业开展得比较早，织累了一定的经验，对于其他5家预归类企业来说预归类属于新的业务，缺乏经验。为此，报关协会发挥组织协调作用，组织5家预归类企业到南京、上海等地报关协会和预归类企业走访学习，拓宽视野，更新理念，吸收经验。并召开预归类企业座谈会，走访企业，邀请海关相关职能部门与企业面对面进行交流、指导，推动广州关区预归类工作的健康发展。

规范报关行为，促进报关企业诚信自律。广州关区目前参加报关协会的专业报关企业仅占全部报关企业的25%。如何有效引导和管理大多数非会员报关企业诚信自律经营是报关协会面临的艰巨任务。2012年，广东对外贸易形势严峻，为响应海关惠企助企举措，帮助企业共渡难关，报关协会适时向广州关区各口岸管理部门、报关企业、海关监管场所经

营单位提出"加强管理,落实政府支持措施;加强自律,自觉维护正常的报关市场秩序;规范收费,协力减轻外贸企业经营成本;积极发挥行业协会作用,努力为企业提供优化服务"等四点倡议,得到社会各界的积极响应。

# 规范运作育品牌　诚信服务促发展
——吉林省报关协会

2008年1月16日，吉林省报关协会（以下简称吉林协会）正式成立。五年来，吉林协会认真贯彻落实科学发展观，围绕履行协会宗旨这一中心任务，充分发挥协会"桥梁纽带"作用，当好维护会员利益的"娘家人"，当好改进海关监管和服务的"中间人"，从规范创建入手，下大力气培育诚信服务品牌，全面提升协会服务水平，推动行业守法自律，促进了协会建设的健康发展。

## 一、规范公开信息、扩大诚信服务的信誉

吉林协会十分重视公开信息，认为推进信息公开是促进协会规范化管理的一个重要手段，以强化信息公开促规范化建设。现在协会重大活动情况都主动通过新闻媒体、协会网站等进行公开，公开的信息资料做到了真实、准确、完整，并在工作中逐步健全信息公开披露制度。一是根据海关企业管理的要求，制定行规行约。从规范报关行业行为出发，制定了《吉林省报关行业自律准则》、《吉林省报关行业行为规范》、《吉林省报关行业公约》、《报关员守则》和《报关员公约》等五个报关行业行为的文件。经协会理事会审议通过，及时公开对外公布。每次到企业走访、座谈、调研，都会依据五个行规行约文件，向企业提出要求，以期遵规守约，查找企业自身不足，提高内部管理水平，增强企业核心竞争力。

吉林协会积极构建服务企业的网络信息平台建设,增强与企业"良性互动"效率,为会员建立一个进行政策法规咨询、业务交流、了解市场行情的网络信息平台。吉林省报关协会建立了吉林省报关协会网站,五年来,共发布、转发和更新种类文件3486篇,访问人次已达262690人次,每年同比增长21%。同时,为了适应不断发展的形势需要,吉林协会专门设置网络管理员岗位,24小时不间断地充实与更新网站内容。不断地丰富网站内容,先后增加了会费缴纳、入会申请、会员文化三个栏目及动态信息专栏,通过图片方式和企业互相链接,及时转发国家、海关总署及其他部门的政策、法律、法规规定及相关信息,使企业及时了解,适时调整、准确报关,为企业解答通关中存在的疑难问题。

## 二、规范培训模式、强化诚信服务的素质

吉林协会把规范培训模式作为提高诚信服务素质的重要手段。一是从长春关区实际出发,针对企业的实际需求,适时开展报关业务培训。2013年,长春关区一些大、中型进出口企业一度出现报关差错率居高不下,报关员积分卡扣分较多,导致个别企业通关质量下降的现象。协会根据海关要求和企业需求,与长春海关审单处、关税处、稽查处等主管部门联系,针对长春关区34家大、中型进出口企业连续举办了二期"提高通关质量、降低报关差错率培训班",培训取得了积极效果,有效地降低了长春关区报关差错率。二是协会针对汽车零(部)件多年来一直为长春地区的主要进出口商品,并在归类、审价中具有不同于一般进出口商品的报关特点,以及一汽—大众、一汽集团进出口公司等大型进出口企业报关员人数较多,工作繁忙的特点,突出培训重点,主动送教上门,到企业生产现场开展实地培训。由于吉林协会培训的内容针对性较强,得到了报关企业和报关员的一致好评。

## 三、规范岗位职责、培养诚信服务的能力

明确岗位职责,才能更好地为企业服务。吉林协会引导常设机构工

作人员从思想上做到"三个坚定不移":一是坚定不移地恪守协会服务宗旨,坚持为经济服务的方向不偏;二是坚定不移地维护会员的合法权益,报关协会社会公信力的形象不变;三是坚定不移地履行协会岗位职责,爱岗敬业、努力奉献的干劲不减。同时,针对协会全体工作人员,围绕劳动纪律、办公秩序、工作作风、工作绩效、廉政建设五个方面实行了规范管理,注重在提高协会管理水平,加强自身建设上下工夫,以实际行动推动和促进了报关协会内设机构的建设。

吉林协会采取多种措施推进履行岗位职责:一是加强协会人员自身学习,主动了解、及时掌握海关最新发展战略、管理政策、法律法规。二是组织人员积极参加中国报关协会举办的各类培训,适应新的思维方式和管理理念,提高协会为企业服务的水平。三是协会各部门和工作人员明确岗位职责,部门之间既有分工又有协作,形成合力,共同为企业发展服务。通过这些有力举措,协会人员队伍素质有了明显的进步,一些进出口企业反映报关协会服务企业的意识增强了,举措也多了,产生的效果也明显了。

### 四、规范服务方式、提高诚信服务效率

吉林协会自成立以来每年都开展企业调研服务活动,实践证明,俯下身子,开展诚信服务是获取企业诉求的重要途径。每年从年初开始,会领导就带队深入到各地的会员企业和报关企业中,相继在关区辖区内107家会员企业、48家报关单位开展调研座谈活动。在调研和座谈中,通报协会近期工作情况,征求各会员单位、报关单位对协会工作的意见、建议,对报关工作中存在的问题和困难开展研讨。对各会员单位、报关单位提出的能够现场答复的问题,马上给予答复解决;对于需要时间与有关单位协调解决的问题,协会认真负责地进行梳理,寻求解决的办法,做到对企业提出的问题事事有回音,件件有着落。

吉林协会通过上述"常态化"服务,既能够在第一时间了解到企业

在进出口活动中遇到的问题和困难，并针对企业的经营实际，切实妥善地解决会员企业和报关企业提出的问题，有效地节约了企业经营成本，提高了企业的效益。同时，又拉近了与企业之间的距离，使企业真真切切地感到协会是真心实意地为企业服务，是报关企业的"娘家"。五年来累计为企业解决类似问题114个，协会现有会员107个。

（作者：吴耕凡）

# 坚持诚实守信　促进企业发展
## ——北京环宇天马国际货运代理有限公司

北京环宇天马国际货运代理有限公司（以下简称环宇天马），是"一级货运代理"企业，是国际航空协会 IATA、中国货代协会 CIFA、中国货运联盟 CCA 的重要成员，公司具有 AA 类报关资质，A 类报检资质，多年来在艰苦创业中，始终秉持"诚信服务、守法经营"的经营理念，围绕"全国优秀报关企业"关于"诚信服务好、遵纪守法好、规范管理好、报关质量好"的创优标准，努力打造一流的服务品牌。环宇天马公司长期以来，积极开展企业自律与诚信服务创建活动，始终以诚信服务为根本，公司坚持"以人为本、客户至上、诚信守约"的经营思路，营造了企业与社会和谐发展、多方共赢的良好局面。

### 一、以人为本、恪守诚信服务宗旨

以人为本是科学发展的核心，也是企业发展的重要保证。环宇天马公司不仅把"以人为本"的理念体现在改善员工工作环境、提高工资福利和对员工关怀等层面，还对员工定期开展诚信守法、遵守公德等思想教育。我们对每一位新入职的员工上岗前都有一套完备的上岗培训系统和业务操作手册，从公司的企业文化到岗位具体操作说明，均有具体指导，日常工作中要求员工做到的也同时要求公司管理者要做到、做好。

由于社会发展的多样性，员工中也曾出现一些思想上的分歧：有些员工羡慕一些代理敢接"高利润"单，随即提出："能赚钱的活我们为什么不能接？"为了守住"诚信"二字，我们先后主动放弃了多笔业务，并且针对这些问题利用内部培训、每周例会、员工学习等机会进行诚信教育，让每一位员工在工作、服务中认认真真做人、做事，自觉维护企业的信誉，并最终以诚信赢得客户的赞许并吸揽了更多业务。

环宇天马信守对员工的承诺，及时兑现给员工的福利待遇，即使在2008年金融危机时，公司领导也依然决定不裁员、不减福利，公司上下凝聚一起，打破困境，使企业顺利度过艰难期。

**二、恪守诚信、打造诚信服务品牌**

在社会高速发展时代，报关行业也出现一些不尽人意的现象，报关市场杂乱、无序竞争时有发生。环宇天马公司一直倡导"明是非、守正气、讲道德、知廉耻"的服务原则，在"客户至上"这一市场经济不变的理念面前，信守合同，遵纪守法，使企业走在正道上。2010年2月，公司代理的客户从国外进口一批大型设备，由于国外客户不能及时提供设备资料，导致货物到港后，减免税证明无法办理完成，从而导致无法提货，客户的工厂将面临停产及上百万元的损失、高额罚金。按照委托合同，环宇天马没有任何责任，但是看到客户如此焦急，公司领导立即召集相关部门研究解决办法，委派专人负责相关环节，并会同客户与海关领导进行沟通寻求帮助。海关领导在了解情况后急企业所急，亲自安排相关部门全力配合，为该批货物破例办理了手续，环宇天马公司进口操作和通关人员也积极配合协调各个环节，不惜加班加点，不计得失，以最快速度办理完成了各项手续，将设备及时送到客人指定工厂，使生产如期开工，避免了客户损失。

环宇天马多年来，类似这样不计成本、履行合约、为客户提供增值服务是常有的事，也正是由于环宇天马的积极努力取得了客户的认可和海关的信任。公司还坚持不断向客户宣传守法报关的思想，及时掌握国家政策和海关商检法规的变化，积极向客户进行宣传。环宇天马也渴望发展业务，扩大经营，但是对于客户提出的"通融关系、找找路子"的要求婉言拒绝，坚持违规违法的业务不接手。虽然环宇天马失去了一些挣钱的机会，但却得到了客户的信任，更是得到了北京海关和北京报关协会的支持，赢得了很多荣誉和资质，成为环宇天马揽取客户和投标的利器。

### 三、注重管理、创新诚信服务成果

环宇天马公司内部，先后建立和修订了一整套管理文件，编制岗位说明书、报关员计分考核制度、报关服务质量自查表、员工综合素质考评表等，还建立了相应的薪酬制度，按月进行奖惩考评，用制度来保证企业持续发展，做到凡事有章可循、有据可查。

通过努力，近年来公司年报关量都在4万票以上，并逐年呈上升趋势，同时严把报关差错，使得环宇天马公司近年来的报关差错率不断下降，2010年计分差错率为1.5%、2011年为1.3%、2012年为0.9%，在同行业中名列前茅。公司还注重专业人才培养，在得知北京关区已成为预归类试点关区后，特意选拔业务骨干参加了"预归类服务资质"培训的报名工作，并盼望早日取得"预归类服务资质"单位，能为企业拓宽经营范围和提高企业竞争力提供有力保障。

环宇天马十余年的诚信服务中，得到各级政府有关部门特别是北京海关和北京报关协会的大力支持和帮助，公司于2010年经北京海关审核批准为北京关区AA类报关企业；2011年荣获中国出入境检验检疫协会授予的"中国质量诚信企业"；2011年获得北京综合保税区管委会授予的"守合同重信用"证书；2012年获得客户授予的"诚信可靠、服务卓越"单位；2012年公司报关员获得"全国优秀报关员"称号。这些荣誉称号中不仅凝聚着企业员工的勤劳与汗水，也承载了环宇天马诚信服务的智慧与合力。今后我们将继续坚定诚信服务信心，秉承诚信服务理念，在各级政府、海关和报关协会的指导、关心、帮助、支持下，更好地依照国家政策法规和诚信建设的要求，巩固、提高成绩，为推动企业自身发展和报关行业诚信创建而不懈努力！

# 诚信是企业发展的重要保证
——大连万顺达国际物流有限公司

大连万顺达国际物流有限公司（以下简称大连万顺达）长期坚持"以人为本、客户至上、诚信守约、永续经营"的公司经营思路，正确处理企业经营与社会责任、企业的近期利益与长期发展的关系，促进了企业的健康发展。

## 一、坚持以人为本、营造诚信服务的氛围

以人为本是科学发展的核心，也是企业发展的基石。大连万顺达国际物流有限公司不仅把"以人为本"的理念体现在改善工作环境、提高工资待遇和对员工生活上的关心等层面，还贯穿于对员工进行诚信自律、遵纪守法、勤劳节俭、友善互助、遵守公德的思想教育之中。公司对每一位新入职的员工在上岗前都要进行上述培训和指导。大连万顺达始终坚持"你必须以诚待人，别人才会以诚回报"的道理，在公司里形成了一种诚信服务的正气。

由于社会发展的多样性，公司管理层和员工中也曾出现过一些思想混乱：有的员工羡慕一些代理敢接"高风险"单，赚"高风险"钱，质疑公司领导"能赚钱的活为什么不干？"面对这些问题和各种困惑，大连万顺达利用培训会、部务会、员工大会及年度考评会，有针对性地开展主题思想教育，疏导员工走正道、讲诚信、守法规、重合约的行为规范和道德准则。这些年大连万顺达对内部不良现象批评的声音分贝有些大，对违规违纪行为的处理出手重量有些狠，作为公司的管理者有着清醒的

认识，把握公司的走向，耐得住"孤单"，坚守自己的底线。

公司信守对员工的承诺，每年及时兑现承诺给员工的福利待遇。公司从2006年就建立了"爱心基金"并制定使用管理规定，按照"员工每月从工资中少掏出一点，公司每月从利润中多掏出一点"的办法，积少成多，集中用于国家发生重大自然灾害、社会贫困人群和公司员工及家属遭遇意外伤害危困时的救助，不仅表达每位员工的爱心，而且引导员工承担应有的社会责任。

**二、恪守诚信守约、打造诚信服务的品牌**

在社会经济迅速发展的变革年代，对人们的思想道德理念和价值观产生深刻的影响，报关行业也出现一些不尽如人意的现象，代理市场五色杂陈、无序竞争时有发生。公司一直以来倡导"明是非、扬正气、讲诚信、知廉耻"的做人做事原则，在"客户至上"这一市场经济不变的理念面前，信守合同，遵纪守法，使企业走在正道上。

2011年12月我公司代理的客户从国外进口一批设备，由于外方不能够及时提供设备的完整资料，导致货物到港时减免税证明尚在办理中而无法提货，工厂将面临停产和上百万元的损失及高额罚金。按照合同我公司没有任何责任和损失，但是看到客户如此焦急，公司领导层立刻研究解决办法，指定专人负责相关操作环节，并主动会同客户向海关寻求帮助，海关有关部门的领导急企业所急，为该批货物破例办理了特事特办，对此公司也不计成本，未增加任何收费，主动配合，协调各通关环节，以最快的速度办理好了进口各项手续，将设备及时送到工厂，使生产如期开工，避免了损失。

多年来，类似这样在客户遇到急难的特殊情况下，大连万顺达都能以生产为重，不计企业眼前利益，履行合约，为客户提供了增值服务。大连万顺达还利用拜访客户及业务恳谈的机会，不断向客户宣传和灌输守法通关的思想，及时掌握和传达国家政策和海关商检法规的变化，坚持企业经营的正确方向，使公司经营合规合法。作为企业大连万顺达也渴望发展业务、扩大经营，但是大连万顺达对"靠打擦边球、摆平关系"的客户婉言谢绝，对于违规违法的业务不接手，虽然失去了一些赚钱的机会，却得到了那些守法正规企业的信赖，得到了大连海关和大连报关协会的认可，给予大连万顺达很多荣誉和资质，也成为稳定客户和招标项目的利器。

### 三、注重管理质量、创新诚信服务的成果

多年来大连万顺达十分注重员工队伍建设，强化企业内部管理，使企业得以持续发展。公司于2005年取得ISO9001质量管理体系认证，先后建立和修订了一整套管理文件，根据各岗位编制岗位说明书、作业指导书、报关员记分考核制度、部门月度服务质量自查表、员工综合素质考评表等，还制定了配套的薪酬制度，按月度进行奖惩考评，用制度来保证企业的持续发展，做到凡事有章可循、凡事有人监督、凡事有人负责、凡事有据可查。公司自成立以来还十分重视企业文化建设。通过努力，近三年大连万顺达报关差错率不断下降，2011年记分差错率为0.72%、2012年为0.44%、2013年上半年为0.28%，在同行中名列前茅。公司还注重专业人才培养，选拔业务骨干参加"预归类服务资质"培训，并取得"预归类服务资质"，为企业拓展经营范围和持续发展提供了有利条件。

大连万顺达的工作得到各级政府有关部门特别是大连海关和大连报关协会的支持和帮助，公司于2006年获准为大连关区首批A类报关企业之一；2007年获得大连市工商行政管理局授予的"守合同重信用单位"；2008年荣获中国国际货运代理协会颁发的"企业信用评价AAA级信用企业"牌匾；2009年和2012年连续获得第二届和第三届"全国优秀报关企业"称号；2009年获得"大连市先进党支部"称号等诸多荣誉。今后大连万顺达将继续坚守自律诚信的理念不动摇，用正能量提升企业的核心竞争力，维护行业形象，带领员工靠诚实劳动去创造美好生活，为促进社会进步，推动企业健康发展而不懈努力。

# 坚持诚信服务　提高报关质量

—— 中外运空运发展股份有限公司华南分公司

中外运空运发展股份有限公司华南分公司（以下简称华南中外运空运）是国资委设在广州白云机场的隶属企业，主要经营国际、国内空运货物运输代理业务和代理报关、报检业务。2000 年 5 月成立以来，始终坚持"服务创造价值，细节决定成败"的经营理念，恪守诚信服务宗旨，提高报关质量，在控制报关差错率上狠下工夫；从质的提升，到量的飞跃，公司取得了良好的经济效益和社会效益。2006 被广州海关评为"诚信报关企业"、2011 年被广州海关评定为 AA 类报关企业、2006 年、2012 年先后被中国报关协会评为"百优报关企业"。

## 一、加强企业自律、严格规范管理

按照海关总署 2011 年 1 月 1 日实施的《作业规范》HS/T32 - 2010 的行业标准，结合公司的操作流程及操作岗位，实施如下的规范措施：

报关业务流程严格按照《作业规范》标准实施操作，将主要的环节拆分至相应的岗位及部门；实施报关复核员制度，公司有两名员工取得报关协会颁发的报关复核员资格证，负责电子数据向海关申报前的二次复核；积极参加报关协会举办的全国商品预归类服务，并有三名员工取得商品预归类服务证书；严格管理报关申报制度，至今未发生借公司名义或以对外承包方式供他人办理报关纳税等情况；使用规范的代理报关委托书、委托报关协议，并将相关单证跟随财务文件留档保存三年，以配合海关的稽查；制定标准化操作流程手册并作为新员工培训和规范操作的依据。在优化部门的标准流程后，各报关环节交接清晰，通关速度的明显提升。

**二、强化报关专业、狠抓报关质量**

报关质量是诚信服务的中心环节。华南中外运空运注重落实以下三个环节：

多管齐下保证质量。对报关员制单、审核实行指标性考核，单证的差错率直接与薪金挂钩，并利用各参数开展竞赛评比月度之星。对于同名归类的问题，现公司自行开发一套商品归类系统，对于同名的归类在系统里面更新，便于日后的查询和参照，以减少归类的差错。在制单方面，通过自行开发的系统，对同一经营单位，有进出口过相同产品的记录进行自动导出，方便各报关员制单，提高制单效率。不定期地到海关咨询对公司的工作意见，通过沟通检讨工作中的不足，并加以改善。对每一份报关单的改单记录进行登记存档，区分责任性差错和技术性差错，并在工作例会中传达给所有报关员，努力控制和减少单证的差错率。

提高报关从业人员素质，对报关人员进行培训教育。每个季度根据人员的能力和岗位需要制订培训计划，培训方式多以工作岗位轮换为主，为部门培养一技多能人才，能够熟悉各个通关环节。鼓励持资格证上岗。在报关的岗位，都是要求持资格证上岗。公司在各方面鼓励从事报关相关的人员考取资格证，现已有注册持证报关员23名。定期参加海关相关职能部门组织的培训，了解相关法律法规政策的变动并提高业务技能。通过合理制定报关员的薪酬和激励方案，与市场接轨，报关队伍稳定，人员流动趋缓稳定。

积极配合海关开展新型的报关业务。2010年广州海关推出了中港跨境快速通关系统，公司与广州海关密切联系，利用长期开展中港车的业务经验，抢到先机，成为首批试用单位。并在技术逐步成熟的基础上逐步推广到过境业务、中港车进口业务、超级干线进口业务；配合海关物流监控，提供好物流供应链环节的各项配套措施，在物流配送环节多为企业着想，急企业所急，认真做好报关工作，为企业实现零库存。

**三、坚持诚信服务、拓展服务市场**

随着国家政策法律法规的放开，很多民营企业加入报关市场，对报关行业带来很大的冲击。只有通过诚信服务，在行业中提高知名度，才能在日益激烈的市场竞争中站稳脚跟。我们的做法是：

1. 巩固诚信荣誉。华南中外运空运先后被评为广州海关首家 AA 级报关企业、广州海关诚信企业、广州出入境检验检疫局的第一批诚信报检企业，全国报关协会"百优报关企业"等，华南中外运空运珍惜这些荣誉，通过荣誉在业务上带来无限商机，自我完善，提高企业的社会公信力。

2. 登门拜访客户。华南中外运空运通过回访，了解企业的发展动态以及对公司业务的建议和需求。通过改进，使公司更好为委托企业服务，从而巩固长期与华南中外运空运合作的客户群。

3. 提高服务质量。在报关、报检收费上多了解、靠近大众市场。在收费同等的情况下，以质取胜。积极配合生产企业转移中西部的物流关务需求。2011年广东的生产企业由于用工成本和招工困难，多数企业逐渐内迁至中西部地区发展，中西部物流关务方面需求增加，针对该需求，公司重点与中西部的企业合作，开展二次转关、空转空衔接通过广州机场出运或者转运，业务量稳中增加，并在卡车航班、过境操作等业务上取得良好成绩。

华南中外运空运公司坚信，诚信服务是报关企业越走越宽的光明大道。面对市场的变化和激烈的竞争，公司将在实践的过程中不断调整市场定位，积极探索，锐意进取，力争树立新形象，创造新成果。

（作者：郑松林）

# 诚信奠基石　规范促发展
## ——天津振华报关行有限公司

天津振华报关行有限公司（以下简称天津振华）成立于1994年，是振华物流集团旗下一家全资子公司。众所周知，传统基础报关板块包含审单、制单、录入、递单、验货、放行等环节，振华报关行依托振华物流集团，开展传统基础报关，十几年中积累了丰富的经验，并创造了振华报关品牌。同时为国内外企业提供进出口通关方案设计、商品预归类、海关监管证件审批、手册核销等通关延伸服务。天津振华报关行有限公司是天津口岸规模最大的报关企业之一，作为天津报关协会副会长单位、中国报关协会会员，2008年公司获得海关首批批准的A类报关行资质，2011年获得海关总署批准的AA类报关行资质，2013年8月振华报关行又获得中国报关协会授予的"预归类服务单位资质证"。连续三届在中国报关协会举办的全国百优报关企业评选活动中获得了全国百优报关企业称号、全国百优报关员等荣誉。

## 一、建立诚信机制，树立企业良好形象

天津振华积极宣传海关的守法便利原则，严格按照国家法律法规、报关行业自律准则等规定及行规行约来规范报关经营行为，坚决杜绝和制止各种走私违法行为，营造公平竞争、守法经营的报关市场秩序，努力创造口岸良好的通关环境。向外界展示报关企业的良好形象。

对内，报关企业面对的是员工。企业内部诚信包括了企业对员工，员工对企业，员工之间的相互诚信。在此关系中，天津振华在公司内部

建立诚信文化,用诚信的企业文化激励员工,发挥员工的自主能力和创新能力。近几年,天津振华主要从以下方面进行了努力:建立责权明确的管理结构,以充分发挥每一位员工的积极性;领导者以身作则,领导干部以身作则是取信员工的最好办法,领导者以实际行动将企业诚信理念传递给员工,影响员工;重视集体行为,企业的进步需要集体的努力,领导者要有民主意识,调动广大员工的积极性,为企业创造财富;要对员工信守承诺,领导者需要认真履行对员工的承诺,只有这样企业领导和员工才能齐心协力,在市场竞争中实现共赢。

## 二、倡导科学管理,规范企业服务流程

天津振华自1997年始,就建立并维护了ISO9001:2000体系,振华报关行作为振华物流集团旗下子公司完全按照体系要求,针对服务消费注重过程消费的特点,以顾客为中心,全员参与,进行自客户委托开始的全过程控制,强化对外服务承诺、服务标准的一致性,全面提高质量和效率,取得了很好的服务效果。天津振华针对行业的特点,适应海关总署和天津海关的要求,以信息化技术为手段,制定了严格的管理制度和顺畅的作业流程,包括:制单员岗位职责、复核员岗位职责、录入员岗位职责、订单员岗位职责、现场报关员岗位职责、报关单管理规范、印章管理规范、保函管理规范及覆盖各个业务环节的作业指导书。依托信息技术实力,将各级行业主管机构的政策、法律法规和上述内部管理制度纳入智能化操作系统之中,使制度的执行系统化、程序化。

## 三、推进信息升级,提供规范化的技术支持

信息化为报关企业管理提供了强有力的技术支持,推进企业信息化,对于提高企业竞争力具有重要的意义。天津振华从1994年就预测到了信息化的趋势并着手报关操作管理系统的研究与开发,力求突破传统手工作业模式,建立以报关管理系统为核心的电子操作管理网络,使通关作业流程中的各个环节均通过报关管理系统进行有效的管控。通过十几年

的探索和持续改善，我们自行开发的报关操作管理网络系统已日臻完善，依靠这些信息化手段，天津振华改变了传统的服务方式，实现了服务模式的升级。随着电子商务的发展，企业 ERP 系统势必与物流企业、报关企业对接，以相互获取数据，在数据相互交换的过程中，我们的系统通过对数据的统计、分析、判断和整理，自动生成报关、报检等数据，同时，通过对进出口报关数据的判断，可以在为企业提供手册核销工作的基础上，为工厂提供安全库存管理及成品发运计划。目前天津振华与多家国内外知名企业的合作都能彰显出公司在信息化通关服务方面的超前服务意识和技术领先优势，得到了合作客户的认可和信赖。

**四、提升服务质量，打造核心竞争力**

为保证报关单填制的准确、规范，我们将电子操作管理系统中的逻辑判断功能根据公司管理授权调成三级：操作级、主管级、经理级。电子制单三级审核系统在保障准确性的同时，也为大幅提高报关效率发挥了强大的支撑作用。报关系统中的预警系统能够准确记录各个操作环节所用的时间，通过对这些基础数据进行长时间汇总、分析，设定了各环节合理的考核标准。超出设置标准的，则系统自动提示。对系统提示的信息，公司将通过分级管理方式，对异常、紧急、特殊等情况进行恰当处理，排除障碍，提高效率。为加快通关效率，天津振华采用先进的条码技术以简化公司内部操作环节，加快报关单据在公司内部的流转，通过无线技术的扩展，将电子操作管理系统直接延伸到报关现场，最大限度地加快了通关效率，同时也为整体物流提供了及时、有效的数据支持。我们投入大量精力去研究制单环节的逻辑判断条件，通过系统对录入数据进行统计、分析、判断和整理，既保证高效，又保证数据的及时与准确，依靠系统降低了对员工专业技术依赖程度，减少人为失误的概率。

（作者：李琳）

# 加强自律诚信建设　争创报关行业先锋
## ——上海东芝外服货运代理有限公司杭州分公司

上海东芝外服货运代理有限公司杭州分公司（以下简称东芝外服杭州公司）成立于2006年3月。作为东芝集团的子公司，以尊重人为根本，力争成为能创造丰富价值并能为全人类的生活、文化作贡献的企业集团。公司配备了优良的软硬件设施，支持国内外货物的仓储与流通，并整合所在地的其他一些高资质的仓储、物流、报关企业，组成高质量的国内、国际一体化物流体系。东芝外服杭州公司在"全国优秀报关企业和优秀报关员评比活动"中，履行诚信服务、遵纪守法、规范管理、规范报关的承诺，促进了自律诚信建设。2011年3月，公司被海关评为"A类报关企业"；2012年获得了"全国优秀报关企业"的荣誉称号。

### 一、加强学习研讨、确立诚信守法意识

遵纪守法是报关企业开展报关工作的前提和保证。在日常报关工作中，东芝外服杭州公司时时学习和掌握最新的政策和法规，并在实际业务中对委托人所提供情况的真实性进行合理审查，严格按照各种法律和法规的要求办理进出口货物的通关手续。

首先在接受报关委托之前，要对委托方的身份资料、经营性质及规模、盈利情况、分类管理等级、以往诚信守法记录等进行初步审查后纳入公司的客户管理系统。在日常通关业务管理中，依法履行代理人的职责，审核进出口收发货人或代理人提供的货物信息的真实性、准确性和

完整性，为客户准备齐全、正确、有效的报关资料，并如实地向海关申报进出口货物情况，积极配合海关的查验以及对走私违规的调查。

在日常与客户的沟通和交流中同样坚持诚信原则，禁止以向客户主动行贿的方式来获取报关业务，同时拒绝客户的索贿，与客户签订《廉洁公约》进行相互监督，以维持报关市场的公平、有序竞争；禁止报关员违法滥用报关权，以谋取个人不当得利，若有违反，公司将按照《员工手册》作出相应惩罚；禁止向国家公职人员提供现金、红包、实物等任何形式的行贿，以维持公司良好的信誉。定期评估各家客户的守法情况，并对其进行分类管理和风险控制用以降低通关作业风险。

东芝外服杭州公司深信只有坚持诚信守法，以诚信的形象去吸引客户、开拓市场，才能获得客户的真正认可，赢得客户的满意度和忠实度，使报关企业在激烈的市场中保持竞争优势，从而保证企业经济效益的实现。

**二、完善管理制度，规范经营行为**

报关管理内控制度是用以自主调节和制约报关企业生产经营活动的内在机制，它的健全与否，是报关企业经营成败的关键。确立了明晰的组织架构：针对各个报关岗位（录入员、复核员、申报员、现场作业员、现场作业员、退单和费用结算员等）制定了岗位说明书，明确各自的岗位职责；制定完善的业务流程：秉承日资企业严谨的作风，不仅根据各个不同的报关业务类型分别制作了标准作业流程，即作业指导书；同时按照海关AA类企业稽查管理相关要求建立报关业务管理、用章管理、授权审批、单证存档管理、报关员管理、报关台账及费用结算等内部管理制度，并在日常管理中不断进行更新和完善。这项制度在日常工作中起到了辅助管理的作用，使报关员能在短时间内了解并掌握各项报关业务的操作方法和要领，科学、高效地完成进出口货物的通关手续；完善的报关绩效考核制度：制定报关员管理制度，对取得报关资质并完成注册的报关员根据企业工龄给予相应补贴；每月根据报关员的差错率、应付账款回收率等进行月度考核。员工根据公司的战略目标和部门的目标设定自己的目标管理，并在实施中进行不断修正。期末进行目标管理考核，以此为依据进行半年度或年度的奖金评定和晋升等绩效管理考核，从制度上强化了报关员的责任意识，以激励报关员的工作积极性并不断提升自身技能。

**三、严格报关质量，提高通关效率。**

东芝外服杭州公司把控制报关差错率列为公司报关课的重要课题。为了货物快捷地完成通关手续，满足生产线供料和保证出口期限以及客户需求，公司在制造工厂"零库存"的操作模式要求下，对报关质量提出了严格要求。为了控制报关差错率，公司内部注重落实三个环节：

1. 报关单证审核环节增设了二次核对，实行双岗复核制。考虑人员成本因素，在不增加人员的基础上，要求核对员在初次完成各自负责的业务后做交叉审核，既做到了节约人力成本，又降低了报关差错的风险。

2. 每月统计并分析报关差错原因，将差错原因分为"其他环节差错"和"报关人员人为差错"两大类。如果是其他环节差错，我们遵循公司的反馈机制，将当日报关异常反馈给相关方，要求其进行原因分析并提出改善对策。如果是报关人员差错，分析差错原因、提出改善对策以及改善实施的跟催；并在每月的月例会上进行汇报，做到信息交流，防止再犯。

3. 在员工的教育与培训方面，我公司定期组织人员参加海关、商检组织的相关业务培训。个人完成相关业务培训后，制作相关课件在公司部门内对同事进行培训，以达到知识的拓展及信息的共享。同时部门内定期组织业务考试，对商品的归类、报关异常处理、报关业务改革内容等各方面进行考核，评估员工的报关从业能力，并将考核结果记入月度绩效和年度薪资晋升考核中；公司内部也设定了"模范员工"评比制度等，激励并提高员工工作和学习的积极性。

在过去两年中，东芝外服杭州公司配合海关开展报关单证企业暂存业务、推动和进一步深化通关无纸化改革以及"两单一审"通关改革等，从而简化通关手续，加快货物通关速度。

（作者：黄丽敏）

# 加强诚信管理　自律成就业绩

——中外运空运发展股份有限公司安徽分公司

中外运空运发展股份有限公司安徽分公司（以下简称中外运空运安徽公司）为中外运空运发展股份有限公司所属分公司，主要从事揽货、分拨、订舱、包机、仓储、中转、物流服务、集装箱拼装拆箱、结算运杂费、报关、报验等代理服务。公司拥有近3000平方米的海关监管仓库、物流仓库、堆场，配备了各种车辆和装卸仓储设施。在多年的艰苦创业中，始终秉持"诚信服务、守法经营"的经营理念，围绕"全国优秀报关企业"关于"诚信服务好、遵纪守法好、规范管理好、报关质量好"的创优标准，努力打造一流的服务品牌。在安徽全省率先安装全天候适时现场监视系统，成为省内第一家按海关总署第171号令通过验收的空运监管仓库。2012年被评为"全国优秀报关企业"。

## 一、学习借鉴内控机制，扎实打牢自律基础

中外运空运安徽公司抓住"创先争优"活动契机，按照《安徽报关行业自律准则》，并根据安徽报关协会的要求，学习、借鉴合肥海关内控机制建设的经验做法，通过前几年连续两届参加全国优秀报关企业评比活动，统一上下思想认识，首先从领导重视、整章立制抓起，建立内部业务、报关行为规范，狠抓内控管理，营造自我约束、互相监督的自律机制。

一是加强人员思想教育。将思想、行为自律作为企业文化建设的重要内容和管理的一部分，要求从公司总经理到基层报关人员都必须增强自

律意识，组织各类学习。由公司有关部门收集书面、音像资料，注重正反方面的教育，学习自律典型和好的经验做法，树立榜样。从反面典型、案例中汲取教训，接受并进行长期警示，做到以自律促诚信、树立个人和企业形象、铸造服务品牌，谋求发展。二是加强企业管理者和员工素质及业务技能培训，自觉接受报关协会的行业指导和海关业务指导。针对报关业务中容易出现的问题和差错，从人员素质到对政策法规的了解和熟悉把握，从职业道德、水准到业务管理、操作技能，全方位加强培训、全面进行测试和考核。并请安徽报关协会专门组织对公司30多名员工进行了专场业务培训，从而以自律为基础、以素质和业务技能为保障，加强内控管理和建设。三是建立健全内部监督制约和业务复核机制。制对每笔报关业务进行双人复核，定期检查和综合复查、审核，重大业务由分管领导、部门经理复审，强化内部互相提醒、监督，及时发现问题和纠错，达到自查自纠、提高业务素质和规范申报准确率，促进内控管理的目的。

**二、围绕自律践行诚信，凝心聚力勇担道义**

中外运空运安徽公司领导认为：诚信是一种付出，是对社会的责任，是一种道义。员工们还普遍反映，无论自律还是诚信，都需要净化一种风气，内部风气好了，就能够影响大家，让不自律、不诚信的人和事没有地方躲藏。最终让不自律的人也能自律、不诚信的人也能逐渐好转，关键是要将自律与诚信相互融入并渗透到日常教育管理和服务中去。为此，他们一是在抓好公司业务发展的同时，以自信和诚信作为永恒的课题。一方面以自律为团队管理抓手，要求从总经理到各级管理者直至每个员工都遵纪守法，遵循《报关服务作业规范》，恪守行业标准；另一方面以诚信为公司拓展服务、发展业务的有效保证，较好地实行了自律与诚信的紧密结合，有机地与各项业务特别是报关服务工作交相互融。二是明确工作要求，规范报关服务操作规程和流程，建立科学完善、严密的制单、复核体系及报关业务服务大纲、操作程序等相关制度，严格执行落实的具体措施和检查标准，以确保报关服务质量，高效、快捷地提供服务。三是立足于优秀报关企业的"四好",恪守诚信责任和义务,坚持走正道、讲大义,积极营造守法自律、诚信服务的浓厚氛围;坚持依法报关,规范申报,自觉服务海关监督管理,决不容许和参与瞒报、伪报等走私、违规行为。在同行竞争方面,做到合法、公正执业,公平竞争,明码收费,不以国有企业、代理报关服务悠久而以大欺小或以老欺新,不为获取不正当利益而擅自提高或者降低报关服务费用,始终保持良好的合作伙伴、取长补短和互促共赢关系。

### 三、不断创新服务模式,巩固提高创建成果

中外运空运安徽公司作为全国优秀报关企业,在坚持自律、诚信的基础上和前提下,不断创新服务方式和途径,形成了一种全新的服务模式。近些年来,他们不断突破传统报关服务理念,开发一系列特色服务项目:一是为方便合肥当地企业将货物从世界各地运送到合肥进行直接报关,开拓了卡车航班业务,成为合肥口岸唯一公共国际中转代理人,并可通过间接延伸航线延长航班服务范围,大大提高报关服务和通关时效;二是对特大客户的特殊服务项目和需求,由报关团队专门组织专业人员负责,按照客户的要求制定符合实际情形的代理报关模式,获得客户的充分认可;三是根据空运货物的实际情况和货物特性,对进出口货物从进入海关监管仓库开始,到报关结束都有严格的时效控制,尤其对报关模块,从接单、预审、报送、交单和出税单、放行等环节都做到精细化管理,并有信息系统全程对各环节进行实时监控,保证所有业务在收到清单证后,在一个工作日内全部完成,避免、减少和防止出现差错,大大降低了差错率,服务效率显著提升。正是通过不断创新,报关服务业务和公司效益在激烈的市场竞争中,赢来了平稳、快速发展的新局面。

(作者:刘永琴)

# 诚信高效服务　促进企业良性发展
——南通中远物流有限公司

南通中远物流有限公司（以下简称南通中远物流）是一家综合型的物流公司，直接管理和控制两家企业——南通远通货柜储运有限公司、南通新轮国际储运有限公司。公司拥有营运车辆30台，其中集卡车22辆，箱式货车8辆；集装箱场地33000平方米、仓库16000平方米；拥有卡尔玛正面吊、起重机，铲车等多种设备。公司先后获得了南京关区"诚信规范报关企业"、江苏省优秀报关企业、全国优秀报关企业等荣誉称号，成为较有影响的报关物流企业。

## 一、强化服务理念，营造诚信高效氛围

南通中远物流一直以"做最强的物流服务商，做最好的船务代理人"为目标，确立了"以顾客为中心，竭诚为顾客提供准确、及时、文明、周到的一流服务，使顾客获益，让顾客满意"的服务理念。为此，公司于1996年4月开始推行ISO9002质量体系，1997年1月获得英国BSI－QA总部颁发的ISO9002质量体系注册证书，成为南通市口岸运输代理业中第一家建立质量体系并一次性通过国际权威认证机构审核认证的企业，实现了服务标准国际化。同时，公司采取了一系列措施，加强质量管理，为客户提供优质高效的服务。公司拥有一支熟悉外贸运输、精通物流、代理业务的员工队伍，能够为广大客户提供物流项目开发与管理、国际多式联运、国际货运代理、空运代理、集装箱场站综合服务、集装箱及

重大件运输、报关、报检、供应链管理等综合服务。

## 二、加强培训教育，树立诚信报关意识

南通中远物流多年的实践经验证明：诚信是企业生存和发展的根本。公司在加强诚信教育的同时，也十分注重发挥自身的桥梁纽带作用，引导客户自觉遵纪守法。一是积极在客户中开展海关的法律法规知识的宣传活动；二是耐心说服客户按海关规定、要求如实申报；三是在客户遇到重大疑难难以决断之时，能积极联系当地报关协会，陪同客户一起到海关现场咨询，共同探讨解决办法。

加强质量管理，提供诚信高效服务。加强质量管理，是南通中远物流诚信高效服务的有效措施。

完善规章制度，加强质量制约管理。南通中远物流在海关各科室和报关协会的帮助指导下，根据海关的法律法规和管理办法，制订完善了《南通中远物流报关员管理制度》、《报关员岗位职责》、《报关单录入岗位职责》、《报关审核、制单、申报岗位职责》、《报关验放岗位职责》及《台账登记管理制度》等一系列管理制度，使各岗位职责明确、相互制约，杜绝录入、制单、审核等环节上人为的疏忽和错误。

坚持例会制度，抓好质量分析控制。南通中远物流严格实施中远物流总部制定的企业管理奖惩条例，并定期召开质量分析会，对各环节中出现的差错，进行分析总结。另外，公司结合海关推行的规范申报工作，有针对性地完善了报关各岗位的工作统计表格，如：报关单据延误登记表，删单、改单登记表，电子扣分登记表，报关员扣分登记表，将关键的时间点、交接点固定下来，便于考核、检查，并在定期召开的质量分析会上，进行交流、剖析。再根据工作实际，完善并加强供方管理体系，不断提升质量管控能力。

通过以上措施的实施，公司的删、改单率逐步降低，尤其是报关员在制单录入环节上的主观差错率得到了大幅度下降，基本控制在千分之

四以下。差错率的降低，加快了通关速度，也减少了由于制单等环节上的人为疏忽和错误所引起的海关误解，避免给海关监管工作造成重复劳动，提高了通关效率，也赢得了海关便利通关的资格。

### 三、加强文化建设，提高诚信高效质量

报关行业的规范，就是要以国家和海关的规定以及行业约定俗成的标准，来要求所有的报关行为。近年来，南通中远物流坚持标本兼治、惩防并举、注重预防的方针，把党风廉政建设和诚信文化建设作为重要工作内容来抓，在报关工作中，做到守法自律，规范申报。

培训学习灌输规范理念。南通中远物流非常注重员工守法诚信意识的培养，周例会、季度报关差错分析会、IC卡扣分分析会和海关新法律法规学习会等会会强调、常抓不懈。同时，公司通过参加海关、协会的培训，聘请专家到公司进行专门培训，组织物流知识、报关业务知识竞赛等活动，帮助业务人员全面了解海关法律、法规，熟练掌握报关、物流方面的工作流程，做到高效、合规。

多重质量管理保证规范操作。公司通过岗位职责、岗位指导书，将报关服务作业规范细化，并贯穿到每个岗位的日常工作中去。为了确保每一份报关申报数据的准确无误，为客户提供诚信报关服务，我们除了做好常规的报关单证审核外，还通过质量会、管理评审会、不良事项分析会等手段，及时对日常工作中发现的问题，进行分析，并制定出相应的改进措施，加强员工的工作责任感，努力实现"零差错"。

绩效挂钩调动规范积极性。公司将员工的工作绩效与收益合理挂钩。平时建立业务台账，定期统计制单、录入、核对及现场报关各环节的差错疏漏，一方面便于总结，另一方面通过台账记录，进行绩效考核，给予相应的奖惩，以调动员工不断进步的积极性，降低差错率。公司严守海关的法律法规，坚持做到了不瞒报、虚报；狠抓报关复核流程，通过事前控制、事后总结的方式，牢牢把握守法这条红线，做到申报规范。

南通中远物流在开展行业自律与诚信创建的活动中,努力做到了诚信服务好、遵守纪律好、规范管理好、报关质量好,至今没有发生一起违法事件,在客户和口岸中赢得了良好的信誉。

(作者:薛巍)

# 坚持诚信取信原则　增强企业服务能力

——天津津通报关有限公司

天津津通报关有限公司（以下简称津通报关）成立于 1994 年，是由海关总署审批的专业报关公司，经过近 20 年的拼搏发展，和海关及协会领导的大力支持，公司发展成为全国优秀报关企业、天津报关预归类公司、天津报关协会副会长单位，2010 年被评为 AA 类报关企业。津通自成立以来遵循"以诚取信，以诚取优"的服务原则，把服务质量、报关效率和自律规范作为企业发展的中心环节，坚持诚信取信原则，注重强化企业的服务能力。

## 一、恪守《报关服务作业规范》，提升通关业务能力

依靠科学管理，规范工作流程。津通报关将《报关服务作业规范》结合岗位分配，制定详细的操作守则，并落实于公司系统的管理。从前期洽谈委托，评审合同到操作中的文件审查、缮制报关单，现场报关作业等，到最后的结算和跟踪服务，对流程中的时效、精确度及客户满意程度做 KPI 评估管理。如此下来，将标准的服务作业规范与我司经营特点相结合，帮助客户做到贸易安全管理，共同控制风险。同时，落实岗位责任制，实施奖惩机制，将员工的工作与实际效益结合，提高了报关单填制的正确率和通关效率；通过开辟学习园地，组织员工班后学习，不断强化报关从业人员对海关政策法规、海关监管制度、海关操作程序等专业知识以及外贸、金融、运输等相关知识的学习，大大提升了员工

素质，提高了报关质量。

规范管理，是报关行经营的基础；报关的及时、准确，是津通报关的主要竞争手段；也是津通一直追求的改善目标。津通报关行拥有80名员工，其中报关业务人员50人，月报关量平均5000多单，平均月差错率控制在0.5%。2009年，津通报关在天津率先实现了客户ERP系统与我司报关系统连接，实现了系统自动制单、初审。提高了报关单的准确度与效率，同时节省了人力，原50人处理的业务，缩减为20人完成。

## 二、坚持诚信守法经营，增强协调服务能力

津通报关在守法经营实践中加强综合协调，除了为客户提供从单证操作、报关、报检、查验、放行等传统报关服务外，还增加了港口操作、仓储、运输等物流方面的服务。此外，为了避免恶性价格竞争给公司和客户带来的利润损失，公司努力争取源头客户，通过合理的价格和一站式的优质高效服务，降低客户的运营成本，通过增加客户的信任度来赢得市场竞争的主动权。

津通报关秉承"守法经营，诚实守信"的经营理念，教育报关员严格遵守国家有关进出口方面的法律法规，恪守诚实守信的职业道德，将海关要求作为自觉行动。在体现海关执法的原则性和客户需求的灵活性方面，做好两者之间的沟通与协调，树立良好企业形象，增强协调服务能力。改革开放给报关企业创造了良好的发展环境，也促进了津通报关的快速发展。作为天津报关协会的副会长单位，天津津通关有限公司不仅通过了ISO9001：2000国际质量体系认证，而且成为天津关区首批被授予进出口商品报关预归类单位之一，在2006年、2009年被评为天津市优秀报关企业和全国优秀报关企业。这些成绩和进步的取得，得益于中国外贸进出口的持续高速发展，得益于海关和报关协会给予报关企业的正确指导和帮助。

## 三、实现网络信息化，提高电子通关能力

随着科技的进步，网络技术已成为报关运作的重要技术手段，显著

提高工作效率和服务质量，推动了无纸化电子通关的发展。为了跟上时代发展脚步，津通报关与时俱进，除在天津关区率先实行 EDI 报关录入系统及九城报检申报系统，实现与海关及检验检疫局的联网对接外，还装备了技术先进的货贷管理系统及报关管理系统，利用网络管理实现了公司从制单、报关、报检到货物运输整个作业流程的全方位、全过程的监控。特别是报关管理系统的应用，使公司的报关工作效率和质量有了一个质的飞跃。这套系统的安装使用，不但全面实现了报关单据缮制的无纸化，还能根据不同客户的不同需求，专门为其设计与之相配套的报关程序系统，实现与客户电子信息数据库的直接联网对接。系统既节省了再单证缮制环节上的录入时间，又保证了报关单填制信息的准确性，大大提高了过境货物的通关速度，收到了广大客户的称赞。伴随无纸报关的推进，津通报关清楚只有提高专业竞争力，才能找到出路。经过市场调研，我们发现许多企业对海关的政策了解片面，迫切希望优化通关模式，急需专业公司的协助。2010 年，津通报关成立关务咨询部门，为企业量身定制关务、物流方案，帮助企业实现规范管理，降低了企业成本，提高了管理类别。2011 年，津通报关系统拓展，帮助企业从采购、仓库、生产、销售等环节开始，逐步推进保税物料管理，最终准确完成核销。

  津通报关随着经验的沉淀，努力实现从操作报关到关务专家的转型。今后他们在探索实践中坚持原则，努力学习，必将为津通报关今后的发展作出更大贡献。

# 注重诚信文化建设　增强企业发展动力

——常州金港报关有限公司

常州金港报关有限公司成立于2008年,专业从事国际货运代理报关报检等业务。主要配合承揽世界各地的船舶、货运和特色经营长江常州港的国际集装箱报关报检业务。公司以诚信为支撑,以守法为基准,以为客户提供高效、安全、准时的全方位服务,实现"兴港"为目标。多年的实践,使公司上下深刻体会到诚信是企业生存和发展的根本,是企业在激烈市场竞争中赢得一席之地的关键。在这一理念的指导下,公司加强自律管理,赢得了良好的信誉,业务量不断上升,代理常州港出口集装箱报关量一直居同行前列。逐步形成了以诚信机制为核心的具有金港特色的企业文化,多次被评为省级优秀报关企业和全国优秀报关企业。他们的做法是:

## 一、用先进的企业文化培育诚信报关意识

从成立时起,公司就致力于培育企业的诚信文化:"诚恳做人,诚信做事",营造诚信和谐的企业氛围。让每一个员工都清楚地认识到:人是社会的一分子,每时每刻都在享受他人为社会所做的奉献,也只有在为社会作贡献的过程中才能实现自己的人生价值。拥有了正确的人生观和价值观,才能正确理解并担负起应尽的社会责任,在工作中自觉做到遵纪守法。同时,能够在为客户服务过程中,严格把关,诚信申报,发挥好应有的作用。

重视人才的培养，积极营造人性化的工作环境，是金港诚信文化的又一特色。近几年来，公司全面贯彻"尊重劳动、尊重知识、尊重人才"的方针，为人才的成长提供健康和谐的环境。公司着眼于企业长远发展，坚持技术培训，做到常规培训和特种培训相结合，鼓励员工考取各种行业相关证书，并及时与工资奖金挂钩兑现。公司还结合全国、全省优秀报关企业和优秀报关员标准定期举办专业技能比赛，每年评选金港之星，在公司中树立优秀员工的典型，使员工主动学先进、争先进，树立争先创优的工作氛围。员工在学习中提升了专业技能，也在优秀员工的评比中接受了诚信报关的教育，为实现诚信报关打下了坚实基础。通过多年的努力，一批业务精湛的报关员脱颖而出。他们申报差错少，服务质量过硬，为企业整体申报水平的提高起到了关键作用。

**二、用完善的管理制度保障诚信报关质量**

几年来，江苏金港形成了一套完整的经营管理制度，从多方面为诚信报关提供了保障。第一是责任到人层层把关制。公司规定企业在经营过程中不得追求非法利润，不得基于私人交情瞒报、伪报，更不能帮助不法分子走法律漏洞。为此公司规定任何一票单子的报关都必须经过九个岗位，每个岗位必须对自己经手的事情负责，从根本上排除了数据不真实的可能。第二是一票否决制。公司实行充分的民主制度，每个岗位都有权拒绝不合格的单子，九个岗位中只要有一人持不同意见，这个单子就不能过关。江苏金港这些严谨的报关制度决定了其报关性质——诚信报关。

**三、用先进的软件技术实现诚信报关管理手段**

专业化软件管理为实现诚信报关管理提供了技术保障。第一是多点合一制。公司配备了专业软件系统，实现了本部业务操作部——海关报关点——港口物控点办公室多点合一的管理模式，改变了过去三个部门分别完成业务的情况。管理层在办公室就能了解每一票单子的进展情况，单子的完整性和合法性，以及责任人的工作效率和质量等。金港的软件系统记录了整个通关过程每一个节点的时间、责任人，形成了责任人之间的相互监督和制约，管理层随时可以审阅每一票单子的合法性和流转的合理性，更有效地提高了报关的合法性和工作效率。第二是案例总结制。在报关过程中，经常会出现不同状况，处理不好就会浪费很多时间和精力，因此特别需要报关员的细心和耐心，防止问题的发生。公司根据报关的这一特点，规定任何特殊的问题以及报关员出错都要进行分析和总结，做成案例供大家学习借鉴。第三是档案管理制。在日常工作中，业务人员还注意加强数据的整理，将企业报过的信息记录成台账，针对每个客户建立档案，将客户的要求、特点记录进公司管理系统，并通过专人进行维护。这样，在企业人员变动，信息不准确的情况下，可以帮助企业避免错误的发生。

几年来，常州金港在诚信报关文化建设中，注重硬件的投入，更重视人性的关怀，形成了人心思进、团结和谐、共促发展的良好氛围。正是在硬件、软件等方面加强了管理，才使公司在诚信建设的道路上稳步前进。不仅如此，公司总结的报关模式，被普遍接受为常州地区的报关模式，赢得了同行的广泛好评。企业的实力也得到了壮大，获得了经济效益与社会效益双丰收的良好业绩。今后，要在现有基础上，再接再厉，扬长避短，创造出更好的成绩，为江苏报关行业的健康发展贡献一份力量。

（作者：杨晓虎）

# 守法经营讲规范　诚信服务促发展

——汕头市华升报关有限公司

汕头市华升报关有限公司成立于 1993 年，是汕头关区最早成立的报关企业之一。华升公司创建以来，在汕头海关及汕头报关协会的大力支持及指导下，坚持以遵纪守法为宗旨，规范管理为基础，诚信服务为根本，走"守法经营，诚信服务"的经营之路。经过多年的不懈努力，华升公司从小到大，从弱到强，逐步发展，并于 2003 年和 2005 年分别投资控股汕头市荣达运输有限公司和汕头市怡和国际货运代理有限公司，成为关区具有一定规模，集报关服务、货运代理于一体的企业。公司于 2008 年被汕头海关评为 "A" 类管理企业；2012 年被中国报关协会评为"全国优秀报关企业"。

根据几年来公司的建设发展经验，尤其是在按照中国报关协会的统一部署和汕头海关、汕头报关协会的要求，组织开展轰轰烈烈的自律、诚信教育活动中，公司更深刻体会到：坚守"守法经营，规范管理，严把质量，诚信服务"对企业发展的迫切性和重要性。正是基于这一认识，公司以自律、诚信教育活动为新起点，切实狠抓和完善守法经营、规模管理、严把质量、诚信服务四方面的工作，力争在新的起跑线上争先创优，再创辉煌。

## 一、守法经营

在国家法治建设不断健全完善和职能部门监管力度日益加强，执法环境公开透明的今天，华升公司更加坚定了走守法经营的发展道路，注重采取措施克服以利益为目的的思想，在复杂的客户群中想方设法的了解、掌握客户的资质和信用程度，严格审核客户资质，为代理报关业务起专业把关作用。面对新业务的委托报关，该司积极协助企业与相关职能部门作业务咨询，用专业知识为企业服务，发挥积极、专业的指导作用。对于一些不规范、不符合相关规定的业务，公司坚决拒绝接受委托。例如：2012年8月的一天，公司代理汕头一客户的货物出口业务，报关员在较对单证时发现，客户申报的货物是有商标注册的货物，就要求客户提供商标所有人的商标注册证书及商标授权书，由于客户公司掌管相关资料的同事外出无法及时提供，客户急于货物出口，就提出在报关单上将品牌栏的申报按无牌申报的想法。报关员听到后当即拒绝了该客户的要求，让企业备齐相关资料再如实向海关申报。该企业刚开始对此行为十分抵触，经过认真与客户沟通和耐心解释，分析不实申报对海关的统计工作造成影响、对企业本身的害处及可能对企业造成的影响等情况，最终企业接受了建议，待备齐了资料再如实申报。虽然该批货物延误了船期，但企业工作人员也表示理解并接受了建议，承诺在今后的工作中会注意加强事先的信息沟通，按照程序来做事。并表示今后到华升公司来办理委托代理报关业务会更加放心。这样，既遵守了国家和海关的法律法规和政策规定，当好"第一把关人"，又确实发挥了报关企业作为海关与企业之间的桥梁作用，恪尽职守，体现报关企业的专业性和服务性，赢得客户的赞扬。

二、规范管理

针对当前代理报关业务已朝着电子化方向快速发展，由原来简单的电子预录入、申报，到电子口岸业务的建立以及无纸化报关的实施，报关行业的管理也与时俱进，向规范化、电子化方向发展。华升公司根据行业这一特点，制定和完善了各项规章制度：一是制订业务操作标准，完善业务操作流程；二是制定考核指标，完善质量考核制度；三是制订岗位责任，明确工作职责；四是制定内部激励机制，充分调动员工积极性；五是制定岗位培训机制，不断提高人员素质。由于客户对报关进展过程需求更明确，整个业务操作流程是否及时、顺畅、有质量，直接关系到通关速度和通关成本。狠抓上述制度和措施执行落实，使公司的业务动作管理更加合理规范，确保了业务工作高效有序、有条不紊的开展。

### 三、严把质量

作为一家代理报关业务公司，其主要的工作任务就是完成录入、有效审核单证、向海关申报、协助海关人员查验、征税、放行等工作。这就要求工作人员务必具有高度的责任心，严谨的工作方法和较高的综合素质。华升公司始终坚持以质取胜，坚持把"严格把好质量关"作为该司代理报关业务的立足点，面对各种贸易行为和不同客户的需求，以丰富的专业经验及知识作支撑，根据国家政策的调整和国际贸易的变化、需求，按照海关通关的政策规定，积极向客户提供合理化的建议，及时有效地引导客户合法利用政策，为客户提供更好更多的增值服务，深受客户肯定和赞扬。有效地带动了粤东报关行业的专业化、规范化管理工作，为粤东报关行业健康、可持续发展作出了榜样。

### 四、诚信服务

报关行业的服务是将专业知识通过服务质量、服务承诺、服务环境呈现在客户面前，诚信服务的好坏，直接影响到报关行业的生存。华升公司将诚信服务作为企业赖以生存和发展的基石，在经营过程中始终遵循诚信服务的原则，不断提高公司信誉。工作中时刻为客户着想，把客户的合理要求放在首位，力求高质高效完成。基于此，公司切实采取措施加强员工思想道德教育，将责任心强、素质高的员工安排在报关一线，保质保量完成工作任务，做到通关过程碰到疑点和突发问题，不逃避、不推脱、坚守承诺，努力协助客户与相关职能部门沟通，寻求解决方法，取得各方支持,努力做到客户与相关职能部门满意。华升公司始终坚守这一做法,在关区报关企业中反响良好,深受同行赞扬。

华升公司坚信:只有坚持"守法经营,规范管理,严把质量,诚信服务",并以此作为企业的立足之本和企业发展的方向,认真推进企业规范化建设,报关行业就能沿着健康、可持续发展的道路前行,就能立于不败之地,就能为国家的经济建设作出积极贡献。

(作者:洪柳媛)

# 恪守服务宗旨　推进诚信建设
—— 上海兴亚报关有限公司

上海兴亚报关有限公司（以下简称上海兴亚）成立于1994年10月，2002年进行改制，公司现注册资金为人民币1000万元。上海兴亚长期以来，按照"全国优秀报关企业"关于"诚信服务好、遵纪守法好、规范管理好、报关质量好"的创优标准，依靠优质的服务、经验丰富的从业团队，恪守服务宗旨，推进企业诚信建设，逐步在市场激烈竞争中站稳脚跟，曾连续多年获得全国优秀报关企业、优秀报关企业；上海市星级诚信企业；上海第一家AA类的专业报关公司等殊荣，现已经成为一家具有相当规模的专业报关、报检的企业，在报关行业中趋于领先地位。公司现为中国报关协会理事单位，上海市报关协会副会长单位。公司已通过中国质量认证中心的ISO9001-2000质量管理体系认证，中国报关协会授予的"进出口商品预归类"资质。2009年、2012年分别获得"全国优秀报关企业"的荣誉称号。

**一、创新服务理念，经营管理科学化。**

上海兴亚坚持先进的管理理念，在推进公司创新发展的历程中创新服务理念，不断进取，带领企业走向行业领先地位。公司从董事长到各部门经理都能经常向员工宣传对客户提供优质服务的重要性，让公司员工都懂得只有通过良好的服务环节，才可以让公司的产品或服务增值。提高客户的满意度，从而培养客户的忠诚度对公司来讲至关重要。因此，董事会提出了"更专业、更快捷、更优质、更高效"的服务标准。要在报关领域做强做精,必须凭借自身的业务能力,为客户提供的优质稳定的服务。公司也非常注重做好客户的维护工作,经常了解客户信息,针对不同的客户情况,安排定期或不定期的走访,听取意见,掌握最新动态,及时弥补工作中的不足,让客户切实感受到与众不同,从而提高客户对公司的忠诚度,帮助公司在激烈的竞争中获胜。同时兴亚的优质服务已在同行业中形成了良好的口碑,也为公司树立了优秀的品牌。上海兴亚始终保持着重争先创优的强劲势头,全体员工以强烈的责任心、荣誉感,珍惜荣誉,爱护荣誉,一直保持企业的优秀品质,凸显优秀品牌的社会价值,激发广大员工争先创优的工作热情。兴亚报关长期致力于诚信服务、规范管理和提升报关质量,始终向着"立'兴亚'品牌,精益求精、永创新高"的企业目标迈进。

## 二、恪守服务承诺,诚信创建系统化

上海兴亚本着"客户的要求就是我们的追求"的服务理念,以诚待客、优质服务。公司市场部长期负责跟踪合同执行情况、维护客户档案、定期回访客户进行满意度调查,对客户档案的内容严格保密、接受并及时处理客户投诉、发生问题或海关政策变化后及时与客户协商沟通。2012年上海兴亚荣获上海市"四星级诚信企业"称号,这足以彰显该司在诚信服务方面作出的努力及成果。公司始终本着"更专业、更快捷、更优质、更高效"的服务标准,始终以遵纪守法为基准。把客户的需求放在第一位,"客户的要求就是我们的追求"是上海兴亚的服务理念。在此基础上,公司把企业的诚信建设作为企业的一种文化深入到每位员工中,让每位员工知晓诚信是每一个人的义务。经常对员工进行诚信教育的相关培训,要求员工严守职业道德,不利用客户的商业秘密为自己或他人谋取不正当利益,热心为客户排忧解难,高质量、高效率地完成报关服务工作,不虚构事实增加委托方开支,抵制、揭发伪报、瞒报行为,不参与逃避进出口贸易管制和偷逃税等违法行为。诚信,是一个企业的立业之本,兴亚的全体员工在诚信服务方面都能做到一丝不苟,兴亚的诚信服务已得到所有客户的认可。

近两年，上海兴亚各项经济指标年均递增，始终保持了健康、稳定、持续的发展趋势。报关单量从2010年的554911票增长到2011年的602305票，增长近10个百分点，在2013年"百日创优"活动中（4月20日~7月31日）报关单量达173909票，这也显示了客户的数量和客户对上海兴亚的信任与日俱增。

### 三、改善服务方式，业务管理规范化

上海兴亚以"科学化、制度化、人性化"的管理理念不断完善报关服务方式，努力提高内部业务能力。自2011年1月1日《作业规范》实施以来，公司领导加强公司报关服务的规范化，提高报关员服务水平。牢抓报关质量，努力降低退删改单率。自《公司报关服务作业规范实施办法》实行以来，公司的报关规范率有明显的提升，差错率也稳步降低。报关行业的发展有赖于行业协会等各方力量的支援，但更重要的是靠企业自身忧患意识和发展意识的觉醒。公司服务品质的提升，不再仅仅依靠个人的人际关系，而是更多依靠企业的核心竞争力。提升报关质量方面，上海兴亚始终贯彻"专业、快捷、优质、高效"的质量方针和"敬业兢业、热忱服务、团队合作"的企业精神，牢抓报关质量、努力降低退删改单率。公司荣获2011年度上海关区申报质量"五星级企业"的荣誉，便是对公司在规范申报方面努力的最好褒奖。除了对《作业规范》的不断学习外，上海兴亚综合培训部根据海关的报关员扣分情况及时与业务部门沟通联系，并且走访相关部门交换意见，针对产生的差错原因进行分析并采取相应措施，展开相关业务培训，以避免一些相同的、低级的错误重复出现。兴亚在规范经营方面付出了较大的努力，也收到了相应的效果。兴亚将不断增强责任意识、规范意识、服务意识、风险意识、效率意识，努力提高工作技能和业务水平，严格把好质量关，不断完善公司的服务和管理，努力使公司在报关行业始终处于领先地位。

# 诚信守法促经营  开拓创新谋发展
——舟山中外运报关有限公司

舟山中外运报关有限公司（以下简称舟山中外运）的前身是成立于1992年8月的舟山报关行，隶属中国外运长航集团有限公司，是浙江外运在舟山地区设立的全资子公司，是舟山地区第一家专业报关企业。舟山中外运目前拥有一支专业素质过硬、报关经验丰富、服务质量优秀的报关团队，是舟山地区首家A类报关企业。公司借助外运系统的网络优势、人才优势和资源优势，在舟山及周边地区树立了良好的品牌形象和服务优势，服务范围涉及整个舟山新区，服务能力和影响力在舟山地区首屈一指。

## 一、严于律己、以遵纪诚信赢口碑

舟山中外运成立这些年来，一直严格遵守国家有关法律法规和报关行业自律准则，遵纪守法，诚信经营，即使在面对一些诱惑和利益时也坚决不动摇，坚持走依法经营之路。公司每年接受上级公司及主管部门的各项审计，同时积极配合海关、工商、税务等部门的检查与管理工作，并且在企业内部定期开展自查、互查，将风险规避在萌芽期。无论公司或者员工从未发生过任何走私违规行为，故赢得了海关等政府部门和客户单位的信任、好评，为公司的发展奠定了坚实的基础。

同时，为了公司与客户的利益，单位每位员工都与公司签订了保密协议，任何时候任何情况不泄露客户信息，不外传公司资料，对客户提供的资料保密使客户放心将他们的一些定价、成分配方等商业机密交予我们，让货物更准确顺利地完成通关手续。同时公司的报关员也会积极向客户宣传海关的法律法规，为客户提供最合理便捷的通关手续，减少进出口成本与时间，为客户创造更大的利益。

## 二、建章立制、以规范操作为基准

舟山中外运不断自加压力，完善管理体系，以《作业规范》为基础，相继出台了一系列公司内部的报关管理规章制度。同时，结合公司的《企业员工奖罚实施细则》，建立报关核对制度，严格规范业务基础台账，使内部管理日益完善和健全，在公司整体业务量增长的情况下，整个公司的报关差错率仍常年保持在1.0%左右。因此，公司在2012年被评选为全国优秀报关企业，同时连续两年被集团总公司评为优秀报关企业，并受到海关和公司领导的好评。

舟山中外运建立了报关业务培训制度。每年会安排员工参加海关和报关协会组织的各项培训，提升报关员的专业技能和素质。公司的每位报关员都有多份证书，都能身兼数职，可以说个个都是"全能战士"，能为客户提供最全面最权威的报关咨询。去年底，公司还派专人参加海关预归类学习，并通过了相关考试，为企业下一步开展预归类业务做准备。公司还积极开展同集团内兄弟单位的业务交流与研讨，听取其他公司好的经验与方法以便更好地开展报关工作。

公司还建立了定期开会制度，每月召开一次报关员业务研讨会议。会议谈论公司一个月来的业务发展状况、报关中遇到的问题以及需要报关员在报关中注意的地方，同时通过自学、集中学等方式探讨海关最新的政策法规，更新报关知识，促进报关员自身素质的提高，更好地为客户排忧解难，从而吸引更多的客户，促进公司的发展。

## 三、务实创新、以竞争转型促发展

近年来，受国际金融大环境影响，各地进出口量大幅下滑，公司作为专业的报关企业，也遭受严重冲击。但面对危机与挑战，也意味着面对机遇。公司同志们积极面对挑战，逆势而上，努力创新服务模式。

积极改进内部机制,从原来的吃"大锅饭"到现在的"组团式考核PK制"。公司在内部成立两个业务部门,进行组团式整体考核,PK的主要内容是两个部门间营业额、利润额等量的考核和两个部门间良性的正确率、差错率等质的考核,年终公司将根据每个部门完成指标的情况进行奖惩。就是这种积极创新的PK考核方式,不仅增强了员工的工作积极性,形成了良性的竞争氛围,也为公司带来了新的经济增长点,实现经营业绩逐年稳步上升。

舟山中外运在抓好企业自身建设的同时,也积极配合海关各项业务改革,探索开源节流的有效方式,试水各类有利于公司转型升级的途径。根据海关总署相关精神,公司率先实现舟山地区无纸化通关业务,不仅为企业节省了通关时间和成本,也方便了日后的单证管理。就是有太多这样的自求转型、逐步升级的实际举措,才使舟山中外运公司报关业务量常年在舟山地区排名第一。2013年公司仍以50%左右的市场占有率独占鳌头。

在竞争转型中,舟山中外运公司在保持原有工作团队稳定的基础上,还在人才引进工作体制上下工夫。这几年,公司通过人才市场、校园招聘会、网络招聘等公开招聘方式,引进多位高学历、高技能人才。并通过向外借脑借智,进一步加大人才投入,优化人才发展环境,探索实行引才的特别机制和特殊政策,积极打造人才高地,为公司今后进一步发展奠定强有力的基础。

舟山中外运公司的发展壮大离不开近年来舟山口岸的开放与发展,海关及各相关部门的大力支持与帮助。舟山中外运将继续秉承诚信守法的经营理念、专业规范的管理体系、真诚热情的服务态度、勇往直前的创新精神,为进一步尽心尽力服务客户,进一步谋求公司健康发展的好路子、新路子而不懈努力!

(作者:林洪舟)

# 创新服务思路　促进诚信建设
## ——厦门申悦报关有限公司

厦门申悦报关有限公司（以下简称厦门申悦）是厦门经贸报关有限公司（原厦门经贸报关行）2010年改制后成立的以报关报检为主营业务A类资质专业报关公司。自1995年以来，公司先后在厦门关区的象屿保税区、高崎、同安、机场、东渡、海沧、减免税、物流园、快件中心成立分公司，是厦门关区覆盖网点最多的报关企业。现为中国报关协会理事，厦门报关协会副会长单位，厦门报检协会常务理事单位。厦门申悦紧密联系实际，按照"全国优秀报关企业"关于"诚信服务好、遵纪守法好、规范管理好、报关质量好"的创优标准，开展以企业自律、诚信服务为重点内容的创建活动。从2000年开始，厦门申悦每年的报关量均居厦门关区第一位，先后被厦门海关、厦门报关协会、中国报关协会评为"厦门诚信报关企业"、"全国优秀报关企业"，公司多人被评为"厦门优秀报关员"、"全国优秀报关员"。

### 一、重视企业文化、夯实诚信服务的基础

厦门申悦公司一直重视企业文化的发展，公司的企业精神"诚信、规范、高效"是企业的一贯宗旨。公司始终把"诚信"放在第一的位置，在客户、同行、海关商检之前，申悦人始终保持诚信，公司从未因诚信问题受到客户的投诉。在海关商检面前，申悦始终做到言行一致、一诺千金。2012年公司被国家质检总局评为"中国质量诚信企业"。规范做

事是企业发展的基石,公司从细节着手,各部门各岗位通过制定各自的SOP(Standard Operation Procedure,标准作业程序)实行细化管理,通过细化、量化进而实现优化。厦门申悦公司拥有各类报关、报检、报关报检预录入、加工贸易服务专员、关(检)务师等专业技术人员80多人,报关现场的主管均是从报关一线提拔上来,平均报关报检年龄在10年以上,拥有优秀的报关报检业务知识及通关能力。厦门申悦公司多次参加全国报关企业战略联盟组织的研讨会,还多次选派优秀员工参与中国报关协会组织的"兼职教师培训"、"进出口商品归类专项培训"。

## 二、落实优势互补、打造诚信转型企业

国有企业的信誉,民营企业的效率,这是申悦员工从国有企业转制为民营企业,将二者的优势结合起来的发展思路。国有企业的背景让客户有依赖和信任感,但国有企业由于许多事务均需要层层审批,所以工作效率往往不如民营企业。申悦公司吸收了国有企业的优点,从和客户签订合同到具体工作落实,每一个诚信的申悦人总能让客户找到踏实的感觉,申悦转型后,100%的客户选择和申悦延续合同。良好的福利、稳定保障制度也是国有企业的优质品牌,申悦转型后,原先的福利制度不但没有更改还得到了加强,2010年申悦公司转制成为民营企业时,没有一名员工因公司转制而辞职,这保证了申悦公司的人员的稳定性和凝聚力。

## 三、建立预防风险机制、营造诚信反腐环境

风险管理是企业发展的重点。厦门申悦从源头开始抓风险管理,每新增一家客户,公司就会对其进行资格审查和风险评估,并对客户进行登门拜访,了解客户的真实情况及需求。在百度、谷歌、搜狗等搜索引擎中,厦门申悦报关公司的点击率和活跃指数一直名列前茅。公司对每家客户都建立了相应的客户代码及档案,并将客户在海关、商检的评定级别纳入对客户管理范畴,将一些资信不良的客户挡在门外。在同企业的交谈中,申悦总不失时机地向客户传送合法经营的理念。如今申悦申

报的报关单中,至少有70%为A类企业。相同的理念,同样的追求,促成了A类报关企业同A类报关业务的稳定性。申悦保持同众多守法经营、资信良好、发展前景广阔的企业进行报关、报检及加工贸易的合作,此外还开拓了保税物料管理及驻厂服务等多元化的服务,以满足不同企业的需求。

双赢、多赢是申悦同客户合作的目标。作为海关和企业的桥梁,申悦积极发挥自身的长处,企业碰到困难,申悦公司都会主动和企业进行业务分析,在政策允许的范围内,研究可行方案并协同企业向海关提出申请。一段时间,社会上盛传海关拿红包等违反六项禁令的事情,其实是有些中介机构假借海关名义向企业敛财,申悦公司也积极向企业宣传海关的政策,避免企业的经济损失,促成了关企和谐。不论是在2008年的金融海啸还是如今的经济危机面前,申悦的业务量依然能保持稳定增长。

**四、创新业务服务模式、提高诚信服务效率**

厦门申悦公司从2010年开始电子关务的尝试,公司同专业软件公司建立战略合作,及时将海关、商检、商务部等最新的新闻发布到公司网站。公司网站每年都对海关的规范申报要素、商品编码查询进行同步更新,方便企业查询,各类报关数据都以电子数据方式保存、转发、运用,2011年底公司的进出口报关单实现电子保存并在自己的网站率先推出"网上放行查询",客户可以通过网站查询到本公司货物的放行状态。为了方便货主及时了解货物通关状态,公司又在2012年开通货物查验通知,除了网站上可以查询到货物查验信息,客户还可以从短消息中获得查验的报关单号信息。2012年云概念在各行业中广泛应用,厦门申悦报关有限公司也适时和软件公司一起进行云报关尝试,目前公司开发的报关行单证审核自动化系统已经初具雏形。后台高速处理,前台热情服务,申悦正努力改变传统报关的思维和方式,未来公司将朝着"报关行审单中心"的方向迈进。

# 诚信为本　自律先行
## ——江苏恒联国际物流有限公司

江苏恒联国际物流有限公司（以下简称江苏恒联）是国家商务部批准的一级国际货运代理企业，成立于2004年7月，主要从事海、空运与陆运进出口货运代理业务，业务范围包括：进出口揽货、订舱、报关、报检、仓储、结算、港口操作、装拆箱、门到门运输、保险等相关运输及咨询。目前恒联在苏州、无锡、上海、重庆等地均设立了分公司，主营国内、国际物流综合业务，专营海、陆、空货运代理业务，有130多个国家的国外代理。全球物流网络平台涉及美、英、德、法、瑞士、瑞典、丹麦、挪威、芬兰、日本、澳洲等国家和地区，国内外运营网点达150余家。2011年被评为"全国先进物流企业"、"全国百强物流企业"，2012年被评为"全国优秀报关企业"。

### 一、坚持诚信为本，建立良好的企业信誉

在激烈的市场竞争中，公司凭借着综合的技术实力和优化的质量管理体系，坚持合理收费原则，取得了不俗的业绩，赢得了广大客户的信赖，并同众多用户建立了长期的合作关系。与国内外众多的合作伙伴签有报关代理与运输代理协议，为客户世界各地的外贸进出口货物提供及时、经济、安全的全方位服务。在各合作伙伴中有着良好的付费信誉，并在中国人民银行昆山分行确认的资信评估机构评定为AAA资信等级。

另外，公司十分注重企业内部管理和技术服务质量，逐步形成了一

套富有成效的企业管理制度和质量管理体系,2007年已建立了符合ISO9001:2000质量管理标准的质量管理体系。公司的所有服务都将严格按照所建立的质量管理体系的要求进行,确保为顾客提供满意、高效以及优质的物流信息技术服务。

## 二、加强员工培训,不遗余力打造优秀团队

成效卓越的质量管理体系必须建立在完善的人力资源管理体系之上。完善的人力资源管理体制,能使员工在自我增值的同时,为公司整体竞争力的增强作出贡献。

企业内训讲师机制:以部门为单位,鼓励并组织员工每两个月进行一次操作实务或者理论培训。员工利用工余时间整理与组织培训课件,课件经过部门负责人批准后,即上报人力资源部门,由人力资源部门评估该员工是否具备企业内训讲师资格。企业内训讲师培训时间记入该员工当月的奖金核算范围。参加培训的员工也做被培训记录,在岗位调整时做参考。例如输机和制单人员的新人培训:了解公司内部报关流程,熟悉进口单证、出口单证、国内结转单证,讲解岗位职责和报关工作的责任以及各种单证的QP系统导入等。

企业外训激励机制:公司鼓励员工参加海关与商检组织的报关员资格证与报检员资格证的考试。凡通过考试者人力资源部门都在第一时间做报关员与报检员的注册工作,不让员工的辛苦付出付之东流。报关员证与报检员证也是员工适岗评估的重要根据之一。鼓励员工参加国家劳动部门组织的物流师职业资格认证考试,通过考试者记入个人档案,作为适岗评估的重要根据之一。

户外拓展培训:公司每年组织员工参加户外拓展培训,加强员工的团队意识,增强团队凝聚力。公司主管级以上的中层管理人员均提供卡内基训练的机会,帮助他们提高个人影响力,充分发挥人力资源潜能,增强企业的竞争力。

### 三、坚持自律先行，加强规范管理

公司拥有百人的报关队伍，严格履行江苏报关协会会员义务，在平时的报关工作中以《作业规范》为基准，制定了一系列报关服务与质量控制制度。

岗位负责制保证报关数据准确率。操作部门与关务部门跨部门信息的流转以书面形式为主，如品名，HS 编码，申报口岸，贸易方式，手册号，申报项次，第一、第二计量单位，数量，件数，毛重，规范申报要素等，需在内部流转车表与其他单证上标明，如遇信息不一致，一经发现立即沟通确认，以事实为基准进行追究与更正。同时，操作部门加大与客户和关务部之间的沟通力度，保证客户提供的报关资料和报关信息能准确无误地传递到关务部，以保证及时按新的资料申报。

双层复审的审单力度保证申报准确率。审单环节发现错误必须重新输入、重新审核，单证上有疑问必须第一时间与客户确认。出口单证申报时严格按照车表再次核对，确认无误后才能申报。

建立周会纠错机制降低申报差错率。每周考核报关准确率，分析错误原因，并予以处罚。所有单证差错，由专人负责统计并分析差错原因，登记责任人，然后每周汇总到内部系统，在周会上公布。每月差错汇总后，针对差错扣除责任部门与个人当月的奖金。

经过多年努力，江苏恒联已发展成为集海、空货运、仓储、航线经营、船务代理、租船、港口操作、集装箱等相关业务为一体的大型国际物流公司，并在全国同行业中名列前 100 强。年运作箱量 6 万箱，年报关量达 20 万票以上。江苏恒联国际物流有限公司 2012 年度全年申报报关单 219274 票，全年删改单等差错率为 0.41%。公司将继续自律先行、以人为本、以诚为先，争创全国一流报关企业和国际优秀物流企业。

# 以真诚之心　行信义之事
## ——上海劲达报关有限公司

上海劲达报关有限公司（以下简称劲达报关）成立于2005年，是一家具有专业资质的报关报检公司，为客户提供集报关、报检、仓储、运输、外贸订舱等一体化服务的现代物流企业。劲达报关是中国报关协会常务理事单位、上海报关协会副会长单位、被海关总署评定为AA类报关企业和中国海关"百优报关企业"、上海市报关协会的优秀报关单位和"五星级诚信企业"。劲达报关多年来之所以能取得很多的荣誉、获得业界及客户的一致好评，没有什么捷径，全凭"以真诚之心、行信义之事"的信念。劲达报关清楚地知道一个企业在行业中能长久立足的根本就是——诚信。

**一、恪守诚信理念、坚持守法经营**

一个企业一定要有统一的、被公司同仁认可并遵守的价值观。劲达报关从公司总经理起，从上而下、由己及人，都树立起"诚实做人、信用做事"的理念。在实际工作中，劲达报关无论在和海关、检验检疫等政府部门，还是和客户的接触沟通中，也都是本着实事求是的态度。不夸大、不做假、更不推卸责任，而是客观公正的分析问题并提出切实可行的解决方案。

在报关工作中，公司自上而下也一贯奉行遵纪守法、该怎么样就怎么样的行事作风，不靠所谓的"打招呼"、"通关系"去解决问题，更不羡慕或效仿其他个别公司接"高风险"的单子、赚"高利润"的钱或靠"打政策的擦边球"来获取回报。因为"劲达报关"知道"君子爱财、取之有道",任何不正规的做法都不是一个好的企业的立足之本,只有建立企业的规章制度、制订作业标准和规范流程、建立职业操守和职业道德等等,才能真正建立起一个企业的命脉和核心竞争力,才能使一个企业走得更长更远更稳固。

## 二、加强科学管理、提升员工素质

员工是一个公司最宝贵的财富,也是公司的软实力。这些年劲达在员工培训方面做了很多的工作,培训形式丰富多样。有新人入职培训、在职员工培训、管理层培训、野外拓展培训等。培训的内容不局限于政策法规、业务技能,更涉及待人接物、职业道德、行业形势等范畴。劲达报关的各类培训采取"迎进来、走出去"的形式,既有公司内部人员讲授的培训课程,也有请政府部门的人员为"劲达报关"上课,更鼓励大家积极报名参加海关、检验检疫、中国报关协会和上海报关协会组织的各类培训和考核。

劲达报关之所以非常重视对员工的培训,是因为公司的软实力需要得到不断的提升,员工的整体素质提升了,公司自然更上一层了。但是在工作中,劲达报关也会遇到员工的个人能力参差不齐,或者个别员工的价值观和公司的价值观不能保持一致的情况。联系到诚信建设,只有公司的每一个人价值观一致、目标一致,才能行动一致。每一个员工某种程度上都代表了公司的形象,只有加强综合素质的培训,再加以科学的管理方法,才能提升企业的形象和品牌。

## 二、珍惜企业荣誉、打造服务品牌

近年来,劲达报关在中国报关协会和上海报关协会的领导和支持下,在诚信建设方面取得了上海市"企业诚信创建"活动组委会、上海市报关协会共同颁发的上海市"五星级诚信创建企业"的荣誉。面对荣誉,劲达报关在倍感鼓舞的同时更坚定了为这一份事业不懈努力的决心。

在工作中利用公司自身 ERP 管理系统的优势，劲达报关更严格规范的进行管理，从每票单证的接单开始到作业完毕，都由电脑记录在案并对各个作业环节设置规范作业的时间要求，并以此对各个岗位的工作进行评估考核。同时对报关差错率进行严格的制度管理，劲达将每月的差错率都较好的控制在百分之零点几。报关部的各个部门每个月都会进行业务形式分析，不但就业务量、人员状况进行汇总，更就每月的业务走势进行分析，为公司做决策提供依据，还就一些案例进行分析探讨，以便触类旁通、举一反三。近年来劲达每次都被上海海关评为上海关区申报质量五星级企业。2013 年，劲达报关更荣获了中国报关协会颁发的"预归类服务单位"资质。

各种荣誉来之不易，劲达报关更要悉心维护，而"以真诚之心、行信义之事"的信念则是"劲达报关"贯穿始终的行事准则。建立一个好的品牌很难，它需要经过很多人的付出才能获得，而毁掉一个品牌则太容易。因此，劲达的品牌形象和品牌价值需要在今后的工作中以更优质诚信的服务理念去不断提升。

（作者：陈国根　张俊）

# 精心铸造诚信规范品牌
## ——东莞市基业报关公司

东莞市基业报关公司（以下简称基业公司）是于1995年3月经东莞市经贸系统申办，并由国家海关总署批准成立的一家专业报关公司。18年来，随着东莞市经济建设的逐步发展，公司经营不断扩大，相继在黄埔海关属下设立了6个分支机构，员工队伍也由初建时的十几人逐步增加到几十人。目前，基业公司主要经营项目为代理报关、电脑打单，代理报检业务；有关报关、报检的咨询业务。

基业公司十八年如一日，积极开展企业自律与诚信服务创建活动，自始至终做到了"四个坚持"不动摇，即坚持依法经营，坚持规范管理，坚持优质服务，坚持发展创新。靠着这个品牌，基业公司取得了经济效益和社会效益的双丰收。2006年12月，基业公司在首届"全国报关企业诚信服务百优评比活动"中荣获"全国优秀报关企业"称号，并收获"诚信服务"单项奖。中华人民共和国黄埔海关于2008年10月对公司适用A类管理的决定，使基业公司成为黄埔关区首家适用海关A类管理的代理报关企业。2009年度荣获中国报关协会授予的"全国优秀报关企业"称号。2012年，在第三届"双优评比"活动中再次荣获"全国优秀报关企业"称号。

### 一、坚持依法经营，为铸造品牌夯实基础

报关企业是对国家、委托人、员工承担社会责任和风险的中介服务机构，这一属性决定了依法经营是公司在市场竞争中取胜的立业之魂。

要想依法经营，首先是知法。公司自成立以来，始终以"海关报关企业管理指引"和"报关行业自律准则"来规范自身的业务行为，采取多种形式组织所属员工学习海关制定的有关法律规定和报关市场规则，教育所属员工恪守职业道德和执业纪律，不断丰富从业人员的法律知识，从而逐步增强全体员工的法制观念，提高依法经营的自觉性。二是守法。在知法的基础上，基业公司始终把守法贯穿在经营的每一个环节，凡是违法的事不做，凡是违规的业务不办，重大事项经董事会和经营班子讨论决定，确保所有的经营活动遵循"法"的轨道。日积月累，坚持不懈，使企业的公信力不断增强。三是用法。多年来，基业公司坚持把国家、海关的法律规定运用到经营之中，除运用在办理进出口货物通关中外，还能严格遵守《中华人民共和国劳动法》，全员订立劳动合同，为企业每一个员工缴纳劳动保险。这不但保护了劳动者的合法权益，构建了企业和谐的劳动关系，也体现了公司严格按照国家法规从事业务活动的经营思路。同时，公司坚持依法向国家缴纳税款，坚持按照市场规则合理收费，均受到了有关部门的高度评价。公司经营18年来，在海关、商检、税务及工商等部门均无不良记录，保证了各项业务健康发展。

**二、坚持规范管理，为铸造品牌提供保障**

基业报关公司经营18年来，始终把劲使在内部管理上，力求严格管理、规范管理，取得了丰硕果实。同时，赢得了海关、代理报关企业及同业人士的良好口碑。

一是规范制度。在经营实践中，基业公司逐步建立健全企业内部各项管理制度，如：各级例会制度、内部培训制度、财务制度、人事管理制度等。印章、委托书、报关日志、报关单证、财务账册等均按海关要求建立和管理。2007年，公司将多年建立和积累的各项规章制度汇编成册下发各分支机构；2013年，再次将制度汇编进行了整理修订下发，这些制度对规范内部管理起到了重要作用。

二是规范操作。作为专业报关公司，就应该打造企业专业文化，依靠专业取胜。基业公司认为，规范操作是实现报关企业专业化重要途径之一。为此，公司建立起所属机构各岗位责任制，下属各分支机构均根据自身业务范围制定了报关作业流程。付诸实施后，保证了办理各项通关业务的规范化，也大大降低了业务差错。由于规范操作，公司逐渐向报关专业化水平大步迈进。

三是规范队伍。坚持以人为本，构建企业人本文化是做好各项工作最基本的原则。多年来，基业公司在建立、培养和发展员工队伍上下工夫，做了大量积极有效的工作。一是严把招聘关，力求把符合行业需要的应聘者选拔进来。二是加强培训，在以工代训的基础上，积极参加海关举办的各类培训班，让自身的知识不断更新。三是建立奖惩制度，充分调动员工的积极性和创造性。四是把优秀员工选拔到管理岗位，为其创造可持续发展的成长环境，让他们有信心有盼头，目前为止已逐步选拔各级管理人员近30名，占员工总数的40%。在中国报关协会历届组织的评比中，公司先后有11名报关员被评为"全国优秀报关员"。

### 三、坚持优质服务，为铸造品牌提升信誉

多年来，基业报关公司始终以客户至上、优质服务为兴业之本，不断从技能、质量和信息化入手，全方位提升服务水平。

1. 技能。专业报关公司，就应该具备专业知识、专业技能。专业人才构成了专业企业，专业企业必须具备专业人才。多年的实践让我们认识到，坚持优质服务首先应造就一批具有专业技能的员工，否则就是空谈。我们从四方面入手：一是提高招聘门槛，具有全国报关资格证书和具有两年以上报关经验的应聘者优先录用。二是加强对从业人员培训，不失时机地推荐他们参加各类培训班，以提高其专业水平。三是建立各项考核和奖惩制度，督促他们在实践中自觉学习和提高。四是留住人才。把品技兼优的员工及时选拔到管理岗位，同时，用人性化管理和良好的待遇留住员工。我们的付出收获了从业人员用熟练的技能对社会的回报，切实让代理报关企业通过我们的服务感受到了优质和安全感。

2. 质量。质量是优质服务的试金石。服务的好与差，关键看报关质量的高与低。业务实践告诉我们，报关行业的质量主要体现在"快、准"两个字上。

为了确保快捷通关，各分支机构广泛采取了员工作业分工明确、统一接单派单、专人监督跟进、优化通关环节流程等措施，从而提高了工作效率。在此基础上，基业公司急客户所急，帮客户所需，积极协助代理报关企业积极快捷解决在通关中产生的突发和异常问题，即加快了通关速度，又在代理报关企业中建立了良好的威信。

为了提高准确度，基业公司实行了记分登记、报关差错分析、交叉对单等业务质量监督和复核制度，对由于责任心缺乏导致差错的员工给予酌情经济处罚等，使差错率大大降低。根据海关数据统计，基业公司2012年1至11月份在黄埔关区单量名列第一，而差错率仅为0.72%。

3. 信息化。社会已经进入信息化时代，优质服务也必须利用信息手段。代理报关企业也尝到信息化服务的甜头。为此，基业公司建立了企业自主网站，把海关政策及业务动态挂到网上，让代理报关企业及时掌握海关政策的变化和各类有关业务动态，以便在通关中参考和运用，企业自主网站受到了代理报关企业的关注和好评。在海关实行无纸化报关的基础上，公司全方位实行通关作业电子化，利用提前联网报关、网上税费支付、进口通关单联网等新技术手段，优化通关作业模式，即降低了代理报关企业运作成本，又简化了报关放行手续。同时，基业公司还定期走访代理报关企业，及时与客户沟通信息，重视海关、客户各类信息和满意度的反馈，及时纠正在通关中出现的问题，均取得了良好的效果。

展望未来，基业公司将不断总结经验，与时俱进，深入持久打造诚信规范品牌不动摇，在竞争中求生存、谋发展，并以最好的服务满足报关企业的需求，为社会提供畅达良好的报关空间，也希望有更多的企业和委托人能够感受到基业公司"诚信、规范"的服务。

# 顾客至上　诚信服务
## ——天津中铁青源国际货运代理有限公司

天津中铁青源国际货运代理有限公司（以下简称天津中铁青源）是集报关、报检、仓储、国际运输等服务为一体的专业报关企业。公司总部坐落在天津经济技术开发区，下设滨海分公司、天津机场分公司、北京首都机场分公司、保税分公司、关务分公司等分支机构。天津中铁青源国际货运代理有限公司是天津最早开展预归类业务的专业报关企业之一，在2008年取得天津报关协会授予的"进出口商品报关预归类单位"称号，在2012年取得中国报关协会授予的"进出口商品预归类单位"称号。为海关总署审核AA类报关企业，天津报关协会副会长单位，于2012年荣膺"全国百优报关企业"称号，并在2010年通过ISO9001：2008标准认证。天津中铁青源秉承"顾客至上，诚信服务、锐意进取"的经营理念，为客户提供优质、高效的一站式、全方位、贴身式的专业服务。

### 一、加强教育，在学习中诚信为本确立的理念

天津中铁青源公司在平时的工作中，注重加强法律法规的教育，贯彻守法便利的原则。海关颁布新的法规、政策，公司会积极组织员工学习，保证对政策的了解。同时我司会向客户宣讲海关政策，让进出口企业在第一时间了解政策法规，充分运用海关政策服务企业。公司经常开展诚信教育，用实例对公司内部人员进行教育，保证警钟长鸣；设立

"诚信奖",定期在公司评比,客户可参与投票,对获奖人员给予物质奖励,引导员工遵纪守法,诚信经营。我公司以客户需求为向导,以客户的满意度为宗旨,实行网络化管理模式。在京津两地铺设了多个网点,在提供传统报关服务的同时,在天津机场和北京机场、天津保税物流园拥有海关监管仓库,在天津西青区设有危险品仓库,实行专人管理。

天津中铁青源基于报关行业特点,本着"以人为本"的理念,在管理上突出人的管理,特别是突出对报关从业人员的制度管理、专业培训和职业道德教育,公司对个人设定明确的岗位责任制和作业流程。他们在工作中不断改进工作方法,提高服务水准。随着通关模式的改革,公司始终不断创新通关方案,给客户提供超值服务,在报关协会的大力支持下,提高公司的核心竞争力,转变公司职能,携手优质客户,开发公司业务发展的新蓝海。

## 二、努力探索,在实践中完善诚信服务方式

天津中铁青源公司内部每周对报关质量进行汇总上报,包括质量汇总表、差错分析表、对策表等,每周二下午召开质量会,公布各分公司报关差错数据,针对本周差错出具对策表,对制单组、报关组、操作组进行培训,把历次出错的单据汇总成册,作为教材对新入职的员工进行典型案例的教育,使质量第一的概念从员工入职开始就深入人心。各分公司每天有晨会,针对前一天出现的差错,进行现场培训,找出差错原因和责任人,减少重复犯错的几率;积极参加中国报关协会和天津报关协会的各种报关培训,提高各种操作技能,增强公司整体报关实力。

随着海关总署推进无纸化报关的进程,天津中铁青源是天津关区、北京关区首批无纸化试点单位,开发了报关管理系统,系统和企业实现对接,报关数据直接导入录入系统,直接用于报关和报检,保证数据的准确,并成为首批电子存档的试点单位。在国务院、海

关总署倡导的"三个一"的创新模式下，我司也配合天津海关、天津商检、天津电子口岸在天津关区首次申报成功，简化了项目和程序，节省了时间和成本。

**三、锐意进取，在创新中打造诚信服务品牌**

天津中铁青源从开始成立就设立了客服部，每个客户都设有专职的客服，对于业务多的客户，公司会专门派人驻厂和企业进出口人员共同办公，第一时间拿到单据，第一时间解决问题，第一时间反馈。深度介入企业，参与制定报关物流方案，研发报关管理系统，与企业数据进行对接，保证企业的报关质量和报关速度，同时也为将来的无纸化通关做好了准备。公司每月对企业进行回访，每季度对客户进行满意度调查，保证对客户的关注度，时刻了解客户需求。

天津中铁青源在ISO9001认证的基础上，每个岗位都制定了详细的作业指导书，对作业流程进行了细致的分解，并找出流程的关键点和关键岗位，保证流程的贯彻和执行，并且加强内控机制，成立了操作部，负责对数据进行统计、汇总、分析，找出不足，不断优化流程，并结合工作的实际情况，定期对工作流程进行评议，随时调整因职能部门的工作变化给公司业务带来的影响。同时通过业务分析，掌握客户需求，为客户提供更加贴心的服务。从2007年初，公司内部开始组建商品预归类团队，培养归类人才，研发归类系统，为企业提供预归类服务，加快了企业的通关速度，减少了通关风险，降低了通关成本。

多年来，天津中铁青源不仅凭借过硬的操作实力，同时更力求于客户关系方面的建设，为许多大型企业提供优质服务。目前由我公司代理通关等相关服务的主要客户包括：摩托罗拉、三星通信、富士康、飞思卡尔、维斯塔斯、中芯国际、西门子、约翰迪尔等大型外资企业。天津中铁青源通过多年在报关行业的打拼，聚集了多名报关精英，并在北京机场设立了分公司，取得了不错的业绩。2012年度天津关区报关单量居关区第4名，北京关区报关单量居第7位，报关质量居全关区第2名。在工作中，公司一直秉承"守法诚信，质量第一"的宗旨，注重报关队伍建设，定期培训学习，向其他报关单位取经，丰富自己的管理经验，提高公司员工的报关技能。

（作者：张益海）

# 坚持诚信守法原则　促进企业健康发展
——东莞市和记报关服务有限公司

东莞市和记报关服务有限公司（以下简称和记公司）成立于2005年9月29日，经过8年的发展，已建立起以进出口报关为主，深加工结转报关、减免税备案、加工贸易合同手册备案、核销等保税业务为辅的业务体系。公司于2008年7月被海关评为"A类管理"企业，又于2010年1月被海关评为"AA类管理"企业，2012年被中国报关协会评为"全国优秀报关企业"。多年来，和记公司积极开展企业自律与诚信服务创建活动，在发展的道路上一直恪守诚信守法原则，努力为客户提供优质服务，赢得了广大客户的认可和信任，实现了健康、可持续地发展。

## 一、遵纪守法，是企业发展的前提

只有做到了遵纪守法，企业才能稳定、可持续地发展。和记公司一直以来坚定地走守法经营的道路，坚持不出借、不出租、不分包、不挂靠的经营方式。在选择与客户合作时，公司会严格审核客户的资质，派员到工厂实地考查，与负责人会谈，了解对方的企业状况，以确保诚信申报，杜绝违规走私现象的发生。达到双方满意的结果后签订合作协议，明确双方责任，确保双方按《海关法》及有关法律、法规为准则办理一切进出口及相关报关手续。对于一切不规范、违反相关法律法规的，一律拒绝接受委托。

## 二、规范管理，是企业发展的基石

随着社会的发展，海关通关作业模式也在不断改革，从手写报关到电子报关单,从 H883 系统到 H2000 系统,再到现在的 QP 管理系统;从以前的模糊申报到现在的规范申报。这就要求报关企业自身管理也需不断向规范化提升。为此,和记公司认真学习落实《作业规范》,并在此基础上,根据自身实际情况,修订完善了一系列内部管理制度,包括《报关员管理制度》、《报关业务质量监控制度》、《报关差错分析制度》、《单证管理制度》、《内部培训制度》等相关制度,以确保日常工作按相关制度有序运行。

### 三、诚信服务,是企业发展的品牌

多年来,和记公司一直坚持以诚信服务作为企业的品牌,坚持不断向客户宣传守法经营、诚信服务的思想,对于依靠"打擦边球、搞关系"的客户婉言谢绝,积极履行合理审查的义务。和记公司依靠诚信服务,明确相关服务项目、明确双方责任、制定收费标准,在报关过程中,用专业知识为企业服务,避免了欺瞒、欺骗行为。使得一大批客户从公司成立建立合作关系至今一直不离不弃,且业务量稳步上升,2011 年报关单总量为 66615 票,2012 年报关单总量为 81568 票,2013 年 1~9 月报关单总量为 72654 票。

### 四、注重质量,是企业立足的根本

报关质量高低将直接关系到企业的经济效益和生存发展。2012 年度和记公司报关差错率为 1.03%,2013 年 1~9 月报关差错率为 0.95,差错率明显下降。和记公司主要从三个方面入手降低报关差错率:一是流水作业。和记公司的作业流程为"流水线"式作业,从接单、预录入、制作单证、核对、复核,每一步均由不同人员作业,并制订各部门及各岗位的职责,要求严格执行,做到责任到人、层层把关、递进审核。二是推行质量监控制度及差错分析制度。做好对报关每一环节的监控,出现差错后,立即召集全体员工分析原因、确定改进措施。三是加强员工自身素质的培养。报关工作是一项专业性、政策性、操作性都较强的工作，要想更好地胜任这项工作，就必须不断学习和提高。在加强员工素质管理上首先严把招聘关，对应聘人员文化、水平、能力等有关情况作全面测试，以确保受聘人员能够适应工作要求。

(作者：叶冬武)

# 勇于探索实践　创建诚信企业
—— 上海增振国际物流有限公司

上海增振国际物流有限公司（以下简称上海增振）是上海市报关协会副会长单位，上海关区 AA 类报关企业，已连续三届荣获"全国优秀报关企业"荣誉称号。上海增振是一家经商务部批准的综合性物流企业，主要提供进出口货物代理报关，海上、陆上、航空国际货物运输代理业务，仓储、报关报检等物流服务。公司除了在上海设立了 9 家办事处外，已在常熟、苏州、淮安、重庆等地区设立了分公司。多年来，上海增振在企业经营中坚持勇于探索实践，创建诚信企业的工作目标，促进了企业的健康发展。

## 一、恪守诚信诺言、严格自律管理

企业诚信经营是企业在市场经济中取得成功的基础，是在激烈的竞争环境下立于不败之地的关键。上海增振遵照中国报关协会制定的《报关行业自律准则》，制定了一系列规范严格的公司规章制度，培养员工的良好的职业道德和职业操守。公司的每一个员工都把热情服务、诚实守信作为我们的服务宗旨，保守商业秘密的同时对于客户提供的报关单证进行细致核对和相互印证，达到单证的一致性、有效性和完整性，切实做到"不漏报、不瞒报、不误报"。对于报关人员的管理，要求其积极参加海关、报关协会或其授权单位组织的各类岗前培训，提升自身专业能力的同时自觉抵制和纠正行业不正之风，维护报关行业形象。

上海增振在遵守海关相关法律法规的同时引导企业客户在有关法律、

行政法规和行政规章规定的范围内从事经营活动，协助企业了解海关、协会最新的监管政策和公告。另外，我司在内部建立了一套完善的报关单证留底流程，帮助客户建立完整的单证留底资料，在帮助客户实现自我审查的同时也积极配合海关的核查稽查工作。例如，在2013年上半年海关在一次单证审核中发现申报的一个商品编码存在疑义，经过资料的补充提供和归类的认定发现确实存在申报有误，由于错误申报的商品编码与正确的商品编码存在税差，公司主动与客户一起开展企业内部自查，发现另外还有几票单证也存在此类错误，秉着诚信的原则，公司与客户一同主动向海关申请补税，避免了国家税收的损失，同时也体现了公司诚信自律的企业精神。

## 二、履行诚信服务、保证通关效率

上海增振每年报关单量在26万票左右，根据单量较大这一特点，公司将每个部门的单证操作部分成接单组、预录组、审单组、理单组四个岗位组别，每个组别根据单证类型制定相应的操作流程，严格要求每个组员根据操作流程操作，并要求不同组别间根据实际操作特点进行有效衔接。

规范的操作流程。首先，公司实行部门责任制，部门主管是部门第一责任人，全面负责部门各岗位的管理工作。各级组长为直接责任人，具体负责组内各项实际操作工作。部门主管及组长对各岗位员工实行连带责任制。其次，公司设有专门的监察小组，不定期对部门的各操作岗位进行监督检查，确保公司各项操作按规范执行，一旦发现问题，各责任部门必须出具书面整改报告，并落实第一责任人。另外，公司许多单证与客户达成协议，从客户提供的资料开始都采用标准化电子发票，并利用计算机进行操作。这种计算机生成数据加人工复审的模式最大限度地减少报关差错，从而最大程度地提高报关质量。报关差错率的高低不仅是海关衡量企业进出口经营活动水平、分类管理措施的重要参考指标，也是衡量一个报关企业管理水平高低、员工素质优劣的试金石。报关差错多，不但给海关正常工作造成很大的麻烦，给进出口企业造成一定的损失，而且严重影响了报关企业的服务信誉。因此，最大程度的减少报关员记分、降低差错率，提高报关质量，是进出口企业和报关代理企业共同的职责。公司会定期组织每个部门联合举行差错分析会，每个部门将内部的差错通过分析会的形式进行总结，分析原因查找差距总结经验。增振从申请成为 AA 类报关企业以来，报关差错率一直控制在 0.5% 以内，远低于 AA 类企业 3% 以下的标准，这不仅是企业诚信服务的体现，更是企业在市场竞争中立于不败之地的一项法宝，提升了企业的综合竞争力。

### 三、建设诚信团队、促进企业发展

建设诚信团队是打造诚信企业的核心。上海增振鼓励员工积极参加海关、报关协会组织的各类岗前培训、在职培训，并坚持在职自学，以达到熟悉国家相关法律法规、税务、外贸、商品知识，精通海关法律法规、海关业务制度和办理海关手续的技能。为使员工的专业能力满足岗位的要求，公司对于参加报关员资格考试并顺利拿到合格证书的员工进行奖励。增振从 08 年开始与职业介绍所建立合作，成为松江区职业见习基地，在公司领导的重视和鼓励下，一大批员工通过努力，从一名刚踏出大学校园的实习生成长为公司的业务骨干，为公司补充了新鲜血液，也从整体上推动了公司的发展创新。

上海增振把重视员工需求、关爱员工作为增强企业凝聚力的一项重要内容。第一，不断丰富员工业余文化生活。根据公司员工的社交需要，组织各种娱乐活动，丰富员工的业余文化生活。第二，不断提升员工的自我价值实现感。根据公司员工的尊重需要，如对职称、地位、权力的需要，公司建立了健全的人事考核制度、晋升制度、奖惩制度等。第三，不断增强员工的归属感。真正实现"员工为企业添砖加瓦，企业为员工遮风挡雨"的初衷，实现个人与企业共同发展。

（作者：曹强）

# 诚信为天　服务至上
—— 吉林省福达国际物流有限公司

吉林省福达国际物流有限公司（以下简称福达物流）是吉林省福达集团有限公司旗下全资子公司，是经国家商贸部批准的国际一级货代，承办海运、陆运、空运进出口货物的国际运输代理业务。物流基地辐射长春、大连、上海、北京、天津、成都、武汉、佛山等地，拥有包括重型货车、重型牵引车、集装箱车、吊车、叉车、移动桥车等运输仓储设备。此外，还引进了电子化监控、计算机软件管理、运输车辆GPS定位等现代化操作系统。福达物流秉承"诚信为天，服务至上"的理念，连续多年取得ISO9001认证证书、"A类报关企业"、"十佳物流企业"、"诚信物流企业"、"全国优秀报关企业"的荣誉。

## 一、加强换位思考、承担诚信服务责任

福达物流报关业务最大的特色就是能够真正站在客户的角度思考问题。曾经有个客户咨询进口大型设备物流方面的业务，福达物流在提出物流方案的同时，结合福达集团以往进口大型设备的经验，发现该公司并没有向海关申请免税的计划，而且经过提醒后，对方表示虽然有意向申请但并不了解免税政策。公司派专人协助该客户进行海关咨询，并申请到设备减免政策，为该客户节省了200多万元的关税。

福达物流在为客户提供服务时，主动服务客户，迅速形成有效的解决方案。2009年的全球经济危机，使"福达物流"很多客户的国外供货

商受到了的巨大冲击,供货严重不足,客户为了保障按时生产,大规模增加了空运货物量。时间紧、要货急,时差影响……前所未有的清关压力倾泻而来,根据集团的空运经验以及货量的判断,盲目的硬扛并不会完成任务,福达物流果断将情况反映给海关寻求帮助,经过福达物流的详细说明和对解决方案的努力争取,海关高度重视,对企业进行了走访调研并召开专题会议,最后决定对汽车产业相关的企业,在海运和空运货物清关方面提供相应的优惠政策,并要求海关关员加班加点的进行清关和查验作业,帮助福达物流解决了客户的燃眉之急,渡过了难关。

为了及时掌握政策动态,福达物流会多渠道搜集信息,高频率的浏览、查看海关和商务部等有关部门网站,积极参加海关和协会组织的政策宣讲会、企业座谈会、报关员培训等会议。整理后的信息,除福达集团用以研究、培训备用外,福达物流还结合"客户库"中客户的需求领域,以邮件方式及时反馈给客户,以便于客户对自身的经营战略及时作出调整。如国家会不定期对自动进口许可证目录和法检货物目录进行调整,根据"客户库"中的记录,"福达物流"会将涉及的产品及时通知相关客户,为客户节省物流成本和宝贵的时间。

## 二、创新服务模式、履行诚信服务承诺

在物流竞争日益激烈的今天,每家企业都在努力通过管理来缩短各环节时间。福达物流通过提供"一站式"整体解决方案,集中集团整体资源来解决问题,有效的控制物流时间,以全方位的服务来增加客户的信任感。

比如福达物流观察到目前受欧美经济形势影响,不少企业都嗅到了国外二手设备收购的商机。福达物流采取主动出击的方案,在客户进行设备选购阶段就介入,帮助客户查阅搜集二手设备进口的相关政策以及文件材料,积极与海关、商检等部门进行沟通,确定政策解读。根据客户的实际情况,量身定制了解决方案,从设备在国外工厂的拆解、设备

的装运、办理出关手续、货运上船，再到我国境内进口证件的办理以及二手设备商检的提前申请，各个环节都制订了详细计划，并且全程提醒客户的注意事项。有效的帮助客户控制了资产和时间的成本，获得了客户的一致好评。

福达物流有着良好的工作作风与学习风气，老业务员会尽心竭力的带新业务员尽快熟悉工作，"福达物流"的"案例制"就以这种途径传延下去。每周的例会，各位报关员会把在工作中遇到的困难和问题汇总到一起，由大家共同探讨，形成解决方案。对于在工作中搜集到的产品报关信息，都会以客户为单位汇总到一起，使全体人员共享反馈信息。

**三、加强队伍建设、提高诚信服务效率。**

福达物流十分重视对报关队伍的建设。一是培训机制，从员工的培训到取得报关资格证书，公司都以大量的财力物力进行支持。相比于资格证书的取得，"福达物流"更加重视报关员经验的历练和培养团队合作意识，定期组织野外拓展训练等团队活动。二是制定了严格的内控制度和奖惩制度，所有的报关业务都要按照规定的流程操作，责任划分明确。报关时，要求做到单证相符、单货相符，对于业务员审核过的单据，报关员有再次复核的义务。对于由于个人原因造成的损失要追究当事人及主管领导的责任，对于差错比率低，吃苦耐劳的员工年底会有相应的奖励。三是有着严明的工作纪律，严禁接受企业的违规要求，对于不规范的企业，拒绝接受其报关委托。报关员对业务员的委托业务负有监督义务，发现不规范的报关委托，必须拒绝并上报公司。四是重视反馈评价，定期对客户和海关关员进行走访，及时了解报关员在工作中的表现。公司要求报关员提升整体素质，既要把自己当作帮助海关管理企业的助手，也要把自己作为企业在海关的代言人，既要对企业宣传海关政策和各项法规，也要对海关反映企业的需求。五是由专人对报关员扣分进行管理，制定奖惩制度。查找扣分原因，并加以避免。如由于"企业超期未年审"

导致报关员被扣分的问题，福达物流对所有客户的海关注册有效期限进行了统计，在期限到期前提醒客户进行年审。这一措施，既避免了报关员因此被扣分，同时也帮助企业避免了因年审过期而导致的货物清关延迟。公司的服务得到了海关与客户的一致好评。

（作者：季红梅）

# 自律诚信　尽职服务

## ——上海远山国际货运有限公司

上海远山国际货运有限公司（以下简称上海远山）是具一级货代资质的专业报关企业，是上海海关 A 类报关企业、上海市报关协会常务理事单位。

上海远山全体员工尽心尽职，努力为客户提供最优质的服务，在海关、质检、工商、税务、外汇管理和银行等行政管理部门具有良好的信用，并获得"2008 年上海关区优秀报关企业"、"2008 年上海诚信创建企业"、2009 年，获得中国报关协会"全国优秀报关企业"的荣誉，主要代理的货物涉及信息工业、家电、纺织品、机械制造、化工品、玩具、卫浴设备、注塑机及零件等。

上海远山在上海海运口岸、航空港、保税加工区和物流园区都设立了业务运作部门、形成广域的、集成化的运作体系。2012 年，公司承接的进出口操作总量逾 13 万单。公司兼营、代办国内和长三角地区的运输和其他延伸业务，优质、高效、多元的物流服务经营绩效得到客户的肯定。

### 一、坚持依法经营，夯实诚信服务的基础

上海远山在实践中深刻感悟到依法经营是企业树立诚信服务形象的基础，是企业长远发展的生命线，因此公司教育全体员工在履约和服务全过程中，严格遵守国家和海关制定的法律法规，坚守职业道德，执业

纪律，充分意识到自己所从事的报关行业是一个关乎国家利益的特殊行业。在整个业务流程中时刻保持清晰的法制观念，提高依法经营的自觉性，坚决杜绝瞒报、虚报和伪报等违法违规行为。公司自成立至今，没有发生一例走私违法事件。

为了能够动态地及时地掌握海关的最新的监管政策，上海远山的公司领导经常拜会海关和报关协会，分享信息、加强交流、增进理解和信任，及时了解海关在进出口监督方面的新政策、新举措。在遵守海关、商检法律法规的前提下，发挥主观能动性，为客户提供最快捷、最优值和最规范的通关服务，做到使海关信任，让客户满意。

**二、规范专业操作，提高诚信服务质量**

抓好质量管理，降低错单率是报关企业经营管理的硬道理。上海远山采取各种措施，努力降低单证差错率，完善质量考核制度，订立科学的考核指标，用实际的数据，如报关单量、差错率等作为重要依据，对每一位员工进行绩效考核，努力使全体员工自觉地把优质服务的理念，转化渗透到每一票具体的报关行动中。

对于每一份错单，公司都要求相关人员分析其出错的原因，制定弥补差错的措施。事后，将整个过程写成报告，张贴在公司的公告栏，使全体员工都知晓此案例，做到：有则改之，无则加勉；把教训转化为经验，在实践中不断提高质量技能。对于每月考评中，无差错的制单员工，公司不仅在评议会中给予表彰，还给予适当的奖励。在公司内形成每个员工自尊自信，努力钻研业务，学习专业知识，用专业的态度，做好专业的事情的工作氛围。

上海远山管理层意识到：要优化申报质量，必须建立高效的流程管理，才能从机制上严格控制差错率。为此，管理层以报关业务流程中各个重要工序为结点，在每个节点前后增加预审和复核，最大程度地保证报关单各项数据和信息的准确性。安排在预审和复核岗位人员的均是具有高度责任心且有三年以上的报关经历的业务骨干,这一环节的设置对于提高通关效率,保证单证质量产生了明显的效果。公司也由此收到了流程化管理带来的效益。公司制定考核指标对每个从业员工实行例行的考核,由副总经理负责实施考评活动,按月对每一个员工都进行综合性书面考评。同时也要求员工,在日常工作中自觉做到"自律、自检、自查和自我完善"把握好每一票单证的操作。做到上下一心、齐抓共管,形成操作流程的规范化、工作标准化。

**三、创新服务模式,构筑诚信服务局面**

为提高单证质量,确保货物及时顺畅通关,上海远山公司注意收集、传达海关最新政策法规,把资讯传递给客户,让一线业务人员和报关服务参与人员及时、准确把握。考虑到有些客户单位,物流部门的员工缺乏对通关程序的了解和缮制单证的技能,提交的原始单证就存在很多缺陷和差错,公司开辟了"走出去"上门为客户贴身服务的通道,向客户单位派驻业务员。上海远山针对由客户造成的差错,如客户提供的单证内容错误、手册超量、核销单备案错误、HS归类不正确等错误,公司以积极的态度对待,主动与企业沟通,共同分析原因,寻找解决的方案,加强双方交流,共同防止类似的差错重复出现。

辛勤的付出、优质的服务,为公司赢得了良好口碑,提升了在海关与客户中的美誉度。公司新增客户涉及机械、电子、医疗等领域,原有客户的报关单量保持稳定,无客户重大质量事故投诉,获得了海关主管部门和客户的认可。"做强企业,领先同行"是上海远山国际货运有限公司的奋斗目标。2009年,中国报关协会开展"百日创优"和"全国优秀报关企业和优秀报关员评比"活动,为公司加强诚信服务、遵纪守法、提高报关质量、自律规范营造了一个有利的外部环境,为公司加快发展步伐提供了良好的契机,公司积极投身评比活动,全体员工倾力参与,获得了"全国优秀报关企业"的荣誉,两名员工被评为"全国优秀报关员"。

"长风破浪会有时,直挂云帆济沧海",上海远山国际货运有限公司借力于中国(上海)自由贸易区的设立的新机遇,为实现远大的目标而励精图治、矢志不渝地努力奋斗,为国家经济建设和对外贸易的发展尽一份力所能及的责任。

# 深入企业服务　　打造诚信品牌
——海程邦达国际物流有限公司

20年来,海程邦达国际物流有限公司(以下简称海程邦达)始终坚持"诚信自律、优质高效"服务理念,守法经营,从加强企业内部管理,严格业务操作规范入手,按照海关的管理规定和报关协会倡导的行业自律有关行规行约,严格规范报关行为,积极配合海关的通关改革工作,精心打造诚信服务品牌。从2006年起多次被中国报关协会授予"全国优秀报关企业"和"全国优秀报关企业"荣誉称号,2008年被中国报关协会授予首批"进出口商品预归类"单位,2010年成为全国首批海关AA类管理企业,2012年更是成为无纸化通关的第一批试点报关企业,圆满地完成了各项报关服务任务。海程邦达现已连续四年报关逾17万票,成为山东口岸报关业务最大的报关企业。

## 一、加强自律管理,夯实服务品牌基础

健全完善的管理制度是保障企业规范有序运转和保证企业可持续发展的基础。海程邦达在不断完善制度中不断完善自己,在健全完善的管理制度下发展壮大。海程邦达的高层们深刻地悟出了"管理出效益"的真谛。为了有效降低报关差错率、提升企业效益,海程邦达特别注重"制度管人、制度育人"的措施。一是建立了员工奖惩制度。对于职业道德好、业务能力强、差错率低的报关员可优先参加本企业优秀人才的选拔、优先参加公司的旅游及团队拓展训练,若在KPI(关键业绩指标)

考核中获得到高分,则直接与绩效奖金挂钩,并作为"优秀员工"重要评选条件。二是实施单据终审制度。海程邦达十分重视对单据审核力度,他们在实行单证复审制度的基础上,又增设了单据终审制,由业务主管以上员工担任终审员,规定只有通过复审和终审两道"关卡"的报关单证才能向海关申报。三是坚持差错讲评制度。由差错发生当事人及其部门负责人就案例作出分析、说明和讲评,总结经验、汲取教训、引以为戒。健全和完善的管理制度,强化了企业内部管理,激发了员工的工作热情,调动了员工遵守职业道德、参与企业管理的积极性,提高了企业的工作效率和经济效益,有力地保障和推动了企业各项工作健康稳定持续发展。

坚持周例会讲评制度,及时分析和解决报关业务中发生的问题。在每周召开的例会上,对一周出现的报关业务疑难问题、差错发生率等进行情况通报,通过员工互动分析查找原因,把问题讲明、讲透、讲彻底。按照部门分工和岗位职责,各业务部门每月初将上月的报关单量、报关员记分、差错率及整改措施等上报关务中心,由关务中心审核、统计、综合分析,并根据海关和ISO9001-2000质量管理体系认证的要求提出整改意见和建议,为管理层提供决策辅助。与此同时,公司注重加强与海关和报关协会的联系与沟通,及时了解和掌握海关最新政策法规,通关改革的变化,及时调整作业流程,避免因政策变化而导致报关差错的发生。

### 二、热心服务客户,拓展服务品牌市场

把密切加强与客户的信息沟通、建立互信渠道,作为提高报关质量和稳定货源的重要途径落到实处。公司成立了由总经理任组长,业务经验丰富、沟通能力强的客服人员组成的客户协调小组,有针对性的深入到重点客户企业进行实地业务调研、考察和协调,适时掌握企业进出口情况,了解企业有哪些特殊需求,做到心中有数。尤其是新企业新项目,

更是针对客户报关业务的特点,派驻有经验的业务人员到企业驻厂,一方面为企业现场策划关务方案,培训关务知识;另一方面为企业灌输规范作业、风险防范的关务理念。对于不同企业在提供商品信息和通关中容易发生差错的问题,召集企业相关业务人员举办业务讲座,为其逐条归纳分析差错原因、讲解纠正的方法、强调应注意的问题,提高了企业信息的准确性,降低了企业信息的差错率。

海程邦达积极争取海关和地方外经贸管理部门的支持,联合组织外贸企业进行海关通关知识培训,多次组织企业负责人到港口码头、物流企业现场观摩学习,让进出口企业增长海关知识、了解通关程序及各种单证的要求,增强企业的法规意识和责任感,共同营造良好的报关服务环境。与此同时,海程邦达不断深化与进出口企业、加工贸易企业之间的更为密切的业务合作关系,从企业的注册备案、电子口岸的制卡、审卡到商品预归类社会化服务等各个业务环节,全方位地做好服务工作,做到"有求必应"、"有难必解"、"有错必纠",将差错最大限度地控制在海关门外。

### 三、坚持科技创新,提升服务品牌品质

质量为本,科技先行。一是实现了报关台账和报关单证由纸质更新到电子文档,操作快捷简便。二是自行研制开发了 SHIPPING 系统、报关子系统、文档管理等软件,结合人工复审、终审等措施,有效地降低了报关差错率。三是凭借完善的现代信息技术,积极参与海关重大通关改革项目的实施工作。公司先后参加了无纸通关、网上付税、属地报关口岸放行、电子账册、商品预归类社会化服务及分类通关、单证代存等多项试点工作。海程邦达坚持科技创新,提升了服务品牌质量,先后承担和完成了多项国际交流活动,成为 2008 年北京奥运会和 2010 年上海世博会指定物流服务商,中国进出口商品交易会、航海 F1 沃尔沃环球国际帆船赛等重大活动和大型展会物流服务商,

十多年的风雨历练,高度的责任意识及灵活变通的优化管理理念,使海程邦达昂首阔步,蒸蒸日上。

(作者:吕晓燕)

# 坚持自律诚信　促进企业健康发展

——无锡佳达国际货运代理有限公司

无锡佳达国际货运代理有限公司（以下简称无锡佳达）成立于2005年5月，公司以团结、诚信、拼搏、创新的企业文化打造了一支技能精湛、具有开拓创新精神的高素质通关物流人才队伍，致力于国际货运代理、报关报检代理、特殊区域保税物流及国内仓储配送业务，为客户提供物流供应链的优化解决方案。经过多年的开拓发展，公司已在深圳、重庆、郑州、天津及华东大地区等12个城市及地区开设了分支机构，并通过加入世界货物运输联盟（WCA）在全球大部分地区建立了综合物流服务网络。近年来，无锡佳达凭借日益完善的物流网络，先进的现代化物流信息技术以及强大的自律管理能力，成为华东地区优质的供应链服务提供商。2011年被第27届亚洲国际集邮展览组委会选为指定物流供应商，2012年被评为"全国优秀报关企业"，2013年，公司又喜获商品预归类服务单位的资质，可谓年年都有进步，有力地促进了企业的良性发展。

## 一、强化诚信服务意识，树立规范诚信形象

坚持依法经营原则，做到遵纪守法。在日常经营业务活动中，无锡佳达严格遵守《海关法》等法律法规，做到了不超范围经营，也绝不对外出借或出租公司各类业务经营权，保证国家和企业的利益不受损害。

坚持规范报关原则，做到数据准确。对一些企业委托的以特殊贸易

方式进出口的货物，因为涉及税收和监管证件的减免，无锡佳达力争透彻了解贸易背景和事件的来龙去脉，保证报关方式的正确应用。一些大型设备，特别是生产线的进口申报，因为货值巨大，稍有差错可能会导致很多的税收差异，无论对企业和国家，都可能造成巨大的经济损失。无锡佳达坚持细致严谨的工作作风，尽力提供准确信息，做到不瞒报、不漏报、不伪报，诚实守信。

**二、坚持诚信服务原则，做到客户为先**

无锡佳达一方面忠实于客户企业的委托，将企业所提供的货物和单证情况完整地呈现给海关，保证申报过程中信息不走样；另一方面，信守服务承诺，在承诺的时间里完成货物的运输和清关，为企业提供规范高效的物流通关服务。当然，对客户所提供的货物信息和单证内容，无锡佳达也严格审核，在提供优质服务的基础上，避免被个别不法企业钻空子，给国家带来损失。

多年来，无锡佳达坚持诚信服务，加强自律管理，申报质量一直居于行业前列，促进了物流通关时效的提高，赢得了海关和客户的广泛赞誉。客户不断增多，业务不断增长，市场不断扩大，在做大做强的良好态势下健康发展。公司不仅多次被评为"南京关区诚信规范报关企业"、"全国优秀报关企业"，还赢得了通用电气医疗（中国）有限公司、捷普电子（无锡）有限公司等国际著名跨国公司颁发的"最佳服务供应商"奖，有效地提升了企业的知名度和信誉度。

**二、加强自律管理，积极配合海关搞好通关改革**

强化质量意识，有效提高自律管理水平。无锡佳达自主开发的货代业务管理系统软件，为实现实时监控管理物流、报关业务提供了保证；各类台账的建立，为分析总结报关差错，加强责任考核提供了依据；员工的长效培训机制，提高了报关员的业务水平，使公司拥有了一支高效团队；根据《作业规范》要求，进一步规范"报关专用章"的使用权限，提升了报关委托书填制内容的规范性、完整性。另外，对报关业务各个环节不间断地进行监督考核也促进了员工质量意识的提高。通过以上种种办法，有效地遏制了差错的发生，2011年公司全年申报的报关单份数为9.3万份，申报差错率为0.25%。2012年申报单份数9.7万份，差错率控制在0.3%以内。

作为海关和进出口企业之间的桥梁，无锡佳达在加强自律管理的同时，力求做好海关通关政策的宣传，并自觉带头执行。每次海关通关政策改革，佳达都不负所望，全力支持配合。2011年，无锡佳达积极配合推动关区内"区港联动"便利通关模式运行，创新物流通关模式，大大提高了清关效率。2011年上半年，报关终端QP系统试点期间，无锡佳达充分发挥客户多、模式广的优势，给海关技术部门提出了改进建议。2012年，随着无锡海关综合保税区运行模式的日趋成熟，我们加大了保税物流业务的开发。从2011年到2012年，到无锡从事保税业务的客户数量和业务票数，都有质的飞跃。2013年，随着无锡综保区海关和监管仓库的货管监控系统的试运行，无锡佳达全力配合海关做好前期测试和试运行，为新系统正常运行作出了自己的贡献。

无锡佳达在不断提高自律管理水平的前提下，参与海关通关改革，为行业的发展献计献策，赢得了业界的认可和肯定，企业在做大做强的远大目标下稳步前进。今后无锡佳达还将在海关和报关协会的带领和指导下，继续实践自律诚信的经营理念，把规范管理、提升质量当做首要工作任务，为营造和谐的通关环境作出佳达人应有的贡献。

（作者：陈志峰）

# 把诚信服务贯穿于企业建设的全过程
## ——上海元初国际物流有限公司

上海元初国际物流有限公司（以下简称上海元初）成立于2005年1月，主要经营海运、空运，国际进出口货物的代理业务和多式联运。是经国家对外经贸部批准的一级货运代理企业，也是中国国际货运代理协会成员。在多年的艰苦创业中，始终秉持"诚信服务、守法经营"的经营理念，围绕"全国优秀报关企业"关于"诚信服务好、遵纪守法好、规范管理好、报关质量好"的创优标准，积极弘扬"诚信守法、崇尚专业、自律规范、务实创新"的行业精神，努力打造一流的服务品牌。先后被评为货代企业信用等级AA级、报关A类企业并先后荣获上海市和全国的优秀报关企业以及上海市期货市场推广报关企业。

上海元初的"ORIGIN"价值观："O"客观——以事实为依据；"R"赏识——激发责任与勇气；"I"坚持不懈——努力超越与创新；"G"快乐与健康——关注团队的和谐；"I"正直——坚持诚信和正直；"N"积极而主动。在公司长期的科学管理，并积极创建快乐、诚信的良好氛围下，通过了ISO2000质量管理体系和ISO14000环境管理体系。同时，公司对每个业务环节都制定了严格规范的程序和标准文件用以要求公司的各职员工按相关的管理体系的要求操作管理，以期达成公司运作和管理体系的完美统一，从而促进公司的进一步发展。

上海元初始终将"坚持质量第一，满足客户要求"作为首要的服务宗旨，将"诚信服务"放在企业经营发展的首要位置。当公司的销售员在与客户电话沟通或者上门拜访时，首先秉承诚信服务的态度，用真诚的言语打动客户，优质的服务说服客户，在对客户进行招投标的时候，坚持提供真实可靠的文件，如实的向外界展示自我。报关企业对海关如实申报，保证单证相符，单货相符；真诚配合报关协会的工作，遵守行业自律规范；企业自身各个部门相互坦诚，保证真实信息的传递与反馈。针对报关差错的问题，公司定期组织相关部门和员工参加培训与分享活动，鼓励所有员工认真学习并结合自己的实际工作岗位，分享自己工作中遇到的情况，一起探讨解决之道。公司还出台了明确的工作奖惩措施，进一步提高了报关工作的效率。通过经常性诚信有效的沟通，在公司上下层之间搭起了桥梁，让资源得到合理配置，保证了报关服务的有效性、正确性和及时性。

上海元初始终把诚信服务理念贯穿于企业建设的全过程。首先，领导带头树立并倡导诚信的价值观。企业领导清醒的认识到做企业跟做人一样，人无信不足，企业无信不强。企业的信誉就是无形资产，也是"核心竞争力"。董事总经理黄影明先生和他的团队凭着"诚信守法、质量第一、顾客至上"的经营理念，仅仅用了七年的时间，就将一个普通的报关公司发展成为一个集海运、空运、国际进出口货物代理业务和多式联运的专业物流企业，充分显示了诚信的威力。上海元初在诚信服务的实践中注重三方面的工作：企业要按照行业服务规范的要求制定服务标准；服务标准的表述要明确、具体、简洁易懂；企业全体员工要认真履行服务承诺条款。

上海元初在对企业内部的诚信管理中认真落实以下三个环节：首先是领导者的以身作则，带头恪守诚信观。诚信不可能凭空生出来，也不是一朝一夕所能形成，它需要领导在企业文化、企业管理上进行培育和塑造。其次要培养员工对企业的忠诚。要培养物流企业的诚信，需要全体员工的认同和参与，因为是服务性企业，企业的员工直接接触客户，员工是否敬业爱岗是非常重要的，培养员工的忠诚，要从源头抓起。招募新员工时要加大道德方面的测试力度,选用德才兼备的人。新员工培训时,加强诚信教育;业绩评估时,考核业绩的同时也要参照他们的道德表现,进行全方位的评判。其三是要实现对员工的承诺。物流企业服务性的特点决定了员工在企业中的重要地位。企业的服务质量、客户的满意度在相当大的程度上取决于员工的工作态度和工作积极性。所以,领导要做到忠于员工,认真履行对员工的承诺。通过领导对员工的诚信实现员工对企业的诚信,进而实现企业对客户的诚信。其四是建立严格的规章制度。有人说制度永远不可能起到代替企业文化的作用。同样,再先进的企业文化业也不可能替代严格的规章制度。物流企业提倡诚信的价值观,但由于人的价值取向的差异性、对组织目标认同的差异性,如果没有制度的约束,很可能出现部分员工置企业和客户的利益于不顾的现象。所以,在元初的企业文化中明确规定公司员工必须坚决遵守国家的法规和公司制度。最后是要建立严格的员工考核制度。元初坚持通过对每一位员工的工作绩效和工作态度进行分级考评,来达成公平、公正、公开的企业奖惩制度。

对客户的诚信管理。企业在日常经营过程中同样会遇到不诚信的客户,企业对不良客户和新接触的客户,要根据其诚信状况来把握与之交易和合作的尺度。公司把客户按分项评估,分成三个信用等级,并根据不同的等级来进行交易与合作,通过这样的管理制度,才能最大程度的维护好优质客户,同时也规避了风险客户。

上海元初国际物流有限公司作为一家优秀的货代企业,将继续秉承诚信服务的理念,将诚信作为企业发展的灵魂,提供优质高效的服务,不断拓展的业务市场,实现公司利益最大化,同时也为行业和社会作出元初应有的贡献。

# 坚持诚信守法　提高服务质量
——北京海龙国际运输代理有限公司

北京海龙国际运输代理有限公司（以下简称北京海龙）是一家综合性国际运输代理企业，是海关总署第一批批准的北京地区 AA 类代理报关资质的三家公司之一，在上海、天津、深圳设有分公司。公司为客户提供的主要业务包括空运进出口业务、海运进出口业务、国际搬家服务、展览业务以及与此相关的代理服务、网络门到门服务。北京海龙公司在经营实践中坚持诚信守法，以满足客户需求为目标，以 ISO9001 质量认证管理体系为标准，以 AA 类和全国优秀报关企业标准为准则，提高综合服务能力，为客户提供高效、诚信的服务。

## 一、正确认清形势、创新工作思路

报关企业随着国家经济的发展，业务量也在飞速提高。造成企业报关人员水平良莠不齐，报关环节屡屡出现问题。不是数量报错就是币种混淆，要不就是成交价格条款选择失误。而对客户的投诉，报关员只有无奈的眼光和私下的抱怨，企业走入了报关困境。过去一些以精雕细作的报关质量而吸引来的客户，因为业务量大而影响了工作的质量，致使敏感的客户又再次流失。

自从国家放开审批，改为备案制，报关企业如一夜春风万花开般纷纷成立。客户难于集中深入了解企业，认为所有报关公司都是一样的，就像马路上的出租车。报关企业之间的竞争经常呈现出工作以外的竞争，无法体现公司的工作特点，甚至进入一种恶性的价格战，而工作的核心——服务质量反倒排在其次。最后服务与被服务的双方都不可避免的吃到了苦头。但局面已经形成，难于逆转。因为双方都没有一个转换的理由，为改进工作统一思想。

北京海龙组织员工讨论服务质量的重要性和参加创建活动的必要性，使员工心里明白改进工作是公司发展和市场的要求，是行业规范化的必由之路，也是公司与全体员工共同努力的方向。使员工能自觉自愿的改进工作，从而避免相互埋怨，推卸指责的问题。同时公司也承认在发展中遇到了问题，带领大家突破瓶颈。

北京海龙发展之路也就是创新之路，每次遇到困境之处就是逼迫公司创新之时。闭门造车不适合报关行业的工作性质，所以工作中遇到问题总是要采取员工与公司管理层一起讨论解决，人性化的管理就会显现出优越性。员工愿作为集体的一员出谋划策，至少可以以具体办事人的角色指出问题所在。所以公司在订立流程制度时，要尽量考虑员工的工作能力、接受能力，尽量以组的形式承担责任。使处罚要经过本人、本组和领导层三方面共同认可才可执行，使大家心服口服。慎用处罚，重在创新和改进。在人性化的管理下，员工的创新能力会得到极大的发挥。同时对处罚的看法也会转为动力而乐于接受。公司将评优创建活动也只是作为促进创新活动的催化剂，而不是下硬指标、死规定，效果反而更好。

## 二、加强自律管理、提高服务水平

北京海龙认真学习创建活动的细则要求，针对公司面临困境，注重在自律管理中挖潜力。

坚持复核制度、降低报关错误率。北京海龙通过与具体工作人员的讨论，发现错误产生的原因，想办法从流程上避免，而不是一味地指责员工没有责任感。我们参考银行的工作做法，因为银行工作错误率避免的比较好，同时又是文件作业，与报关企业工作特点很接近。将审单制单工作比照银行审查信用证的工作方法，在文件上用铅笔逐项勾兑，使用不同符号，使文件能做到单单相符，制单时就会减少差错率。发现问题及时与客户确认。同时参考海关审阅单据的要点作法，要求报关员注重在各要点的再次审阅。在制单和审阅时必须留存笔迹，出现问题时好复单找出发生的原因和责任人。

在业务量增加人员也相应增加的前提下，人员工作的安排就成为一个可以改进工作的可控变量。为不同类型的进口商品设立不同的组，将接单制单分成一个组，现场操作分成另一个组。以文件的周转作为两组的连接，在单据上各自署名，出现问题两组人员共同承担负责。现场组有审单义务。这种方式使两组工作各有重点，保障工作有序、顺畅，使工作进展不急不躁，减少员工紧张压力，提高工作质量。同时在两组各设立管理层，协调组与组的横向联系，并对公司与客户负责。

### 三、应用电子化办公、提升工作能力

北京海龙基于现代化高速发展的电子化办公条件，工作中尽量引入电子化办公设备和管理软件。例如大量的同一商品在业务中反复出现时，通过在电脑中留有的底档，随时调用共享，避免在人工反复查找中出现差错。在软件中的分级授权使管理者能更快得到充分信息，为管理调控提供便利。从而提高工作效率，减少错误发生，减轻负工作压力。同时电子软件的管理也最大降低了工作中的随意性。

北京海龙积极鼓励员工自觉学习专业知识，提升工作能力。首先要求做好本职工作的基础，对本组负责的客户产品要有充分的了解，商品的用途、税号归类的依据、产品的特点、客户单位的组织结构、文件的特点等等。其次对员工提升自我职业素质的学习给予鼓励，包括费用上的支持和精神层面的尊重学习之风。使员工能以大物流的观点看待自己的工作，又不局限于自己的工作，进而能做到自己成为客户所需的专家，

以专业者身份引导客户的工作开展。这项工作效益是潜在的、长远的，但是能从很多细小的地方影响到具体的、现时的工作。员工素质是公司在未来的核心竞争力，也是公司和员工能达到双赢的最佳途径。

（作者：马雪鸿）

# 务实创新篇

WUSHI CHUANGXIN PIAN

# 创新诚信服务体系　促进行业健康发展

——上海市报关协会

坚持自律管理,推进诚信服务体系建设是上海市报关协会在新形势下加强自身建设的重要课题。2012年我们在中国报关协会的正确指导下,以认真贯彻落实《"创建活动"的通知》精神为契机,强化诚信服务体系建设,引领上海报关行业自律与诚信创建工作深入开展。

## 一、营造自律氛围、夯实诚信服务体系的基础

上海协会坚持把树立自律意识、营造自律氛围作为创立诚信服务体系的重要手段。一是加强行业廉政宣传。积极参加海关廉政教育现场会,严格遵守海关行业标准《作业规范》和《报关服务质量要求》。协会领导主动参与报关公司组织的廉政教育专题党课活动,并作专题宣讲。利用协会刊物、载体为会员企业搭建学习、交流平台,推介企业廉政建设的经验和做法。二是召开报关行业反腐倡廉专题会议。由副会长单位共同发起落实报关行业内廉洁自律"八不准"倡议书,出台了《上海报关行业规范经营、反腐倡廉、净化通关环境的实施细则》,并举行简单而隆重的签字仪式,明确加强上海报关行业自身管理,守法经营的工作要求。会议邀请了上海海关监察室负责同志通报反腐倡廉的情况,报关协会的倡议得到上海海关的大力支持和企业的积极响应。会后,欣海、美设等公司也分别召开了专题会议,提出反腐倡廉的要求。三是开展创先争优活动。报关协会与上海海关审单处等部门结合上海关区申报质量和行业实际,联合开展上海关区报关企业年度评比活动,共评出72家规范申报

"五星级企业"和64家"优秀报关单位"。上海协会以行业自律促进优质服务，赢得企业的信任。一年来，共计发展新会员近50家。上海协会还被上海市社会团体管理局评为2012年"上海市先进社会组织"。

## 二、创新自律思路、拓展诚信服务体系的内涵

多年来，上海协会在创建诚信服务体系过程中，创新行业自律的工作思路，拓展诚信服务体系的内涵。

一是典型示范。运用典型示范，引领行业自律。在"百优"评比活动中，上海口岸共有31家报关企业被中国报关协会授予"全国优秀报关企业"的光荣称号；欣海、申景等6家报关企业同时被授予"最佳管理奖"、"最佳质量奖"、和"最佳服务奖"等奖项。另外，他们在积极配合上海市"年度诚信企业"评选活动中，由于组织管理有序、推荐报送及时，被授予"组织推动奖"荣誉称号。

二是创建品牌。上海协会积极引导会员单位参与上海市"诚信企业创建活动"，并将它作为行业自律与诚信创建活动的有效载体。目前，已有31家会员单位创建五星级会员企业，并被活动组委会认可获得正式启用"企业诚信应用标识"的资格。"企业诚信信用标识"方便社会公众通过统一标识查找到讲诚信企业的信用信息。通过系统化管理保证公众的高识别度，成为体现企业品牌形象和提升诚信价值的社会化专用标志。

三是舆论导向。上海协会在过去开展"诚信誓词伴我行"活动的倡议基础上，发挥舆论导向作用，重塑企业形象、创建企业品牌、维护行业形象，为上海文明口岸的建设添砖加瓦。2013年，上海报关协会共编发报关通讯15期，报关协会动态156期，工作简报28期，协会网站点击率130万次，撰写的重要文章被《中国报关》杂志收录。

四是恪守行业精神。行业精神是诚信服务的支柱，也是市场走向规范统一的要求。上海市报关协会带领全行业弘扬"诚信守法、崇尚专业、自律规范、务实创新"的报关行业精神，促进报关行业精神在全行业中产生积极的影响。如近年来，上海欣海关报关公司的管理层，通过对行

业精神的深入学习和领会,已将经营重点转移至对整个市场的战略思考,并着手研究企业发展战略和实施人才发展战略。思维的调整,理念的更新让欣海在激烈的市场竞争中进一步站稳了脚跟,品牌优势凸显,员工队伍稳定,赢利增长明显,为上海文明口岸的诚信建设作出了积极的贡献。

### 三、联系自律实际、发展诚信服务体系的成果

上海协会在创建活动中,把自律管理与诚信服务相结合,在行业自律中发展诚信服务体系的成果。上海协会在自律管理工作中确立"紧贴海关的业务改革和建设,紧贴企业的需求与发展,为海关决策和管理提供信息和建议,为广大会员企业排忧解难"的服务思路。去年初,在充分调研的基础上出台了《上海市报关协会关于进一步支持报关企业发展的若干意见》。《若干意见》从优化工作机制、增强服务意识、转变工作作风、反映企业诉求、落实合作办法、助推企业发展、增强培训实效和行业文化建设等八个方面,提出了支持报关企业发展的具体措施,进一步明确了报关协会的工作切入点,丰富了报关协会的服务内涵,使协会当好"娘家人"、"中间人"的服务宗旨更加具体化,充分展示了上海报关协会诚信服务的新成果。

上海协会结合海关的业务改革实践,积极倡导调查研究之风,确定了每年由协会主导、副会长单位参与,组织1~2次重点课题的调研,并形成具有一定质量的调研报告的工作方案。2012年,上海协会开展了为期五个月的《通关作业无纸化改革中的问题分析和对策建议》调研活动,从企业、协会和海关三个层面征集到相关意见和建议160多条,经过逐一梳理和归纳,形成了三大类共计54条问题的分析及对策建议。该调研报告得到海关总署鲁培军副署长的充分肯定,中国报关协会刘文杰会长以及上海海关领导也给予了高度重视和鼓励,在报关企业中引起了很大反响和得到了普遍赞誉。

(作者:顾百川)

# 建立诚信工作机制　提高规范运作水平

——北京报关协会

北京报关协会在开展行业自律与诚信创建活动中，以十八大精神为指导，充分发挥协会的作用，完善自律规约，搞好信息公开，开展诚信服务，建立健全北京地区报关行业自律与诚信工作机制，提高规范化运作水平，积极协调同行业会员企业之间的经营行为，协调会员企业与其他经济组织之间的关系。在维护会员利益方面取得了一定成效，赢得了会员的好评。

**一、制定行业自律公约，夯实诚信机制的基础**

自律公约是加强诚信机制建设的基础。为了促进北京地区报关市场的健康发展，增强报关行业总体自律意识，提高报关企业和进出口企业执业水准，北京协会根据《海关法》、《中国报关协会行业自律准则》、北京报关协会章程，在征求会员意见的基础上，制定下发了《北京地区报关行业自律公约》和《报关员自律守则》。自律公约和守则条款内容明确，对会员企业依法注册、守法经营、公平竞争、履行职责、保守他人商业秘密、创建企业文化等九个方面作出了具体要求。自律公约简明扼要，易读易记，便于落实。同时协会把自律守则与守则制作成展板免费配送各会员单位悬挂，起到了很好的宣传学习作用。自律公约与守则下发后，各会员单位认真学习，自觉遵守，诚信服务，取得了规范净化北京地区报关市场的效果。

恪守自律公约，北京协会从我做起。一是加强理论、政策、法规的学习，不断提高驾驭协会工作的能力。对中国报关协会下发的文件，及时组织学习传达、吃透文件精神，制定贯彻落实方案。二是完善内部工作管理制度，增强协会工作的透明度。通过办好协会网站，大力推进信息公开，建立企业信息服务平台，面向会员，公开协会工作制度、工作程序，达到信息共享、舆论监督、营造行业自律与诚信创建的氛围。三是转变协会工作作风，密切与会员企业的联系，主动为会员服务。通过开座谈会、问卷调查、走访等形式，深入开展报关行业的工作调查，及时解决会员企业亟待解决的问题。比如接到企业普遍反映报关员计分超分、未能及时培训，致使企业报关人手紧张、影响正常报关的问题，协会领导很快与海关有关部门联系，将计分培训考核由年终集中培训改变为根据报关员计分满分人数达到一定量后进行及时不定期培训，妥善为企业解决了报关人手紧缺难题。

**二、完善联系协调制度，凝聚诚信机制的合力**

北京协会在开展行业自律与诚信创建活动中，注重建立健全协会与海关及会员企业联系配合的工作制度。一是建立政策宣讲和海关业务培训机制。二是定期将有关可以公开的业务数据在协会网页公布。比如进出口报关业务数量、报关差错率、报关员计分考核、企业分类调级情况、企业违规走私情况、口岸通关等情况。三是建立协会与海关各有关单位负责人、联络员、业务专家定期进行工作沟通制度。通过建立协会工作联系配合机制，进一步加强双向沟通、双向交流，更好发挥协会桥梁纽带服务作用。四是抓好业务培训，提高报关员素质和报关质量。培训紧贴海关和企业的需求，从报关员的素质提高、报关企业的规范经营、企业科学管理经验交流、现场实务操作技能考核、海关法规新政宣传等方面进行有针对性的专业性强的业务培训工作，拓宽报关从业人员的业务素质，提高企业报关质量，加快通关速度。在对加大专业报关员培训的同时，还有针对性地加强对企业决策层管理人员的培训。北京协会通过及时向企业管理人员宣讲海关新出台的政策、法规，对有效地贯彻实施海关的相关政策，起到了积极的推动作用。举办报关员培训班，注重培训效果，2013年共举办了14期报关员培训班，主要针对报关业务现场报关员经常发生的业务差错和业务难点问题，着重进行了如何规范正确填制报关单和进出口商品归类问题的培训，轮训报关员800多人，收到了很好的培训效果。

### 三、创新服务会员方式，提高诚信机制的效率

创新服务会员方式是提高诚信机制效率的有效途径。北京协会开展行业自律与诚信创建活动以来，注重创新服务会员方式：一是通过召开会员大会适时地宣传优秀报关企业和优秀报关员的典型事迹。在优秀报关企业和优秀报关员事迹的影响下，会员企业之间互相学习、互相促进，报关质量和报关效率明显提高，有力地带动了报关企业的健康发展。二是通过及时通报走私违规案例，利用报关员培训宣讲报关行业与海关廉政规定的内容，使会员企业和报关员引以为戒。三是经常了解报关现场常见的差错，通过业务培训和业务咨询的方式帮助会员企业少犯或不犯低级的业务错误，有效地提高了会员企业守法自觉性。四是深入调查研究，想方设法为企业解决实际问题。北京协会深入调查研究，想方设法为企业解决实际问题，诚信创建活动收到了真实效果。协会领导急企业所急，想企业所想，通过多种渠道听取企业意见，详细了解企业在口岸货运操作、通关效率、操作流程等方面遇到的问题和困难，主动协调海关进行解决。比如，协会及时协调海关解决了会员企业反映强烈的北京某口岸现场报关单证流程与查验操作方式手续复杂重复问题；及时协调海关缉私部门解决了企业违规案件积压处理期限过长，影响企业通关信誉的问题，充分体现了北京协会履行诚信机制的工作效率。

北京协会通过"诚信创建"活动，建立完善诚信工作机制，积极履行报关工作职责，服务会员，服务海关，努力维护企业的合法权益，积极为海关建言献策，发挥了协会行业自律的规范运作作用，赢得了企业的信任，海关的支持，促进了协会建设的健康发展。

# 勇于探索实践　推进协会诚信建设
——黄埔报关协会

广东黄埔报关协会成立于2005年3月,长期以来黄埔报关协会在工作中恪守服务宗旨、坚持探索实践、逐步理顺内外关系、健全内部办事机构、完善各项管理制度,逐渐找到了协会工作的定位,在服务会员、服务海关、引导行业自律等方面做了一些工作,较好地发挥了企业与海关之间的桥梁与纽带作用,促进了协会建设的健康发展。

**一、建立完善规约,夯实诚信建设基础**

黄埔协会一直以来把增城地区的报关企业和报关市场作为规范行业的试点来抓。从2005年开始,就联合当地几家报关企业制订了《报关企业从业规范》,要求报关企业统一规范作业。使这个地区的报关企业建立健全了行规行约,初步形成了公平、公开、有序竞争的局面。在此基础上,协会还经常赴该地区对报关市场进行调查,在了解到当地报关市场又出现报关收费不统一,市场价格有一定波动等问题之后,协会联合黄埔新塘海关稽查部门,共同召集报关企业进行了协调。重申了《黄埔关区报关行业自律准则》、《黄埔关区报关行业公约》、《黄埔关区报关企业规范管理指引》等行业规范性文件,鼓励企业加强彼此间的交流与合作,自觉抵制和杜绝恶性竞争,引导企业努力提高自身专业能力和业务水平。通过合理引导和积极协调,该地区报关市场整体运行规范,逐渐恢复了透明、合理价格体系,各报关企业间形成了和谐的竞争关系,报关市场保持了健康、有序、和谐发展的良好态势。

**二、探索自律途径，强化诚信建设合力**

多年来黄埔报关协会通过规范报关市场、加强行风建设、培育先进典型，实现了行业诚信自律、规范企业守法经营，推动报关市场的健康发展。

科学引导，加强行风建设。黄埔报关协会引导企业开展诚信守法、规范自律的行风建设。一是通过召开报关企业规范管理会议，传达了海关有关整顿报关企业的会议精神，要求会员企业必须遵循"诚信经商、守法经营、专业熟练、服务周到、收费合理"的行风行规；二是布置开展企业自查自报的重点任务，要求有关企业将不良和违规事件的自查情况书面反馈，并及时将自查结果向海关反馈；三是把自查整顿和正面宣传结合起来，把深入学习和贯彻《作业规范》和当前行风建设的重点任务结合起来，大力引导企业树立诚信守法、规范自律的行规行风。此项行风整顿和行风建设的工作在关区报关行业中引起了积极的反响。

**三、培育先进典型，引领行业规范**

三年一度开展的"全国优秀报关企业、优秀报关员"评比活动是全国报关行业自律和规范工作的丰硕成果的见证，集中体现了全国报关协会在中国报关协会的带领下，在推进报关行业规范化、专业化建设，在营造公平竞争、诚信守法的报关市场环境上所做的工作。

黄埔报关协会在"创优"过程中，积极发挥报关协会在规范报关市场、净化报关环境上的作用，引导企业树立正确的报关行业服务品牌。黄埔报关协会都要在关区内召开"优秀报关企业和优秀报关员"座谈会，及时总结"创优"成果，让企业交流各自的"创优"经验，并倡导获评优秀者把"提升自我、发展企业、惠及行业"的创优精神贯彻到具体工作实践中去。

## 四、创新服务方式,提升诚信服务水平

黄埔报关协会把服务会员作为一项"民心工程"来抓,对会员企业提出的咨询或诉求基本上做到"事事有答复,件件有落实",在会员企业中树立起了良好的形象,以实际行动赢得信誉。

1. 咨询服务。几年来,成功解答会员企业通过电话和邮件等方式提出的各类业务咨询问题3000多宗,内容涉及通关、监管、关税、加贸、企管、稽查等多方面。协会定期组织工作人员深入企业一线,实地走访座谈,一方面把国家和海关有关政策精神送上门,让企业及时掌握宏观经济运行的趋势、海关管理要求和通关操作程序等。另一方面,通过了解企业在各个业务环节中遇到的问题,将其中具有代表性的问题及时反馈给海关,必要时还组织企业代表与海关进行面对面座谈,为企业提供答疑解惑的咨询平台,解决企业的实际困难,维护企业的合法权益。

2. 帮扶指导。引导企业加强关务管理,帮扶企业实现了"B升A"。几年来协会联合社会上资深顾问公司指导企业开展转型升级工作,在协会帮扶指导下,会员企业东莞石龙京瓷光学有限公司、永泰电子有限公司、新溢眼镜制造有限公司、联一光学有限公司、广州安美特(中国)化学有限公司等一批会员企业都成功"B升A"或"A升AA"。使他们获得了海关优惠政策强有力的支持,使企业管理、运作严密顺畅,企业竞争力大大增强,获得了良好的社会反响。

3. 排忧解难。对于会员企业反映的困难,协会想企业之所想、急企业之所急,并及时向海关有关部门反映,使问题及时得以妥善解决。几年来,黄埔报关协会先后帮助会员企业解决通关过程中遇到的困难百余起。2010年东莞美时家具有限公司在通关过程中遇到EDI无纸通关不能正常进行的难题,2011年广汽本田有限公司反映的进口生产用零件在通关过程中所遇到的难题,2012年东莞常平大根光电有限公司反映的部分商品归类在黄埔关区不同口岸认识不一致的问题都得到了解决。

风正时济，自当乘风破浪。今后，黄埔报关协会将以更高的标准严于律己、开拓创新，充分发挥"娘家人"和"中间人"的作用，在引导行业自律、提升诚信服务水平的工作实践中不断奋进。

（作者：盘岩松）

# 创新自律管理方式
# 推进协会建设健康发展
——江苏报关协会

近年来,江苏报关协会在行业自律与诚信创建活动中,紧密联系实际,坚持从探索自律管理途经、拓展自律管理功能、完善内部管控机制等方面创新自律管理方式,积极加强规范管理,自觉践行自律诚信原则,不断提升了自律管理能力,较好地推动了江苏协会和报关行业的队伍稳定、持续发展。主要做法是:

**一、开展诚信创建活动,探索自律管理途径**

江苏协会以民政部门和中国报关协会开展的自律诚信创建活动为契机,寓自律管理于诚信服务之中,从常设机构自身做起,带动江苏报关行业全面开展严自律、讲规范、守诚信、强管理、创双优活动,在自律管理和诚信服务中释放正能量、弘扬好风尚、达到新发展。一是创新服务会员模式。针对外贸形势比较严峻、会员企业经营困难的情况,在"创建活动"中,注重研究报关行业热点、难点问题。及时了解报关企业诉求,并根据报关企业需求,不断调整服务会员模式,做到由被动管理服务向主动管理服务转变;由电话征求意见向面对面征求意见转变;由一般性咨询管理服务向12360海关热线VIP管理服务转变。尽可能地在加强会员管理的同时,为会员企业提供适用、有效的服务。二是提供信息共享平台。将信息管理与信息服务有机结合,做到在会刊、网站优先刊载海关新的法规政策导读、通关案例释疑解难,引导会员企业在第一时间了解海关的新法规政策、新通关模式,减少通关失误,提高申报准确率;优先采编报道优秀报关企业在争先创优、文化建设、规范作业、诚信服务、持续发展等方面的典型经验做法,使大家学习有榜样,赶超有目标,行动有借鉴;优先刊载开展行业自律管理和诚信规范服务的经验做法,发挥信息宣传的正面导向作用,为自律管理提供及时有效的信息服务。三是接受社会公众监督。把贯彻各级领导关于自律管理与规范诚信的指示与落实两级民政部门关于塑造品牌与服务社会的要求相结合,做到公开协会重要活动信息,主动接受社会监督,进一步加强协会自律、诚信,规范服务社会、服务企业、服务海关的品牌建设。并公开承诺始终按照协会章程办事,坚持企业入会自愿、会员退会自由;会费不强收、困难可缓交;竞赛不强求、创优重实绩;培训讲效果、收费按规定;财务严守纪、杜绝"小金库",做到会费管理使用和有偿服务收费合规、合法、公开、透明。

## 二、发挥办事处抓手作用,拓展自律管理功能

江苏协会陆续在全省12个地区建立了办事处,在行业自律管理的探索实践中注重发挥办事处管理服务网络的抓手作用,有效延伸自律管理和诚信服务功能。一是明确管理服务职责,规范诚信服务行为。江苏协会规定,各地区管理服务会员的日常工作由办事处全权负责,工作中如发生重大问题将追究办事处领导责任,真正使办事处有权有责。为提高办事处自律管理和诚信服务能力,通过每季度召开办事处主任会议、适时协调与海关的关系等多种渠道加强具体指导,使办事处的管理服务能力不断增强,管理服务行为不断规范,出现了自律管理与诚信服务和谐统一、相互促进的良好局面。二是讲求管理服务实效,赢得会员企业信任。各办事处在自律管理工作中,及时、主动地加强与海关有关职能部门的联系协调,积极配合海关做好无纸化通关改革、企业分类管理、预

归类服务试点、报关员管理与培训等中心业务工作。同时加大发展维护会员力度，当好会员的"娘家人"，想会员所想，急会员所急，勇于为会员企业代言，在政策允许范围内，竭力帮助其排解通关难题；指导会员企业及时办理申报或晋级"A类"以上管理等级手续；主动牵线搭桥，为会员企业拓展业务；根据会员企业需要，为其举荐优秀报关人才；出面协调使收费高的企业降低收费标准，保持报关行业的平衡发展等，公司的服务既拓展了管理服务视野，也提高了管理服务质量，受到会员企业的好评。三是引导会员自律管理，形成诚信规范氛围。各办事处将自律管理与品牌建设相结合，与保持5A社会组织要求相结合，在加强自律管理的同时，采取多种措施优化服务功能，全方位服务会员企业，并引导和推动会员企业自觉参与到自律管理、诚信服务的活动中来，形成了协会、企业良性互动发展的局面。

### 三、完善内部管控机制，提升自律管理效率

江苏协会坚持以完善内部管控机制、强化自身建设、提升会员素质、保证报关行业持续发展为目标，注重增强自律管理、诚信服务的有效性。一是完善规章制度，提升常设机构的管控力。依据协会章程，建立与完善了协会内部各项规章制度，落实各项自律诚信措施，特别是加强了财务制度的执行与监督，使协会常设机构的自律管理能力和诚信服务意识进一步增强，当好"娘家人"、"中间人"的力度进一步加大，在全省报关行业中的信任度进一步提高，也促进了协会常设机构管控能力和履职能力的进一步提升。二是践行行业精神，不断增强了江苏报关行业的发展后劲。目前，江苏协会会员企业队伍整体素质得到加强，共有A类企业437家、AA类企业74家；报关质量不断提高，申报准确率达到90%以上。既扩大了企业发展潜力和社会影响力，又提高了核心竞争力，也为海关的有效管理提供了有利条件。三是倡导自律风尚，形成全省报关行业的凝聚力。将自律管理、诚信服务与发展维护会员相结合，并开展

了扎实有效的工作,不仅提高了报关企业入会的积极性,保持会员数量稳中有升,也促进了全省会员企业凝聚力的不断增强,摒弃了同行是冤家的旧观念,出现了共同创先争优、共谈自律管理、共讲诚信规范、共办知识竞赛、共谋发展策略的和谐共赢的新局面。

(作者:蒋纯清)

# 坚持务实创新　打造自律品牌
## ——天津报关协会

天津报关协会建会10年来，始终坚持把行业自律与诚信服务作为报关协会建设的重要主题。2012年4月，民政部下发《关于开展行业自律与诚信创建活动的通知》后，天津协会又借此活动为契机，深入部署天津口岸报关行业自律与诚信创建活动，注重在探索实践中总结行业自律的经验做法，推进天津报关协会的健康持续发展。天津协会的主要做法是：

**一、恪守行规行约、在教育中强化自律意识**

协会规约是行业自律的依据。天津报关协会坚持建章立制，带头落实协会规约，为行业自律和诚信建设夯实思想基础。一方面，完善各项规章制度，按照中国报关协会《加强报关协会建设的指导意见》和即将推行的《天津市行业协会商会标准化建设标准》的要求，进一步完善基础工作。加强信息公开，主动接受上级主管部门与业务主管部门的监督与考核。利用协会网站和《口岸通关》刊物，宣传协会章程、组织机构、主要工作，刊载协会工作报告、财务报告、监事会报告等，主动接受社会监督，进一步提高协会的社会公信力。另一方面，在全行业积极宣传"天津市行业协会商会行业自律与诚信建设活动启动大会"精神，继续贯彻落实好《报关行业规范经营，反腐倡廉，净化通关环境倡议书》的要求，在网站开设"自律与诚信创建"专栏，开展"天津报关行业自律与诚信征文"活动，引领企业开展对行业自律与诚信建设的思考，建设以诚信为本的行业文化，天津口岸大多数报关企业对诚信经营都有不同程度的认识，自律意识也有一定的提高。

## 二、优化报关业务、在实践中拓展自律内涵

把创新报关业务作为加强报关行业的自律管理的重要内容，是天津协会在新形势下加强协会建设的新课题。在推动创建活动中，协会充分发挥桥梁作用，以行业自律为目标，促进企业提高报关质量，维护诚信报关、诚信通关的良好环境。一是积极配合海关通关作业无纸化改革工作，多次举办电子委托书操作系统培训，认真收集企业在通关过程中遇到的问题与难点，做好反馈和解答工作。二是深入开展社会化预归类工作，加大培训力度，强化企业实际操作能力，帮助预归类服务企业提高工作质量。三是进一步加强行业培训，在完成常态培训工作的同时，还开展了进出口货物补充申报系统培训讲座、进出口商品估价政策及审价实务专题讲座、海关原产地规则培训讲座等多项海关业务培训，以及针对企业需求开展定制式培训，这些培训对提高报关质量起到一定作用。四是通过协会网站和航运中心报关大厅公布"报关质量排行榜"，这是天津协会评选优秀报关企业的一项重要指标，也是天津口岸进出口企业寻找诚信合作伙伴的标准之一。通过对口岸所有实际开展报关业务的企业进行数据统计，按票量分级评出报关质量差错率前10名和后10名企业，作为天津报关行业"红黑榜"，有效促进行业良性竞争。在此基础上，天津协会把A类、AA类企业名单在网站上公布，宣传规范经营的报关企业，效果很好。

## 三、运用典型引路、在探索中建立自律机制

运用典型引路，为行业树立样板，是自律管理的重要举措。天津协会在自律管理中，结合创先争优活动，大张旗鼓宣传优秀报关企业、优秀报关员的经验和事迹，在报关行业形成学有方向、干有榜样的良好局

面。为了保证先进典型的健康发展,天津协会组织专门人员和相关企业负责人利用两个多月的时间,深入22家企业走访调研。一方面收集整理优秀报关企业、优秀报关员的关于业务开展、市场规范、行业现状等多方面的需求和意见,反馈给海关相关部门,这些信息为进一步规范报关市场、帮助海关加强监管提供参考。另一方面,了解优秀报关企业、优秀报关员的管理情况,将诚信服务的企业典型推荐给全行业学习借鉴。许多优秀报关企业起到了很好的带头作用。永诚世佳国际货运公司和天津开发区报关行的典型经验证明:建立健全规章制度,实现企业自律管理;建立良好沟通机制,将政策法规落实到位;严抓内控管理,提高全员质量意识;依靠电子化管理,有效助推企业发展等,都是建设"诚信阳光企业"必不可少的内容。上述企业通过对人员的控制管理、对信息系统的控制管理、加强企业内部稽核制度和审计制度来完善企业内部控制管理的经验,卓有成效地推进了行业自律与诚信建设深入开展。

### 四、注重舆论导向、在创新中营造自律氛围

报关协会是一个弱势行业群体,注重协会的舆论导向工作是营造自律氛围的必要手段。在创建活动的具体实施阶段,天津协会充分运用协会网站及举办各项行业培训的时机,广泛宣传行业自律与诚信建设活动有关精神,大力宣传协会及全行业开展自律与诚信建设活动情况。协会刊物开设的专栏《诚信建设大家谈》,不仅企业积极参与,海关业务主管部门也积极参与,收到了很好的效果。此外,《口岸通关》杂志组织"行业自律与诚信建设征文"活动,五个月里共收集到来自全行业各类稿件57篇。稿件内容丰富,情感真挚,充分表达了报关同仁们爱岗敬业、心系行业前景的心情,全面展现了天津报关企业认真落实行业自律与诚信建设的良好风貌。天津市民政局党组书记、局长曲孝丽同志在天津市社会组织信息宣传会议上对《口岸通关》杂志的宣传力度给予高度评价。

通过行业自律与诚信建设活动,在天津报关行业众多报关员和报关

 全国报关行业自律与诚信创建活动专辑

企业其他员工的心里播下了诚信的种子,许多企业脚踏实地、真抓实干、做优品牌,展现了报关企业的风采。今后,天津协会将继续发扬务实创新的作风,在探索实践中不断总结自律管理的新经验,精心打造自律管理的新品牌,为企业的经营发展搭建良好的服务平台,为天津报关行业的健康发展作出更大贡献。

# 发扬求真务实精神 兑现诚信服务承诺
——安徽报关协会

长期以来,安徽报关协会把履行协会宗旨,诚信服务会员作为报关协会建设的中心任务。2012年又借开展"行业自律与诚信创建"活动东风,发扬求真务实精神,积极兑现"竭诚服务会员,努力排忧解难"的协会承诺,推进协会诚信建设,营造了安徽协会服务工作的良好局面。

## 一、创新诚信服务方式、拓展兑现承诺的途径

安徽协会注重从四个方面创新服务形式,为兑现承诺拓展途径。一是主动开展政策服务。利用深入会员企业走访、调研,寄送、发放宣传材料等,送政策上门;通过召开会员企业座谈会、政策宣讲会、协会网站等形式,及时宣传与会员企业有关的政策法规;同时建立新政法规速递机制,每当重要新政法规出台,第一时间在协会网站公开,并与海关人员一道对重要政策进行宣讲、解读,面对面解答会员企业提问。每年开展这样的政策服务多达20多次。二是热情做好咨询服务。协会明确落实了负责咨询服务的部门和岗位,建立了咨询服务责任制和常态咨询服务机制及电子记录、台账。仅2013年1月~11月,通过各种方式解答会员企业各类政策、业务咨询110余次。三是精心策划培训服务。协会专门从合肥海关各业务部门聘请了12名处、科级业务专家担任兼职教员,建立了培训管理制度和培训质量与效果评估机制,每年开展2~3次培训,每次培训有近100人参加;与此同时,协会还积极支持高等职业院

校开展报关专业后备人才培养工作。四是落实综合协调服务。他们每年不定期向合肥海关领导汇报工作，始终与合肥海关各职能部门、各隶属海关、现场业务部门主动联系沟通，加强协调配合，争取各项支持。今年，多次与合肥海关关税处、稽查处、审单处联合开展调研，宣传"诚信创建"，形成服务合力；10多次引领会员企业有关人员到有关部门进行相互交流、介绍情况，咨询政策、业务，协商解决有关问题。

**二、完善诚信服务机制、提升兑现承诺的质量**

安徽协会通过建章立制，建立完善诚信服务机制，把兑现承诺落到实处。他们在建立行规行约的基础上，注重服务会员的制度建设。一是调研走访制度。协会与会员企业加强沟通，针对海关执法、监管服务中企业和社会关注的热点、焦点问题，宣传有关政策和海关监管规定及服务措施；开展"报关行业规范经营，反腐倡廉、净化通关环境"倡议活动，促进关、企合作和廉政共建，并对有关情况和问题进行具体解释，直接面对面解惑答疑，化解矛盾，优化执法和廉政环境。今年已先后13次走访会员企业和有关单位近40家，广泛征求、听取意见和建议，有的及时向海关和企业进行了反馈。二是创先争优制度。积极宣传双优评比的重要意义和创优标准，大力弘扬"诚信守法、崇尚专业、自律规范、务实创新"的报关行业精神，引导企业规范管理，促进依法经营，为海关监管服务创造有利条件，为企业提供通关服务保障。在此过程中陆续涌现了安徽翔威报关有限公司、芜湖中外运公司、中外运空运安徽分公司、马鞍山外运公司等一批优秀报关企业。三是联系协调制度。创建了协会特邀联络员工作机制，通过与合肥海关各级领导商议，从有关职能部门、各隶属海关、现场业务处、驻机场办事处聘任了12名业务科长为协会特邀联络员，制定了特邀联络员聘任办法，明确其职责、任务，充分发挥特邀联络员服务会员的作用。据今年7月份统计，1月~6月，特邀联络员主动约谈会员企业103家，接受会员企业咨询80余次，向会员企业了解进出口经营情况107次,帮助协调解决实际问题和困难14项,征求听取会员企业的意见、建议30余条,反映会员企业诉求7项,对近20名报关员进行了扣分培训、考核,帮助引导101家企业增强诚信自律、规范管理。

### 三、强化诚信服务能力、发展兑现承诺的成果

强化报关协会的服务能力是兑现承诺的基础。安徽协会在创建活动中一面制定了《安徽报关协会开展行业自律与诚信创建活动实施方案》,重新制定协会岗位职责,明确责任分工,并根据全年工作计划和创建内容,细化、落实任务;健全完善财务报销管理办法、培训工作制度、评估办法;提出贯彻落实行业规范、报关行业职业道德准则、实施海关行业标准《报关服务质量要求》、参加预归类培训和预归类服务资格考核等要求,同时制定服务、整改措施,定期地向会员企业通报协会工作、服务等情况,加大信息公开力度。另一方面,按照中国报关协会《关于加强报关协会建设的指导意见》,进一步加强协会人员思想、作风、能力建设,强化内部管理,夯实日常工作基础,围绕承接政府职能转型、改进服务作风、提高服务效率,着力增强人员综合素质,还制定2013~2016年工作发展规划。领导带头严格自律,以对协会自身建设、对会员企业、对政府和海关、对社会极端负责的精神,坚持把协会的每一项工作当作在职和退休后的未尽事业来干,勤勉敬业,谋事亲为、亲历;把"带头自律、竭诚服务"作为座右铭,要求全体人员怀着一颗自律之心、奉献之心,专心致志干社会事业,为全省报关行业健康持续发展多出成绩、多做贡献。今年,安徽协会再次被评为安徽省"百优社会组织"。

安徽协会决心在十八届三中全会精神的指引下,再接再厉,加倍努力,更加严格自律,更加积极主动作为,为会员企业和海关提供更多、更好服务;坚持不懈地推动全省报关行业诚信创建活动深入、持久、有效开展,以实际行动迎接报关行业的新任务、新挑战。

# 坚持探索创新　强化诚信服务

——上海欣海报关有限公司

在创建和谐社会的时代背景下，树立诚信服务体系、强化科学管理、构建和谐的行业规范，是规范报关行为和行业秩序的基础。企业和谐文化、科学管理和诚信行为，也是构建和谐行业规范的重要保证。在创建活动中，"欣海人"以良好精神风貌，紧紧围绕"强化科学管理、打造诚信服务体系"这一核心工作，积极探索与实践，为适应无纸化通关试点改革，摸索出具有欣海特色的诚信服务模式。

**一、创新业务建设，为诚信服务打造品牌**

业务建设是诚信服务的基本条件。

1. 狠抓服务质量。服务质量是创建诚信品质的重要内涵。一是强化日常报关质量管理工作要求。我们制定质量管理考核制度，实施月度、季度质量考核排名，采取奖优罚劣措施，提高全员对报关质量管理的认识度和参与度。二是开展以年度质量管理为目标的创先争优活动。三是狠抓经营质量管理。公司营运信息部，通过定期召开质量管理分析会，传达公司质量管理工作要求，并通过经典案例分享、业务知识学习交流，在促进沟通与交流的同时，有效提高了经营质量管理水平。

2. 创建服务平台。创建服务平台是打造服务品牌的重要举措。我们在业务管理信息化的形势下，利用云技术，大力推广云通关平台建设，特别是结合无纸化通关试点改革工作，配合海关、大胆实践、积极行动，利用云制单技术，在内外部的实践中，实现数据传送不落地，改变了现有传统的制单模式,成为上海关区第一批参与无纸化通关试点改革的试点企业,先后获得浦江海关颁发的先锋奖、智慧奖,目前"云制单"技术已在欣海报关公司内部大力推广,截止2013年10月,欣海报关的无纸化申报量已累计突破10万票。

3. 注重人才培养。培养优秀人才是打造服务品牌的重要条件。公司先后组织有针对行业无纸化变革所开展的通关无纸化操作流程培训;针对预归类业务技能提高系列的专业培训;针对员工情绪释放的减压类培训,专题组织的外出学习考察等培训,从业务素质、业务技能、管理技能三方面上提高队伍战斗力;成立专业服务工作室,提升专业服务水平,吸引和汇聚更多的预归类人才;充实后备力量,激发管理梯队活力。自2012年10月以来,从职能部门到业务部,共陆续推出了8个竞聘岗位,通过公开的PK形式,改变以往由公司指派、任命的方法,让有准备、勇担当、爱学习的优秀人才走上管理岗位。

## 二、重视文化建设,为诚信服务凝聚合力

文化建设是欣海报关诚信服务的灵魂。我们注重把文化建设的工作要求融入日常服务实践中。首先,开展反腐倡廉倡议书签字仪式,宣传学习行业廉洁自律"八不准",并在葛基中董事长带领下,公司各层级50多名经理依次在《规范经营、反腐倡廉、净化通关环境倡议书》签字承诺,为经营管理敲警钟,让企业经营管理者严格遵守《海关法》及有关法律法规,严格遵守行业规范,坚持以诚实、合法、守信的原则从事报关业务。

其次,注重把影响和塑造从业人员的精神世界、人格力量放到企业文化创建的核心地位来实施。通过各种途经,想尽一切办法让员工成为企业的真正主人,而且不是简单的改善员工的待遇,更重要的是提升员工的价值,让员工随着市场的发展而发展,随着社会的进步而提升他们的价值,实现风险共担,利益共享。

再次,倡导以"感恩为怀"的企业文化氛围。建立"欣海爱心帮困

基金"，更进一步促进员工"爱心文化"、"感恩理念"的形成。通过建立欣海帮困基金，持续地开展慈善活动，为社会公益机构和社会上贫困群体捐款、捐物、献爱心。充分体现欣海报关公司的社会责任和企业责任。

**三、加强党团建设，为诚信服务提供保障**

欣海报关在长期的经营实践中，注重发挥党支部的战斗堡垒作用、党员的先锋模范作用和共青团的模范带头作用，为企业诚信服务提供有力的组织保障。

1. 着力加强党员队伍的思想建设。党支部加强理论学习，加强全体党员学习意识，始终与党中央保持一致，抓实支委会领导班子建设，定期召开支委会工作会议，特别在廉政建设上，在公司形成坚决反对行贿受贿、坚决反对铺张浪费、坚决反对恶性竞争的良好服务氛围。

2. 着力开展"创先争优"工作。积极开展优秀共产党员、优秀员工（经理）评选活动，在公司上下形成"学习先进、争做先进、赶超先进"的正气；围绕经营目标，通过月度经营分析会和公布质量管理、财务管理、客户管理等手段，达到鼓励先进、鞭策后进的作用；组织年度优秀共产党员、优秀员工开展"红色之旅"等活动，让优秀员工有更多相互了解、相互交流的机会，进一步增强组织的凝聚力和向心力。

3. 着力推进共青团组织建设。公司团委运用"党建"带"团建"的方法，积极发挥团员的建设助手作用；推荐优秀团员加入党组织。近两年发展党员五名；精心塑造优秀团员形象，让市区级的优秀共青团员从"幕后"走到"台前"，成为企业学习的榜样；开展形式多样的文娱活动，如：户外定向培训、户外青年联谊活动、参演红歌汇演等，激发青年团员的青春活力，为企业诚信建设增添新的活力。

"经营之道在于诚，赢利之道在于信"，欣海人坚信诚信建设将是不可阻挡的社会趋势，欣海报关将从当下做起，为行业健康有序发展贡献一份力量。

# 搭建自律管理平台　创建诚信服务企业

——深圳市华商联物流报关公司

深圳市华商联物流报关有限公司（以下简称华商联）长期以来坚持诚信服务、规范自律、守法经营的宗旨，紧密围绕中国报关协会关于"优秀报关企业"的创优标准，以科学高效的自律管理水平、精湛娴熟的报关业务技术、规范诚信的企业经营行为，积极开展创先争优活动，取得了企业自律诚信建设的丰硕成果。在行业创先争优排行榜上，华商联2006年被中国报关协会评为"全国优秀报关企业"，并获得全国百优企业中最佳管理奖；2007年被海关总署、中国报关协会授予全国首批"进出口商品预归类单位"；2008年适用深圳海关的"A类"管理级别；2009年被中国报关协会授予"全国优秀报关企业"荣誉称号；2011年当选中国报关协会副会长单位；2012年4月适用深圳海关"AA类"管理级别，并再次评为"全国优秀报关企业"。

## 一、实行业务管控机制，强化诚信自律的服务能力

管控机制是诚信服务的基础手段和有力抓手。华商联侧重落实以下四个环节，将自律诚信的理念浸透到报关业务的各个环节中去。

一是职责明确的岗位设置。根据报关业务的时效性、工作的繁杂性、流程的有序性，按照专职负责、分工细化的原则，将每个报关小组的工作岗位分成整理、制单、复核三个岗位，并将这三个岗位的职责有机地结合起来，按照统一的操作标准，实现流程化的管理，做到三者之间既

相互配合、运转协调，又互相交叉检查，避免差错的产生。同时，加强外勤组、递单组、财务部与报关部之间工作的衔接，将"诚信"的理念融入到报关服务的各个环节之中，以便发生问题能及时地责任到岗、责任到人，真正体现为客户诚信服务的宗旨。

二是有效控制报关差错率。华商联一直以来也都将控制报关差错率作为企业的生命线，除了做好常规的申报数据的审核工作之外，对于出现过的错误也绝不讳疾忌医，而是勇敢的直面，做好各环节的差错登记制度，组织出现差错的相关责任人员一起深层次地分析、挖掘差错形成的原因，并制定出相应的解决方案。如果是客户方面的原因导致错误的发生，则积极主动地与客户取得联系，从专业的报关角度方面与其探讨在今后的合作中如何加强双方之间的配合，并针对问题提供切实有效的报关方案；如果是因为报关员自身的原因导致报关差错的产生，除了将采取各种措施将报关差错产生的经济上和通关时效上的损失降到最低外，而且主动向客户坦承错误、承担责任，并从沟通、流程、管理等各个环节加以改进。

三是大力推广商品预归类服务。2007年12月，深圳市华商联物流报关有限公司被海关总署、中国报关协会授予全国首批"进出口商品预归类单位"，由此设立了专职的商品预归类岗位。为此华商联不仅以精湛的报关技能对外开展商品的预归类服务，同时也为公司内部各口岸的报关员在商品归类遇到疑难问题时传道解惑，为我们给客户承诺诚信优质的报关服务提供了坚实的技术支持。通过商品预归类这个平台，让华商联企业内部对商品的相关归类原则、归类政策和归类技巧有了更深层次的认识和理解，大大提升了公司报关服务的技术水平，同时在给其他企业提供商品预归类服务时，也不遗余力的广泛推广宣讲这些归类的原则、政策和技巧，为企业节约物流成本、减轻通关压力，搭建起高效通关的便利桥梁。

## 二、规范教育培训体系，提高诚信自律的综合素质

华商联的领导层为了企业和员工职业生涯的可持续发展，历来都很重视将企业打造成学习型的企业，每年都在企业和员工的培训方面投入极大的人力和物力。在充分利用本公司预归类资源的基础上，大力培养企业内部的培训讲师，经常为报关员进行分岗位、分类别的业务培训。率先在行业内部对本公司的报关员通过公开、公平、公正的考核评定报关员等级，给每一位员工都提供了向上发展的空间，也让员工们切切实实地感受到公司"以人为本"的经营理念，增强了员工对企业的认同感。这种员工与企业之间的互信既创建了和谐的劳动关系，也为企业的发展增添了不少力量。公司还经常选派业务骨干走出去学习更多更广泛的报关技能；对于管理团队，公司也经常组织去学习一些先进的现代企业管理理念，并结合本公司的实际情况，在不断的改革和创新中建立有华商联特色的诚信经营的管理模式。

## 三、建立客户服务系统，扩大诚信服务的社会效益

由公司副总直接负责的客服部通过电话、邮件、登门拜访等方式对客户进行回访服务，调查客户对报关服务的满意度，针对调查中所反映的情况实时对工作中存在的问题进行调整解决，并就整改后的情况积极向客户进行反馈；对于客户的投诉也能做到及时、迅速、果断的处理，避免事态的扩大化，让客户满意。回访服务也让我们从被动地给客户提供报关服务变成了主动的向客户提供更有深度更切实际的服务，让客户更加加深对华商联报关服务了解的同时也诚邀客户一起来监督公司，避免任何对客户失信的事情发生。并在与客户的沟通联系中主动的发现客户的需求，充分运用我们的报关技能和网络信息平台给客户提供更多的增值服务。总之，公司在服务的每个环节都秉承着一颗至真至诚的心力求根据客户的实际需求，提供使客户满意的服务，不断提高为客户服务的水平，提升客户对公司的满意度。

# 坚持诚信经营　共扬发展之帆
## ——广州市挚联报关报检有限公司

广州市挚联报关报检有限公司（以下简称挚联公司）成立于1994年，公司最初主要为进出口企业提供报关、报检服务，在经历了起步阶段的经验和资源积累后，挚联报关开始进行业务调整与资源整合，在发展核心业务的基础上，积极开展企业自律与诚信服务创建活动，推进挚联公司的全面建设。在2009年、2012年荣获"全国优秀报关企业"称号，2010年获得首批黄埔关区"A类"报关企业管理资质，2011年成为中国报关协会，广州、黄埔报关协会副会长单位。经过近20年的高速发展，挚联公司秉诚"以诚为本、厚德立品"的经营宗旨，克己守法，兢兢业业，在2013年先后获得报关报检行业商品预归类社会化服务资质，以及黄埔关区"AA类"报关企业管理资质，迎来了挚联公司发展的又一个春天。

## 一、诚信为本、规范操作

众所周知，诚信是企业的一种无形资产，更是一个企业是否能长久经营下去的标准。在2013年初，挚联公司郑捷董事长提出了"诚信投诉为零"的经营管理目标，要把我们的经营宗旨落实于实处，转眼2013年已拉下帷幕，挚联人本着"诚信"的道德原则和行为规范，在操作上，严格按照海关制度及相关法规，要求客户保证单单相符、单证相符、单货相符，做到不违法、不违规，体现了作为政府与企业间桥梁和润滑剂的作用,即规范了自身的报关行为,也帮助海关规范了进出口收发货人的守法行为,用实际行动切实做到"诚信投诉为零"。

## 二、守法经营、共创和谐

企业诚信大厦由员工共同建造,也建基于员工纯正的品格与光明的内心。挚联公司在内部管理上,通过人性化的关怀、导师式的教导,影响员工理念、规范员工行为。一方面,公司开展准军事化的管理,要求员工诚信为本、一诺千金、高效执行,让诚信成为习惯;一方面以诚对待员工的成长与发展,创造让员工愉悦生活的平台与条件,并以此作为工作之外的调剂与素养升华。在2012周年庆上,郑捷董事长提出"愉快工作,幸福生活"的号召,并于2013年切实落地,他督导成立了挚联俱乐部,构建了"健康中心"、"快乐中心"及"幸福中心"三大中心,希望通过非行政手段,举办员工喜闻乐见的活动,让员工在百忙中,自愿通过情感交流、学习分享,理解文化,提升素养,外化于行,感受快乐与幸福人生,公司致力说到做到,把关注点落实到大家的归属感与幸福感上,通过这些人文关怀式的服务,为公司诚信经营提供了人文氛围与平台支持。

## 三、勇于创新、发展成果

2013年是挚联发展的一年,也是改革的一年,为了使管理更规范、更科学、更能与实践相结合,公司第二次全面优化了各岗位的《岗位说明》及《工作指引》,使其精简有效,更具有操作性、指引性、科学性。另一个方面,继公司打破以业务点划分部门的布局,确立了全新的以职能划分的"制单中心"、"报验中心"、"客服中心"后,又通过业务点合并成"大制单中心",把原来各业务点的制单人员重新整合、统一管理、合理调配,参照海关审单中心的专业分工的工作模式,把制单中心人员划分成若干个专业组。通过大家的不断努力,效果非常显著。首先制单时效大大提高;其次制单的差错率直线下降,从2011年的差错率0.56%

降至2012年的0.48%，直到目前的历史新低及全关区最低的0.43%。挚联企业通过自身的不断努力，加强自律管理，兑现诚信承诺的同时，充分诠释了挚联的"专业、细致、精确的服务，创造超客户期望的体验"的质量方针。

报关企业要发展、要突破，一定要转变观念，报关企业的角色不再单单是单证的二传手，更是信息沟通的桥梁。海关总署2013年第54号公告的发布，体现了海关顺应国务院简政放权、实现职能转变的重大举措。对高速发展的报关企业来说机遇大于挑战，挚联公司守护"诚信"、"专业"、"高效"的品牌成果的同时，对于自身新的角色定位赋予新的内容：我们是关务风险协同管理者，我们是关务安全守护者，我们是海关的协管专家，我们是行业人才的孵化器。挚联企业期冀通过自身的专业，深入理解客户需求，化解客户的困扰，帮助客户实现合规高效的关务管理，让诚信之花遍开。

挚联公司深知报关企业的服务创新离不开供应链全程信息整合平台的配合，展望即将到来的2014年，挚联公司拥有自主开发知识产权的EBS电子商务系统即将上线，该系统以"诚信经营、规范管理"为主抓手，通过系统终端的平台化，实现与码头、客户、海关、国检、外经等无缝数据交换，同时运用最新的电子商务理念与客户进行网上订单服务，可以协助海关彻底改变原来申报不规范、信息流通不畅、存在信息孤岛的局面，通过定制化服务理念与科技手段推动海关无纸化改革的进程。

坚持诚信经营，共扬发展之帆，挚联公司明天将更加美好！

（作者：张延伟）

# 坚守服务为本　构建诚信物流
—— 嘉里大通物流有限公司

　　嘉里大通物流有限公司（以下简称嘉里大通）成立于1985年。嘉里物流联网总部设于香港，隶属郭氏集团，是亚太地区最具领导地位的第三方物流供应商之一，在全球35个国家和地区都拥有着自己优秀的团队。嘉里大通物流拥有最强大的配送网络，覆盖最广的物流枢纽中心，服务主要及二线城市；仓储物流中心总面积逾2,000,000平方米；并有6000部车辆、13000名员工。公司有着覆盖全国的报关网络，服务60多个国际机场、港口及陆运口岸网络。嘉里大通物流的目标市场涉及电子消费品、高科技产品、时装时尚用品、化学品、食品饮料、工业品、零售类、医药保健类、航空汽车等多种类型，业务遍及国际货代、国内快运、仓储、合约物流、项目物流、展览物流及多项增值服务。嘉里大通在市场经济的探索实践中，积极开展企业自律与诚信服务创建活动，攻坚克难，稳中求进，秉承"优质服务、诚实守信"的经营理念，创造了骄人的业绩。2009年、2012年，嘉里大通物流先后被中国报关协会评选为"全国优秀报关企业"。2012年3月，嘉里大通物流被北京报关协会评选为"2011年度报关质量优秀企业"。

## 一、运用科技手段提高诚信服务质量

　　嘉里大通运用科技手段，提供多元化服务组合，打造众多世界品牌；拥有最强大配送网络，覆盖中国大陆及港澳台，覆盖最广的物流枢纽中心；拥有最强的东盟配送网络，为跨境陆路运输网络提供高效能长途陆运及海陆、海空联运服务。在信息化社会，数据更加透明，嘉里大通的系统数据库的对接为诚信服务夯实了基础。

将过去的人工递送单据，变成了电子数据的交换，大大加快了单据的流转速度，同时也大大降低了人力成本。但还是没有解决时效和质量问题，毕竟还是摆脱不了许多手工作业。于是，嘉里大通又向新的目标开始进发。嘉里大通的理想是与中国电子口岸采取三方联网，将企业的 ERP 信息直接发送至电子口岸，由报关公司添加物流信息，整合后直接发送至海关，这样做不仅加快了通关的效率，而且减少了手工劳作，大大降低通关的差错。

企业和政府联网这一难题，以前从来不敢去想。嘉里大通在北京海关和电子口岸的全面规划和大力支持下，突破自身的习惯思维，2009 年嘉里大通开始尝试三方的联网，开启了物流行业的新模式。

在与各个客户沟通配合的过程中，先进的 IT 系统是嘉里大通的优势，为了满足客户的个性化需求，嘉里大通可以为其设计独立开发的 IT 系统，与客户系统对接，实时跟踪货物进度，避免人海战术效率低的弊端，提升效率降低成本，加快各口岸"无纸化通关"进程，真正做到又快又准。嘉里大通的付出也得到了客户的肯定和支持，他们尽可能地为嘉里大通提供所需的各项数据、并进行现场指导，逐步形成良性循环。通过进出口收发货人、代理和海关系统的对接，差错率明显降低，效率提高，海关实施监管的力度也大大增强，企业的诚信品牌意识更是得到了极大的推动。

**二、营造和谐氛围打造诚信服务团队**

嘉里大通集团内部设五个大区，每个大区设若干分公司，北京分公司是北区规模最大的一个分支，他们的空运部是一支充满活力的队伍，擅长为客人量身定做物流方案。而吕桂枝是其中一名很具有代表性的成员，她为公司服务了近二十年，在这些年中她对工作始终是勤勤恳恳，而待人始终保持着高度的热情。天道酬勤，她从刚入司时的门外汉，逐步成为了今天的业务骨干,直至迈上进口部助理经理的岗位,凭的是一腔热情和真诚,以及对业务素质提升的不断追求。

诚信,对客户负责,是嘉里大通一贯的服务理念。京东方公司是公司一个长期合作的客户,工厂的特点是出货时间要求非常严格,不可以早也不可以晚,而嘉里大通以不变应万变的解决方案就是:勤能补拙,多沟通,早准备。第一次操作成品货正临近春节假期,然而嘉里大通的工作态度并没有丝毫懈怠。当时京东方仓库的工作人员本身也处在摸索期,而且货源分散。嘉里大通的驻场人员一直在现场督战,将存放位置分散的货源收集起来装车发运,然后又马不停蹄地赶赴目的地,听取收货方意见,审视运输途中操作的不足。京东方的成品货非常易碎,在全体项目组成员的努力下,嘉里大通的车队实现了全程零破损。面对挑战,嘉里大通向客户交出了一份满意的答卷。

汽车项目的成功运作,是嘉里大通诚信沟通的另一个典型案例。近年,我司上下齐心,以充分凸显公司强大报关能力和IT优势,快速的反应能力和高度协同的团队精神,赢得了某知名汽车品牌在北京、上海、成都及广州等多个关区的报关业务。具体涉及中国区报关和区域递送的全程服务,货品品种规格很多,对准确报关提出较高要求,对第三方物流服务商的清关能力提出严峻的考验,项目初期,嘉里大通的优势并不明显。

不占先机的状况更激发了嘉里大通的斗志,总公司及大区管理层十分重视,迅速反应,亲自负责整体调度及一线支持,各部门分工协调,用最大的诚意与客户反复切磋、修改、沟通,并积极与海关沟通咨询,防止差错,双方多次就今后如何更好地为企业客户提供优质服务进行良好的互动和坦诚的交流,在客户与海关之间起到了良好的桥梁作用,让他们看到了嘉里大通的认真和坚持,最终赢得了他们的信任,并在先期的数据对接过程中获得客户充分肯定。

### 三、崇尚物流专业、拓展诚信服务市场

嘉里大通的核心业务包括综合物流、点到点供应链方案、国际货代等，多元化服务组合提升竞争力及效率，业务全面覆盖各大领域，强大的运作团队为客户制定个性化的解决方案，国际货代为客户提供空海运各环节的服务，延伸服务一直是嘉里大通的特色，嘉里大通配合客户要求，制定相应的项目操作方案，并配有经验丰富的项目小组全程监督项目运作。

嘉里大通的四大优势体现在：客户满意度取得持续及稳健增长；丰厚资产：管理300万平米仓库及办公区域，基建具有灵活度，可支持业务扩展；超卓高效的讯息科技系统：为客户量身定制物流方案，系统融合灵活度极高，供应链信息流通从无间断；资深国际管理团队：项目管理经验丰富，成绩卓越，专才敬业尽心。

嘉里大通的独特优势在于出色的报关、清关能力，与航空公司良好的合作关系，进出口贸易代理，保险兼业代理。嘉里大通拥有300多名报关员，覆盖50多个国际口岸，在主要国际空港设海关监管仓库，备受海关信任，与海关建立了长期良好的合作关系，合作的航司包括国内国际知名的各大航空公司。嘉里大通持有独立外汇收付资格，兼备保税区仓储、转口贸易及增值等一站式服务，熟悉国家贸易及外汇管理机制，掌握保税区、加工区及进出口贸易经营行情，可帮助客户满足货物交付的时效性，调节缴税时限，减低资金积压。嘉里大通与中国人民财产保险股份有限公司长期合作，已获保险兼业代理许可证，可承接客户委托投保货物运输险、仓储险。

嘉里大通物流公司必须始终坚守诚信为本，积极投入到构建高效运作、成本优化的和谐物流环境之中去，公司才能与行业发展同步、与国家发展同步。大鹏一日同风起，扶摇直上九万里，嘉里大通有幸借助中国经济高速发展的东风，定当不断努力不断进步，作出应有的成绩，也为构建诚信和谐的社会作出应有的贡献。

# 打造优质服务品牌　争创诚信建设企业
——上海欣捷报关有限公司

上海欣捷报关有限公司（以下简称上海欣捷）是一家获批海关总署AA类管理资质的企业。公司在长期发展中，逐步树立了勇于创新、高效管理、优质服务的工作理念，一贯将"提高申报质量，降低报关差错"视为重要的工作要求，每月差错率控制在1%以下。2012年共申报单量77665票，自成立以来连年被评为上海关区申报质量五星级企业，上海市报关协会优秀报关单位，2012年再度被评为"全国优秀报关企业"。

## 一、勇于进取、创新优质服务品牌

2011年，上海欣捷公司凭借良好资信被选为上海外高桥保税区海关首批试点6家企业之一，成功举荐15家优质客户享受这一便捷通关措施。针对"信箱报关"单证，安排经验丰富、具备优秀归类师资质的资深审单员作为"信箱报关"专审员，参与商品预归类和分拨系统申请。同时，对内控流程进行改进，摒弃原先流水线操作模式，由固定人员组成大客户项目组专门负责这几家客户单证的通关工作，跟踪预录、商检、大通关以及交接等各个环节。在现场申报阶段，项目组与"信箱报关企业专员"建立专项联络，及时获取"企业专员"从海关反馈出来的意见和建议。项目组采用专人负责制，使得组内成员对这几家客户的产品、物流、仓储、SOP要求等情况了如指掌，确保第一时间回复海关在接单审单中提出的质疑，并就申报中遇到的问题进行总结，做好事后单量分析和差错分析，这对提高单证质量起到了至关重要的作用。"企业专员"则每日每月统计"信箱报关"单证各项数据，如改单率、查验率，并将汇总、分析结果及时上报领导，对存在高风险客户坚决执行退出机制。"专审员"+"大客户项目组"+"信箱报关企业专员"这一创新管理模式，实质上是海关分类通关改革在公司内部的延伸，完全契合了海关前推后移的"哑铃式"通关模式，不但保证了单证质量，也优化公司内部资源，将"信箱报关"政策优势发挥到最大化，从而直接转化成为客户的效益。

**二、高效管理、创新优质服务模式。**

上海欣捷公司在导入ISO9001质量管理体系之初也存在这样的疑问：报关行业作为服务业，有必要实施质量管理标准体系吗？然而自从成功导入ISO质量管理体系以来，深切地感受到质量管理标准体系在企业持续改进和优化流程方面所起到的极大促进作用，促使企业经营管理更严谨、规范、科学。公司要创名牌，必须提升自身的管理服务水平，导入先进的质量管理理念和模式，这在员工和管理层中达成了共识。经多次论证评估后，公司决定成立ISO9001：2008管理系统工作小组。首先，从文件控制着手，把海关法律法规作为指导报关的纲领性文件进行学习和运用，对实施情况进行跟踪，在实际工作中起到了很好的效果。其次，年初制定质量目标责任书，这一目标深入贯彻到每位员工和每个工作岗位，涵盖报关量、审制单时限、差错率、客户投诉率等各个方面的考核。对于客户投诉，严格按照ISO9001：2008标准中相关程序要求处理，做到事先有记录，过程中有整改措施，事后有反馈，最终为客户提供优质满意的服务。

当然，要充分发挥质量管理体系在企业管理中的作用，提升体系运行的有效性，必须用信息化推动质量管理体系建设。2010年初，上海欣捷引入美华关务管理系统。这一举措不仅将公司的信息平台与H2000预录入系统、九城商检电子申报系统紧密联系起来，提高系统间信息数据的一致性，而且避免了二次打单，减少差错发生概率，有效缩短内部操作流程。同时，公司针对新系统和新的制单模式进行了相关的培训，开展一系列劳动竞赛，充分贯彻公司信息化战略。

### 三、诚实守信、提升优质服务信誉

上海欣捷是保税区内最早为客户提供通关服务的企业之一，经过多年来的沉淀、积累和发展，公司正成为区域内通关服务的领先企业。扎实的业务技能、高效的管理是保证企业和谐发展的硬实力，而精益求精的服务品质则是实现这一目标的软实力。正是怀着这样坚定的信念，我们完成了一件又一件几乎不可能完成的任务。

2011年8月，上海欣捷公司代理一台来自印度的活塞增压机报关业务。原定8月10号靠港，由于受到台风的影响，延迟至15号到港。由于客户急需提货，一接到到货通知，操作员就立刻去船公司换单、加急备案、安排特种车运输。正当一切以最快速度运作时，却在从洋山提箱进外高桥卡口处被布控查验。由于这台活塞增压机体积庞大，重达15吨，用长6米、宽3米、高3米的大木箱严严实实的包在里面，根本无法看清箱子内的货物。而查验要求是看到实物以及实物上的铭牌和原产国，缺一不可。由于客户没见过箱内实物，也不清楚铭牌的具体部位。若等外方回复，势必因时间的延长产生很高的押车费。若当场拆箱，则需要大型吊车将货卸至查验场地，并联系专业拆箱公司进行拆箱。如此操作，亦会产生高昂的查验场地费、拆箱费，且木箱无法复原，影响到后续环节的运输安全。即便重新打包装箱，费用高，对于打包木箱的要求也高，一时半会很难联系到。最终，经过客户与最终使用方的沟通，操作员根据其提供的详细产品资料、已经安装的机器实物照片，果断决定从大小与家用微波炉相差无几的窗口处钻进近40度的木箱，借着手电筒的微光，一个个角落去寻找铭牌。经过不懈努力，终于拍下了机器铭牌的照片，确保货物及时通关。我们坚韧不拔的服务精神不仅让客户为之动容，还成为企业内部文化交流的题材。

上海欣捷公司坚信在全体员工共同努力和政府部门的支持下，公司会以更先进的管理理念和业务模式，取的更为骄人的业绩，推进诚信建设的持续发展。

# 秉承诚信经营理念　促进企业健康发展
——天津嘉里大通报关有限公司

天津嘉里大通报关有限公司（以下简称天津嘉里大通）隶属于嘉里大通物流有限公司天津分公司，母公司总部设于香港，是亚太地区最具领导地位的第三方物流供应商之一。天津嘉里大通报关有限公司是海关总署批准的 AA 类报关企业，天津报关协会副会长单位，2012 年被评为全国优秀报关企业，取得天津社会化预归类单位和优秀报关企业等多项资质。在多年公司建设中，秉承"诚信"的经营理念，持续健康、稳定有序地发展，与多个世界 500 强企业建立长期的业务往来。

天津嘉里大通秉承诚信经营理念，把"创先争优"贯穿于企业经营的全过程，推进自身建设的健康发展。中国报关协会自 2006 年开展"全国报关行业双优评比活动"以来，到 2013 年已进入第七个年头。天津嘉里大通报关有限公司连续三届被评为全国优秀报关企业。2006 年，中国报关协会还向全国报关业界发出公告，参加评选百优报关企业的条件包括：自 2007 年 1 月至活动结束，在海关无走私行为、无涉税涉证违规记录及在税务、工商等相关行政执法部门无违法违规记录；在"百日创优"阶段，报关单量高于本关区平均水平，删退改单率低于本关区平均值；在 2008 年报关单量高于本关区平均水平，删退改单率低于本关区平均值；企业管理规范、制度健全，且无挂靠、无分包。按着这份公告内容，公司领导当即决定：无论评比结果如何，都将参与和支持，以此来提升自身的实力。就这样从 2006 年至今，嘉里大通人将"全国优秀报关企业"的各项指标和评定标准融入嘉里大通的公司日常经营理念之中，并建立了相应的企业管理制度，与客户的沟通渠道和公司的服务监控及推进机制，始终将报关的服务质量稳定在一个优良的状态，并能持续改进和满足客户提出的需求。逐步健全客户服务团队，制定并明确岗位职责，员工间团结协作，努力达成目标，完成报关任务。

随着逐年的完善和推进，嘉里大通人为了更好的服务客户，使报关行科学、健康、有序的发展，公司在 2008 年制定了严格的授权批准制度。如果部门经理这个层面不能解决，向总经理回报。为保持通讯畅通，各部门经理，报关主管，报关员必须 24 小时开机，每两个星期举行一次部门经理会议。就这样，一步一个脚印，天津嘉里大通报关有限公司在 2008 年取得了 A 类资质，在 2012 年取得了 AA 类资质，2007 年至今为天津报关协会副会长单位，天津社会化预归类单位和优秀报关企业。

争创"全国优秀报关企业"活动在公司各部门开展后，为嘉里大通增添了活力，促进了公司业绩的增长，在不断提升自身管理水平的同时，形成了人人多方开拓思路，推出各种举措，全力为客户通关服务的积极场景。天津嘉里大通公司口岸业务部的报关员通过向客户企业宣传海关原产地的相关优惠政策，建议企业选择与我国有"东盟进口优惠协议"的东盟供应商进口原材料生产商品，为客户节省了近百万的税款，大大减轻了金融危机对企业的压力，直接提升了该客户商品在国际上的竞争力。作为回报，该企业与嘉里大通签订了互为"战略合作伙伴"的协议。表示将一直合作下去。

北京京东方作为一家高技术企业，产品升级换代快，生产设备更新快。在与北京京东方开始合作伊始，天津嘉里大通就为其设计并优化了通关方案，通过宣传海关新推出的"区域通关"并以此为基础实行全程货物跟踪，保证了精密设备从港口下船到进厂装配的"无缝监控、平稳运输、零时等待"的物流模式。为北京京东方尽快建厂投产节省了宝贵的时间和大量的物流成本，保证了其生产效率。天津嘉里大通报关有限公司正在充分利用先进科技手段，对公司的业务进行系统化、信息化管理，自主研发了关务管理系统、关务管理软件，并成功与客户ERP内部管理软件实现对接，满足关务链、物流链上各环节的岗位需求，同时也能够为客户提供关务咨询，物流方案的策划与设计，实现工作效率、运营成本的双丰收。

由于现代企业的高度专业化，生产型企业没有配备专业的关务人员。在"双优评比"中嘉里大通人本着"客户至上，服务第一"的宗旨，向与我们建立了长期的业务往来的多个世界500强企业，如三星集团、奥的斯电梯有限公司、歌美飒风电、PPG涂料公司等优质客户派驻关务人员，协助他们处理相关业务和及时了解海关最新的政策法规。这样既为企业解决了关务人力资源的问题，又提供了高效优质的通关服务，更让公司与客户建立了从认识，到信任，再到离不开的伙伴关系。

天津嘉里大通利用先进科技手段，按"百优评比"的各条指标对公司的业务进行系统化、信息化管理，自主研发了关务管理系统，同时也能够为客户提供关务咨询，商品预归类，物流方案的策划与设计。使企业在正确、深度理解海关政策法规的前提下，规范贸易行为，少走弯路，有效的降低差错率，报关删改率，同时也就提高了通关的效率，一举多得。

市场给了嘉里大通人一个生存的空间，而优秀报关企业评比却是让嘉里大通人成就了辉煌！对于取得的成绩，他们没有沾沾自喜，而是以更高标准要求自己，珍惜全国优秀报关企业的荣誉。天津嘉里大通将紧密依靠中国报关协会和天津报关协会的领导，在企业建设中，取得跨越式发展，成为报关行业中的一面旗帜。在未来，天津嘉里大通会取得更加辉煌的业绩！

# 精心打造企业诚信服务品牌

——厦门建发报关行有限责任公司

厦门建发报关行有限责任公司（以下简称建发报关）是厦门建发物流集团有限公司旗下的专业化口岸报关公司。厦门首批"诚信报关企业"，首批 A 类报关企业，预归类授牌单位，全国优秀报关企业，中国报关协会常务理事。20 年来，建发报关恪守"诚信、专注、高效服务于每一个细节"的工作思路，不断提升自我服务意识，针对各式客户提供不同的专业化个性服务，提供集物流、资金流、信息流为一体的供应链解决方案，精心打造自身诚信服务品牌。目前建发报关业务网络覆盖了整个厦门关区，是厦门关区业务最完善，服务网点最完整、最具影响力的报关企业。

## 一、优化业务流程、营造高质量服务氛围

没有规章制度的约束很难想象一个集体会是怎样的形态。想要有高质量的服务，本身的自我约束极为关键。建发报关行恪守"诚信守法，服务至上"的宗旨，20 年来逐步建立完善了内部管理体系。2006 年，建发报关行顺利通过了 ISO9001－2000 标准质量体系认证。公司长期坚持对员工进行思想道德法制方面的教育，按照海关的各项法律法规和管理办法以及报关协会制定的各项规则，制定了一系列管理约束机制，从而保证了各报关岗位人人明确自身职责，杜绝各环节出现人为失误。通过一系列管理机制的实行，公司报关单的删、改等差错率大幅下降，加快

了通关速度，提高了公司在诚信守法方面的信誉度，也避免了给海关的工作效率带来不利影响。目前，建发报关行的报关业务稳步发展，报关、报检的数量及质量位于厦门关区报关行的前列。

## 二、强化技能训练、培养高素质服务团队

报关企业要发展，人的素质尤为重要。报关员应全面提升自身素质和服务意识，严格遵守相关制度规范，依法履行自己的工作职责，恪尽职守，按章办事。建发报关拥有一批素质高、业务强的员工队伍，大专以上员工占公司员工总数的95%以上。公司严格要求员工必须将《报关服务作业规范》落实到工作中的方方面面。除此之外，公司还积极组织相关工作人员参加海关组织的所有专业培训；积极鼓励员工提升专业知识，取得相关资格证书；多次组织业务骨干到上海、广州、深圳等地报关行进行学习、培训。经过多方面的学习提升，以及报关员之间的业务交流，建发报关行报关从业人员均熟练掌握一般货物通关程序、进出口货物分类及相关税则应用技巧，从而控制了差错率，公司团队得到社会及海关等职能部门的一致好评。

建发通商是厦门口岸服装出口的重要企业。由于对服装归类的认识不足，连续发生服装归类错误，严重影响通关效率不说，还几乎影响到了企业评级。了解到这个情况，报关行立即派精通服装归类方面归类人员进驻企业，不但在短短一周内把通商公司近期所有即将出口的货物进行预归类，使其货物全部正确申报顺利通关，还在通商公司对外接单时就进行介入，为其归类，使通商公司在订单洽谈初期就能充分了解通关要求，从而更精准地确定成本。建发报关行在间接提高了通商公司的竞争力的同时，其高素质的人才以及优秀的服务意识也得到了企业和海关的一致好评。

建发报关认为，报关从业人员应有良好的服务观念、法律观念、责任观念，以及与时俱进的专业知识和专业技能。只有提高从业人员的职

业素质和专业素质，才能更有效地促进服务质量的提升。

### 三、创新服务模式、打造高水平服务品牌

服务是一种行为，需要思想来引进；服务是一件艺术品，只有把控、思量好每一个细节，才能创造出一流品质与美感的艺术品；服务具有长期性和衍生性，是一个持续改进、丰富、完善和再造的过程。建发报关本着优化服务环节，追求通关全过程的细致、周到、便捷、负责的服务理念，尽最大可能满足客户的需求，逐步改进经营方式、拓展新的服务业务、丰富服务内容，逐步从单一的服务模式，转向立足于全过程的整体服务。经过多年专业化、规范化发展，建发报关行不仅为客户提供传统的预录入、代理报关、代理报检等报关业务，还提供大宗散货、展会物流承运、仓储配送等全方位的物流一体化服务。只要客户一个电话，专业工作人员就上门取单证资料。根据客户特殊情况及需求，派遣报关团队进驻企业，配合协助客人做通关前的各项准备，设定专员专门为企业办理"进出口货物减免税申请"，协助客户办理"货物商品编码归类"。在报关行设定专职客服人员，为客户咨询和沟通提供最有效及时的平台等等。

建发报关应对客户需求，实行"一条龙"服务。厦门太古飞机工程有限公司是一家专营太古飞机维修的公司，它的进口维修零件多达数千个大类上万种零部件，保税和非保税交差，情况相当复杂。当时的情况不仅影响到海关监管也影响到企业的正常生产。建发报关在接手太古关务操作后，组织了30多人的专业团队，在海关的精心指导下在短时间内为太古量身打造了一个完整的关务运作方案，帮助企业建立保税料件管理制度，协助企业管理保税料件。通过建发报关行团队的艰苦努力，为太古飞机工程建立了一个完整的产品货号归类及申报要素的数据库，为正确申报奠定了基础，同时，理顺了通关流程，实现企业、海关及报关行的共赢。

专业成就典范,服务创造价值。建发报关将继续加强企业管理,坚持"诚信为本,满意服务"的经营准则,贯彻落实"满足客户当下的需求,以专业的精神为客户开辟通往全球一体化供求流转的通途,帮助企业实现核心竞争力的飞越"的经营理念,用服务创造品牌,并且越走越远、越走越宽。

# 精诚服务 勇攀新峰
——上海新发展商务咨询服务有限公司

上海新发展商务咨询服务有限公司（以下简称上海商务咨询）是以上海新发展国际物流有限公司为投资主体，代理报关报检及提供商品预归类服务性质的专业咨询公司，是上海市报关协会常务理事单位。上海商务咨询2012年全年报关量6.33万票，同比增长1.23%。客户涉及高新材料、IT、机械自动控制、食品、酒类、贵金属等多个行业近200家中外客户。公司自2009年起连续多年获得"上海关区申报质量五星级企业"、"上海关区优秀报关单位"的荣誉称号两次被评为"全国优秀报关企业"。

在技术创新上，上海商务咨询将信息化技术大规模融入报关报检中，已完全实现报关数据直接导入科思达系统，做到报关、报检信息真正的无缝衔接。该技术的成熟运用使得制单的速度大大提升同时又降低了制单差错率。经实际使用后，得到了诸多客户的好评。下一步他们将大力推广，使得中小型客户也能收益。此外，他们研发了一整套可视化系统，除了传统的PC端还同时配有移动端APP，以便实时监控货物清关、配送等情况，让客户对供应链的各时间节点有更清晰、更直观的认识。

上海商务咨询深知服务质量是企业的生命线，所以在企业管理上他们狠下工夫。这些主要体现在三方面。一是专业知识方面，他们对所有作业人员，都加强业务知识培训，特别对海关、国检的规章制度、操作流程等方面进行系统的全面培训。同时结合公司内外部培训，使得员工的各项专业技能都能得到充分的提升。二是精神面貌及工作态度上，公司定期组织对全体员工开展职业道德教育和思想品德教育，让员工从思想上充分认识到工作的重要性，提高员工的责任感及使命感。三是绩效考核，公司对员工的各项业务操作进行考核，并将考核直接与员工收入挂钩。通过一体化量化管理考核方案，加强分配量化制，充分调动劳动积极性，加强制度纪律观念，使得公司的报关报检工作时效与质量稳步提高。通过绩效考核，员工的积极性得到了较大提升，工作效率显著提高。

后续人才的培养也是公司非常重视的环节。上海商务咨询每年提供外出培训的机会，培训内容涵盖各方面，鼓励并支持年轻员工抓紧任何机会学习和参与培训。同时还不定期在公司内、部门内开展各类内部培训，将整个公司构建成一个学习型组织。对于有发展潜力的年轻业务骨干，他们将充分给予信任与机会，让他们在实践中不断成长，以此搭建阶梯形的人才队伍，以此适应报关行业将来的发展。打造一支有素质的专业队伍，同时为培养优秀的关务管理人才提供了一套完整、高效、统一的培训教材，也有利于协助海关加强对报关市场、报关企业、报关员的有效管理，使其自动自发的按照法律及规范的要求进行自我管理和自我提高。

上海商务咨询在服务标准化管理上狠下工夫。他们深知按照标准化作业流程可以减少不必要的重复工作，运用科学高效的工具指导具体的报关作业，在具体的运作方面从被动转向主动，从消极转向积极，从无序到有序从而达到了优化作业流程，提高工作的执行效率。他们对此在公司内开展如下三点活动，其一：开展了ISO标准化教育培训，使员工转变观念，把员工以往个人操作随意性习惯统一到标准化管理上；其二：制定操作流程规范化，接单、审单、制单、通关、申报、放行、运输等每个操作都有详细的操作标准；其三：明确职责、落实责任、加强考核。

对于服务标准化，他们注重落实以下环节：第一，尽可能广泛的在公司内外宣传报关操作规范的高效实用性,并积极的学习规范的管理理念,优化和固化实际的操作流程,把先进的脑力劳动变成可以创造价值的生产力;第二,结合公司在外高桥口岸通关的实际现状,以公司的工作岗位为单位,制作执行计划,具体落实到每天实际的工作当中,用标准化的工具提高通关效率和报关的服务质量;第三,与公司管理制度相结合,在招聘、定岗、培训、考核等方面制定与规范相一致的岗位说明书,意在打造标准化的合格的操作人员;第四,结合公司的发展战略,按照规范的标准培养有潜力的关务咨询人员,为企业向更深更高的层次发展储备高技术含量的人才。

上海商务咨询作为一个本地化的专业报关报检企业,他们依托上海自贸区管委会及相关职能部门的支持和自身实力,在为外高桥打造贸易中心功能作出贡献的同时,也为客户的发展提供高效率、低成本的通关服务。对通关中的问题进行数据分析,持续优化、改进报关报检服务工作,有效提高服务质量,进一步优化与应用好物流系统平台,力争在报关报检业务质量和数量上再有突破。

# 坚持创先争优标准　铸造自律诚信企业
——汕头利亨物流报关有限公司

汕头利亨物流报关有限公司成立于1992年，是汕头关区最早成立的专业报关企业。现系汕头报关协会副会长单位，2008年被海关评为"A"类管理企业，2009年、2012年相继被中国报关协会评为"全国优秀报关企业"，多名报关员被评为"全国优秀报关员"。公司自成立以来，在中国报关协会、汕头海关与汕头协会的多方支持与指导下，始终坚持诚信守法经营，严格遵守国家有关法律法规，深入贯彻海关与协会的各项要求与工作部署，全面实施《报关服务作业规范》及《报关服务质量要求》，秉承"诚信、守法、规范、自律"的经营方针，积极开展行业行风建设及创先争优活动，在推进企业自律诚信，规范发展上取得一定的成果。

积极开展行业行风建设及诚信文化建设，促使企业诚信守法经营。近年来，汕头利亨积极响应中国报关协会、汕头海关和汕头报关协会关于开展报关企业行风建设的号召，积极开展行风建设活动。活动中公司领导高度重视，带领员工认真学习汕头海关的通知要求，以多种形式积极参加报关协会组织开展的各项活动，深刻认识到遵纪守法是报关企业持续发展的内在需要，也是报关员队伍建设的立身之本。在开展行风建设的活动中，紧紧围绕汕头海关开展行风建设活动的十一项要求，提出了"抓行风建设，创文明窗口"的口号，创新活动形式，丰富活动内容，做到宣传发动抓认识、精心组织抓实施、认真自查抓整改、建章立制抓管理、强化责任抓落实，呈现出敢于公开价格，敢于接受监督、敢于承诺服务的良好局面。

诚信守法是企业文化建设的核心，是行业发展的基础，也是企业提高社会声誉拓展市场的有力武器。如何建设诚信守法的企业文化，我们主要从三方面落实：首先必须在企业文化中培育诚信意识，树立正确的信誉观，形成一种"守信光荣，失信可耻"的文化氛围。其次是加强企业管理层的诚信建设，管理者是企业凝聚力的核心，建设勤政廉政的管理队伍是企业诚信经营的关键，建立内部诚信体系，使管理者把诚信当作是应尽的义务，自觉地遵纪守法。最后是企业员工的诚信道德教育，加强员工的道德观念教育，建立道德规范和评价准则，做到守法报关、规范报关，诚信做人、诚信待人。

认真落实《报关服务质量要求》、《报关服务作业规范》，完善企业规范化管理。自中国报关协会下发《报关服务作业规范》、《报关服务质量要求》后，公司迅速组织员工学习，强调要以《报关服务作业规范》及《报关服务质量要求》为标准，要求各业务现场，各岗位，各环节要严格执行，结合实际认真查找不足，修订完善各项管理制度，优化各作业流程，提高公司规范化管理水平和服务层次，主要做法有：一是积极组织相关人员参加海关和协会开展的各类宣讲会、培训会、专题辅导课等活动，不断提高员工的业务政策水平。二是聘请华南理工商学院教授为公司的管理人员授课，对管理层进行工商管理专题培训，进一步强化内控规范化管理及对外营销策略。三是按照《报关服务作业规范》、《报关服务质量要求》的标准要求，重视单证复核工作，联系各业务现场实际修订完善各项内控管理制度，统一抓好整改落实工作。四是成立"纠错小组"，由副总经理及各业务现场负责人组成，主要负责对日常报关出现差错的处理与整改。通过对差错登记过程的了解，分析出现差错的原因，制订相应的解决方案，定期内部通报，交流学习，到最后整改方案的实施，整个过程是为了有效控制报关的差错率，保证企业的通关时效，确立报关质量的首要位置。

以"双优"要求为发展方向，努力提高企业报关质量水平。全国"双优"评比活动的各项要求，现在可以说都已融入到利亨公司的日常工作管理中，成为利亨人努力的方向。每次评比活动，总经理必定亲自组织动员全体员工，积极投入"百日创优"活动，坚持以"诚信、守法、规范、自律"为经营管理方针，在活动中不断提高员工的文化素质、业务素质和服务水平，不断优化、规范企业内部管理。要求各业务现场认真总结在争先创优中取得的经验和成效，查找其中存在的不足，定期组织召开现场业务交流会，分析探讨报关差错问题及业务疑难点，严把质量关，努力把差错控制在最低限度。近几年通过"双优"评比活动，企业的服务水平和报关质量水平明显提高，业务总量始终保持汕头关区市场份额第一，改单率控制在1%以下，得到客户的广泛好评。

汕头利亨在抓好企业自身建设的同时，也积极带头支持配合海关各项业务改革，为方便企业通关建言献策，积极参加支持报关协会的各项活动，先后向报关协会投送论文、意见建议、信息稿件二十多篇。充分展示汕头利亨不断追求上进，不断争先创优，不断规范管理的良好风貌。

展望明天，汕头利亨踌躇满志，相信通过不懈的努力和追求，他们会以更高的专业标准、更规范的管理、更优的服务品质，成为自律诚信的企业典范，为推动整个粤东报关行业的健康有序发展尽一份绵薄之力。

(作者：林伟庆)

# 锐意创新管理　力促自律诚信

——中国外运长江有限公司张家港分公司

中国外运长江有限公司张家港分公司（以下简称张家港中外运）在张家港口岸已有35年的发展史和演变史。如今下设张家港船务代理有限公司、张家港保税物流园区中外运物流有限公司、江苏金茂储运有限公司、常熟中外运船务代理有限公司。2011年3月集团公司通过内部资源整合，中国外运系统内资源充分共享，成为了长江流域唯一集长江支线承运、货代船代、仓储、租船、速递服务、汽车运输、供应链物流、工程物流、保税物流、金融物流为一体的综合物流服务供应商。公司现有职工290余人，拥有先进的海运、仓储、物流信息、GPS车辆调度系统、OA办公管理系统；拥有卡尔玛大型设备、多台集装箱拖车和各种吨位的叉车、吊车。公司保税区仓库自2009年连续多年被张家港海关保税区海关评为"五星级保税仓库"。2012年荣获"全国交通企业管理现代化创新管理成果"一等奖、"全国优秀报关企业"。2013年公司顺利通过中国物流与采购联合会评审，成为张家港地区首家"4A级综合服务型物流企业"。

## 一、创新管理，创建自律诚信品牌

多年来，公司不断加强内部管理，求变求新，以一流的质量赢得市场和行业认同。首先完善了岗位责任制，杜绝自身原因造成的差错。要求各岗位严格按海关的规范要求进行操作，责任到人。例如：对报关过程中删改单的流程审批、差错的责任认定等都作出了明确的规定,发生差错的岗位必须及时分析原因,并做到同样的差错不出现第二次。其次,加强与客户的沟通,杜绝源头差错。将海关最新政策及时与客户做沟通,要求客户按海关要求规范申报,不瞒不漏。在内外两方面的管控下,公司报关质量一直处于张家港口岸报关企业前列,提升了公司的信誉,促进了企业的稳步发展。2011年被评为南京关区"2009~2010年优秀报关企业",3名报关员被评为关区"优秀报关员";2011年获得海关AA类管理资质,2012年被评为全国优秀报关企业。

这些成绩的取得不仅证明公司具有严密、高效、专业的报关业务操作水准,更代表着张家港中外运人积极、敬业、卓越的工作态度。大家都以此为荣,更成为今后工作中自我提高的一种动力。

## 二、精益求精,巩固自律诚信形象

公司的荣誉鼓舞了员工的斗志,激发了他们进一步创优的积极性。这支拥有36名注册报关员的报关队伍,以诚信服务为宗旨,以自律管理为动力,不断提高自己的综合实践能力。一方面在进出口业务咨询、商品归类、海关政策法规解读方面为客户提供专业的指导方案,做到既规范又专业,优中更优,实现了公司、企业的双赢;另一方面在流程操作、规范管理上做到更精细更严格,从流程上、制度上、绩效评估上,巩固和维护AA类资质带来的通关便利和口岸物流行业中的竞争力。

规范操作,诚信服务不仅赢得良好的口碑,更促进了业务的发展,报关差错率进一步降低。2011年,公司全年主营业务收入超过4亿元,完成海运集装箱96334TEU,代理散杂货172.8万吨,报关38854票,报关差错率为0.17%;2012年主营收入4.36亿元,完成海运集装箱总量85040TEU,代理船散杂货159.41万吨,报关32901票,报关差错率0.19%。差错率远低于行业平均水平。

## 三、科学发展,为自律诚信保驾护航

为了实现高效服务,公司加速高效信息化操作平台建设。一是通过和终端系统的交互，使数据信息传递加速。例如，出口集装箱业务操作中，通过信息化平台的不断完善，实现公司自有业务系统与H2000的数据对接，达到"一遍录入"的目的。并且，将报关单录入、审核、发送等操作环节前置，在接到客户数据的第一时间进行电子申报，提高了操作效率。二是通过CRM客户关系管理系统，实现销售、服务等活动自动化，更有效地为客户提供满意、周到的服务。例如互相交换进出库记录、库存数据、交换操作状态等信息，以便更加贴近客户需求，提高服务水平。三是完善配送系统功能，实现货物运输过程信息管理，包括对运输路线的管理、车辆调度管理以及运输各种费用的管理等等。通过科学高效的数据管理，提升了公司的核心竞争力。而既讲诚信又讲效率的原则，为实现自律诚信的经营理念提供了科学保证。

近年来，公司紧密围绕"双优评比"中"诚信服务好、遵纪守法好、规范管理好、报关质量好"的标准，结合自律管理与诚信服务两大主题，以科学、高效、安全、信息化的操作平台为基石，正全力实现公司五年发展规划。今后我们将继续坚持自律诚信的经营理念，依托中国外运的集运航线、阳光速航航线、长江内支线等优势渠道，坚持扩大传统主营业务规模，努力创新经营、不断管理变革，敏锐捕捉市场形势动态，紧跟国家海关出台政策导向，积极推进管理变革和创新，为实现公司的宏伟规划，促进报关行业的和谐发展而奋斗。

# 坚持求真务实　打造服务品牌
## ——威时沛运集团萝岗分公司

威时沛运集团（以下简称威时沛运）创立于1995年，是一家集国际空运、报关报检、仓储物流、跨境陆运运输于一体，涵盖特种设备、活体动物运输、保税区增值服务等特色产品的综合性国际物流集团，在行业内享有盛誉。目前集团旗下设有9家分公司、6家全资子公司，在北美、西欧、东南亚设有代理机构及办事处，员工总数逾600人，公司在华南地区拥有超过3万平方米的保仓及海关监管仓，海关监管车60余辆，2002年获得ISO9001质量体系认证。威时沛运始终致力于为客户提供专业的综合物流解决方案。2001年以来，集团连续4年荣膺中国南方航空、中国国际航空广州地区国际货运代理金奖，成为台湾中华航空公司在广州最大的销售代理。2013年成为广州白云机场空港物流园区唯一一家拥有商品进出口预归类资质的企业、2012年获得广州海关关"AA级"报关企业资质、2010年获评广东省唯一一家"中国诚信报检企业"、2006~2012年连续3次荣获"全国优秀报关企业"称号。

威时沛运注重务实创新，不断打造服务产品，萝岗分公司海运业务正是企业的拳头产品之一。海运部一直致力于新港开展海运进口业务，2012年在旧港开拓了海运出口业务，但是这个过程并非一帆风顺，而是经历过不少的坎坷与磨砺的。2009年，在遭受了客户资源大量流失、操作人员陆续离职等冲击与影响下，致使业绩直线下降，这给海运部带来很大的困难。然而海运团队没有气馁，在公司上下一心的努力奋斗下，经过三年多的磨炼,坚持脚踏实地,一步一脚印,最终走出了低谷,再度迎来了海运业务的辉煌。

苦练"内功",扎扎实实从基础做起。海运部从内部管理着手,为部门发展建立了扎实的基本功。第一,每一个岗位都必须建立岗位职责和操作手册。操作手册中明确了这个岗位的具体工作流程和对突发事件应急方案,让从事此岗位的新老员工做每件事情时都有法可依,有据可循。定期实施内部人员专业的操作技能培训,严格要求每位员工每年参加不少于12次的培训。第二,根据每个员工的特长合理安排每个操作环节的岗位,让每一个员工的特长都得以发挥。部门主管和每位员工共同分析各自的优缺点和兴趣喜好,将公司的利益和员工的个人目标有机地结合在一起,形成最大的合力。第三,实行内部轮岗制,部门内按岗位的不同每半年或每一年进行轮换,力求每个岗位的人员都能充分了解本岗位上下游的职责,熟练掌握所有操作流程。

在练功实践中,威时沛运萝岗分公司部门内成员共同成长,为部门练好"内功"。正因为如此,大大降低了人才的流失的问题,客户的满意度逐步提升,业绩不断攀升,逐步达到甚至超过了以往的最佳业绩。

成立食品专项小组,推广拳头产品。近年来,进口食品和红酒业务不断增加,逐步成为海运部的拳头产品,为海运部业务发展带来了新的契机。为此,海运部注重落实三个环节:第一、成立食品专项小组,对进口食品操作提供咨询平台,从接单、标签备案到出卫生证等完成一系列的操作工作,为客户提供更贴切的服务,并力求做到最好最快,让客户满意。同时,专项小组也不厌其烦的与其他分支机构的销售介绍这方面的服务及其优势,充分调动公司内部的资源。第二,用最快的时间达成客户的要求,为每位客户量身定做适应其生产计划的流程,对"做单、输单、跟单、查验、转关"等一系列流程的精心设计与不断优化,保证客户整个通关时效达到最优化。第三,维护商检关系网,为客户提供进口食品清关、标签备案、配送及仓储等一条龙服务,使优势资源的集中效应更加明显。通过服务链条的延伸，使部门每票业务的利润率大大提升。

建立合作伙伴，努力开拓旧港业务。威时沛运萝岗分公司海运部在过去主要以海运进口业务为主。因客户需求，经过多方调研和公司领导的支持，2012年7月在黄埔老港拓展了海运出口业务，这为海运部不断壮大增添了力量。经过一年多的操作实践，老港海运的客户已逐步稳定。同时，企业与海关、商检和码头互动良好，进一步保证了通关服务顺利畅通。

海运部有专门的服务团队，能为客户提供从码头到最终客户整个链上的物流服务。一直以来，海运部均以激昂的士气，迎接各种各样接踵而来的工作任务，就算是处于低谷期，大家仍保持饱满的精神状态。因为业务量的不断增加，随之而来的加班加点在所难免，而就算是下班之后，一样也是海运组的繁忙时间。这个时候，有的员工刚从现场交单归来，有的员工依旧在整理资料，虽然大家都很忙碌，但是团队员工毫无怨言，不为别的，只为最快最好的完成客户交予的托付，更好的做足准备，迎接来日的挑战。

经历18年探索实践，威时沛运萝岗分公司现已成为能够为客户提供全方位进出口解决方案的物流管家，为客户提供门到门的周到服务。随市场环境变迁，威时沛运更积极推进战略转型，在"成为华南地区综合物流引领者"的愿景指引下，秉承"以人为本、精益求精、诚信合作、务实创新"的企业文化理念，不断进取。威时沥运愿与您真诚携手，共同开拓事业新的征程！

（作者：池文辉）

# 坚持务实创新　促进自律管理
——重庆安捷国际运输代理有限公司

重庆安捷国际运输代理有限公司（以下简称重庆安捷），注册资金148万美元，是经中华人民共和国对外贸易经济合作部批准成立的一类货运代理企业，是在重庆海关注册登记的代理报关企业，重庆出入境检验检疫局代理报检企业，重庆报关协会理事单位、重庆市国际货代协会理事单位、重庆市保险兼业代理单位。重庆安捷在北京、上海、广州、成都等地设有分公司。重庆安捷公司经过十几年的发展，员工由最初成立时的15人发展到近200人，是重庆海关A类管理报关企业。曾多次被评为重庆关区优秀报关企业，其中2011年被评为全国优秀报关企业，报关单量从2011年至今一直居重庆关区前两名。进出口空运量在空运代理中位居前列。在重庆关区各主要业务现场分别设有报关分公司。公司建有报关物流管理系统，运用信息技术，实施物流、报关服务全过程控制，是重庆最早与客户信息系统对接，实施个性化服务的物流公司之一。近年来，重庆安捷积极投入自律与诚信创建活动，围绕"规范管理、狠抓质量、守法经营"的工作思路，为加强企业诚信建设作出了积极的贡献。

一、规范报关作业流程是自律管理的核心内容

从传统行业的一支独大到IT行业占据重庆外贸的半壁江山，重庆外贸发展给报关企业带来了思维、管理等一系列的革新。在这样的情况下，想不被市场淘汰，就必须去学习、去创新。

早在2011年，重庆安捷公司领导就认识到报关行业的发展需要创新，公司立即组织人员去江苏、深圳等地考察学习，引进沿海先进的管理模式和经验。考察回来时公司老总亲自到机场接机，在回程的路上，听取考察结果。可想公司领导对于改进管理的急切心情！回来后的当月公司立即研究讨论提出方案，恰逢此时，中国报关协会出台《报关服务作业规范》。公司决定以《规范》为基础，开发、建设自己的电子化管理平台。

经过两年努力，公司电子化管理平台已日渐成熟：每个员工都定岗位、定权限，流水操作；每个岗位参照ISO质量管理体系，明确岗位操作流程及岗位职责。目前公司操作分为接单（审核单证一致性）、预录入、复核预录入、申报（含无纸单随附单证上传）、理单、交单、查验放行几个环节。每个环节都以系统为导线实行流水操作。每个岗位都有明确的岗位职责，这样做的目的是让每个人都可以随时顶岗操作，防止换人就出问题，降低报关操作差错发生。

**二、提高报关质量是自律管理的重要目标**

重庆安捷公司坚持每周开周会，总结上周不足并分析出现的问题提出改进方案。通过系统控制差错发生，系统记录每一次的差错的改进审核，保证同样的错误不会犯第二次。

每月分析当月差错及差错原因，制定杜绝差错措施，用一流管理控制差错。2013年公司全年平均差错1月~10月为0.61%，其中西永分公司今年10月的差错为零，这在以前几乎是不敢想象的。公司内部严格抓绩效考核，完善绩效考核指标，建立业务动态分析制度，分析绩效考核。协调员工绩效和收益的合理性，从而提升员工的工作效率及服务水平。同时，公司按照《作业规范》的要求完善《岗位流程》、《岗位职责》、《单证管理制度》、《报关员内部管理制度》、《委托书管理规范》、《印章管理》等一系列管理规范，严格按照海关对于AA类企业的要求管理企业。

### 三、坚持守法经营是自律管理的必然举措

重庆安捷公司在经营过程中严格守法，诚信服务。公司内部进行关务风险控制培训，讲解关务风险的产生及过程，引入大量法律案例警示员工要做守法诚信的报关员，遵守行业规范及道德。在公司的引导及宣讲下，公司今年无不良海关处罚记录，真正做到守法便利、诚信经营。公司每月组织员工培训，包含礼仪、风险控制、差错总结等，及时分解出现的问题，全面提升服务质量，做到精细化服务，让员工了解公司文化理念从而与公司共同前进。

对自身自律，对海关诚信，对客户诚信是我们加强自律管理的重要内容。"诚信服务好、遵纪守法好、规范管理好、报关质量好"是公司的工作要求。今后，重庆安捷会继续向着这"四好标准"努力奋斗，在创优过程中发挥好行业排头兵的积极作用，为地区经济的繁荣，为重庆报关行业的进步作出应有的贡献。

（作者：谭善勇）

## 恪守服务立潮头　坚持诚信铸品牌
——无锡外代报关有限公司

无锡外代是 1997 年 5 月成立的一家专业性报关公司，也是无锡地区最早成立的专业报关公司之一，至今已有 16 年的发展历史，拥有 50 多名员工，年报关单申报量近 70000 票。公司分别于 2004 年、2006 年、2007 年、2008 年被江苏报关协会授予"诚信规范报关企业"；2008 年被南京海关认定为 A 类报关企业；2009 年、2012 年两次被中国报关协会评选为"全国优秀报关企业"；并有多名报关员被评为南京关区优秀报关员。无锡外代还通过了 ISO9002 质量体系认证，现为江苏报关协会常务理事单位。

"珍惜手中的每一个客户，为他们量身定做较合理的物流通关流程，在企业遇到困难时，为他们提出合理合法的解决方案。"是无锡外代的服务承诺。

客户是无锡外代的上帝。每个客户对通关的具体要求也不一样，无锡外代通过与客户的沟通，准确了解他们不同时期的不同需求，并依托公司的总部——无锡中远物流有限公司建立的货运网络，为进出口企业出谋划策，设计出不同的物流通关方案。在企业遇到物流通关方面的困难时，为他们提出解决办法。比如健鼎公司从台湾进口的料件，加工后的成品仍需返销到台湾，而这部分成品中有一部分是需要再次销往国内的，无锡外代根据这一情况，及时向他们推介无锡加工区内的保税物流仓库的"一日游"业务，既省去了货物运至境外的时间，也为企业节省了大量的物流成本。再比如小天鹅公司原先出口的每票海运货物都需要十几只集装箱，因厂内装箱条件所限，往往需要一天的时间才能在无锡通关完成，后来无锡外代建议该公司向海关申请"属地申报，口岸验放"的模式，这样在装箱的同时就可以报关，大大缩短了物流时间和成本。这样的例子还有很多。在与客户的初期磨合中，无锡外代不厌其烦地回答客户提出的各种问题，帮助他们优化物流通关方案。为了服务好客户，无锡外代还苦练内功，积极做好员工的上岗培训工作，不符合条件的坚决不予独立上岗，而岗位间虽分工明确，而且公司亦注重员工之间的协调操作，强调员工的集体意识、团队意识，力争打造一支战斗力强、善打硬仗的优秀团队。

在通关过程中，对异常、突发事件的应急处理能力，是衡量报关公司好坏的标准之一。

无锡外代充分扮演好海关和进出口企业之间的桥梁角色，往往能以最快的速度、最有效的方法将企业在异常通关状态下可能造成的损失降到最低——客户对报关公司是否优秀的评判标准往往在于此。例如，在发生一些非人为的事件比如系统异常时，无锡外代会在第一时间告知客户，同时采取一些应急措施如主动联络有关网管及时维修，必要的话加班加点将单证做好。在发生报关差错需改删单时，会及时联动有关环节操作的人员，加急处理异常单据，及时跟海关沟通协商，在不违反有关规定的前提下，力争能以最佳的方式、最快的速度处理好。无锡外代平时还经常向客户通报海关最新的政策规定，对客户的疑问做到有问必答，无形中拉近了无锡外代与客户之间的距离。无锡外代积累了很多大客户的服务经验（如希捷、捷普、海力士、村田、健鼎等），保持与大客户之间稳定的合作关系，是促进公司业务规模持久上升、提升公司品牌形象的重要条件。"精诚所至，金石为开"，客户信任你，生意自然来。

员工是企业最大的财富，是"创优"活动久盛不衰的生命力。无锡外代的领导层深深地认识到了这一点，在工作中十分注重员工队伍建设。

首先，领导经常同员工交流思想，了解员工的思想动态，在员工之间遇到矛盾、情绪低落时予以亲切关怀，让员工体会到大家庭的温暖。同时根据员工的性格特点安排其在合适的岗位上，管理中充分尊重员工的个性，以理服人。当然，在员工出现差错时，也应"对事不对人"地做好批评教育工作。其次，有意识地培养一支能独立工作的骨干队伍。有了骨干队伍，就等于有了主心骨，主心骨的作用发挥好了，队伍士气就高昂。选拔技术硬、懂管理、做事认真负责的员工进入公司的领导队伍。中层、骨干队伍建设好之后，高层领导的主要精力就能从繁琐的业务问题中解脱出来，而能从更高层面考虑公司的发展。楚汉时期韩信点兵多多益善的故事对无锡外代启发很大。韩信有一次醉酒后对刘邦说："臣是将兵之将，大王您乃将将之将"，意思是说，大领导是统将的，不是统兵的。而在一些重要问题上，充分听取中层干部乃至基层员工的意见和建议，让大家参与到公司的决策和管理中来。再次，公司注重"以人为本"的企业文化建设，采用全方位、多手段、多形式的激励方式，物质上的如提高关键岗位人员薪酬、对通过报关或报检考试的员工提高其工资待遇、为员工缴纳退休年金等；精神上的如带薪休假、每个月对当月生日的员工发放生日祝贺金、年末评选各类先进、每年全体外出旅游一次等。公司还制定了《员工手册》，对工资福利、培训考核以及考勤休假等方面都作了详细的规定。

路漫漫其修远兮，吾将上下而求索。十几年来，风雨坎坷，无锡外代一路走来。有这么多信任无锡外代的客户陪伴，有这么多无私敬业的员工随无锡外代一起成长，无锡外代感到非常充实，外代人自强不息、奋勇搏击的精神被一年年传下来。正是这种精神，让公司历经坎坷而不衰，饱经磨难而更强，在发展中立于不败之地。

# 实行内控管理是企业自律的好举措
## ——天津经济技术开发区报关行

天津经济技术开发区报关行（以下简称开发区报关行）成立于1992年，是经海关总署批准成立的首批专业报关企业之一。公司主营进出口报关、报检、单证审批、企业审批核查、加工贸易审批核销、商品归类、国内物流等业务以及与上述业务相关的咨询和信息服务等。公司现有员工90余人，其中专业报关员16人，具有三年以上报关工作经验者超过半数；员工专业学历结构逐年优化，拥有大专以上报关物流相关专业的已近1/2；公司管理人员均具有多年经验，精通业务并擅长管理。自2009年以来，开发区报关行年申报总量连年超过10万票，位居天津之首。发展过程中，获得了各种荣誉和资质，也赢得了企业和政府部门的赞誉。现为中国报关协会会员单位，天津报关协会副会长单位，连续三届获得"全国优秀报关企业"、天津口岸"优秀报关企业"的称号，2010年首批认定的"AA类报关企业"，具有"预归类服务单位"资质，开发区检验检疫局与摩托罗拉"精神文明共建单位"，摩托罗拉公司优秀供应商。开发区报关行面对严峻的形势，下足工夫练好内功，加强企业自律管理，完善内控管理机制，促进企业健康发展。

### 一、联系企业实际、设置控制管理制度

开发区报关行为了明确公司普通员工每个岗位的职责、工作流程和工作要求，设置了以下控制管理制度：一是明确岗位职责。职责分离是

现代企业内部控制管理的基本要求,对于企业的一切交易或事项都应严格按照不相容职务相分离的原则,科学地划分各职责权限,形成相互制衡机制;二是设计工作流程。明确每个岗位的职责,使每一个人的工作能自动地检查另一个人或更多人的工作,从而达到相互牵制的目的。为了实现这一目标,可以采用对每一个岗位设计SOP(标准操作流程)的办法,在SOP中明确规定每个人应该做什么、如何做、何时做以及正确进行工作的结果等。SOP设计的目的应达到使管理的过程标准化,也就是说,要能够做到让不同的人按照SOP去做同样的工作,得到的工作结果将是相同的;三是实行票据与记录控制。实行票据保管、收款与会计记录人员的岗位分离;对所有票据进行预先编号,所有作废的票据都要妥善保存,对已经使用的票据由会计人员进行定期销号,并及时与票据保管人员进行核对,以防止交易漏记或重复记录现象,保证全部收入、结算款项等能够及时准确入账;四是控制资产接触与记录使用。资产接触与记录使用主要是指限制接近资产和接近重要记录,以保证资产和记录的安全。保护资产和记录安全的重要措施是采用实物和技术防护措施。在采取计算机管理的情况下,每个岗位只能使用自己设置的密码接触由自己负责的数据,复核岗位只能进行数据查询和复核,而不能具备修改已经形成数据记录的权限;五是组织绩效考评。为了实现既定的工作目标,应实施有效的激励、奖惩机制,提高全体员工参与企业控制和管理的主观能动性。各部门通过定期举行绩效考评会议,作为对其工作目标完成情况的事后控制,不仅可以总结一定时期的工作成果,同时也是发现问题、改进工作的过程。通过绩效考评,配合一些必要的奖惩措施,将部门的工作目标与个人工作目标紧密地联系在一起,部门的工作目标也将通过个人工作目标的实现而实现。

## 二、运用科技手段、实施信息系统控制

在信息系统的日常使用中,信息系统产生的风险比手工操作更具隐

蔽性，引发的后果也更加严重，因而对信息系统的控制也十分重要。

应对整个计算机及网络环境做好安全防护和数据定期备份工作，防止因病毒攻击、自然灾害等因素破坏，造成数据的泄露或丢失，给公司造成损失。

应通过采取权限控制、数据录入输出控制等方式，各个岗位应通过设置密码口令来防止别人越权使用自己的权限，没有权限的人绝不允许对数据进行查阅或修改。

三、加强内部监督、落实企业牵制制度

内部牵制是指对具体业务进行分工时，不能由一个部门或一个人完成一项业务的全过程，而必须由其他部门或人员参与，并且与之衔接的部门能自动地对前面已完成工作进行正确性检查。它由适当授权、不相容工作的责任分工、凭证和记录、接近控制、独立检查等环节组成。这种制约包括上下级之间的互相制约、相关部门之间的相互制约。如会计信息收集、归类过程中，除了制单外，必须有复核并由财会主管审批；又如现金流转业务中，现金收支的审批、收入和支出、印鉴的保管、记账等业务应分工管理，互相牵制。

在内部牵制中，必须采取工作轮换制，这样才能更好地达到牵制的效果。工作轮换制是指根据不同岗位在管理系统中的重要程度，明确规定并严格控制每一员工在某一岗位的履职时间。对关键岗位应频繁轮换，次要的岗位可以少一些。从轮换中暴露出存在的问题，揭示出制度的缺陷、管理的缺陷。

（作者：吴婧）

# 坚持诚信、尽责、进取　打造物流服务品牌
——北京泽坤国际货运代理有限公司

北京泽坤国际货运代理有限公司是 2003 年经中华人民共和国商务部、海关总署、民航总局、国家商检局批准成立的一级货运代理公司，是国际航协（IATA）和国际货代联盟（FIATA）的正式成员。2005 年通过了 ISO9001:2000 质量体系认证。2008 年又荣幸地被北京奥运会组委会指定为奥运特许物流供应商之一。公司是以国际运输为主导，其他多种运输模式（包括：仓储、递送等）为辅的现代化物流企业。公司通过经验丰富的管理团队与专业技术娴熟的操作团队为客户提供安全、快捷、低成本的优质服务。公司本着诚信、尽责、进取的经营理念，履行"做更好的物流服务商，做更好的企业代理人，做更好的通关协理人"的承诺，不断创新，积极进取，立志做华北地区物流行业的领先者。

## 一、健全内部管理机制

北京泽坤自成立以来，始终秉承"以顾客需求为中心"的经营原则，竭诚为客户提供准确、及时、文明、周到、一流的全方位物流服务，使顾客受益，让顾客满意。为此公司不断健全内部管理体制，在认真学习总结《国际货运代理基础知识》、《国际多式联运与现代物流理论与实务》、《国际航空货运代理理论与实务》、《国际货运代理专业英语》、《报关服务作业规范》等专业业务的基础上研发了一系列内部作业管理制度，包括《客服岗位业务细则》、《航线管理条例》、《货场操作规程》、《航空

公司联络备忘录》、《报关报检从业人员管理规范》、《报关报检印章使用管理办法》、《报关单证管理办法》、《报关流程细则》等相关规定，确保日常货运通关业务健康有序的运行。公司规范的管理机制赢得了不同需求客户的认可，在拓展公司服务市场的同时，为公司的发展奠定了坚实的基础。

## 二、严格规范作业流程

为了给客户提供更好、更快、更专业的物流服务，北京泽坤各个业务部门均认真学习理论知识，并不断在实践中总结经验。就通关业务部而言，报关员自接单起，便开始执行《报关单证管理办法》，认真审核单证，要求单单相符、单货一致。同时从海关审单角度积极发现问题，预先做好客户沟通，在报关前解决好在海关通关过程中可能遇到的种种问题，如商品归类、货值审核、监管条件等，并备好相关资料以备海关询查。同时，对客户进出口的不同货物、不同贸易方式以及在通关中遇到的不同问题进行归纳总结，用以指导公司后续类同业务的办理，从而提高通关效率与速度。在现场申报时严格遵循《报关流程细则》，做到单号相符，积极配合海关电子排号系统工作，维护正常通关秩序。积极配合海关各项查验工作，对海关产生异议的进出口商品做到第一时间与客户沟通，做好海关与企业的通关协理人角色。

## 三、依法、诚信服务客户

公司在接受、办理各项代理业务时，严格遵循《鲜活货物运输规则》、《中华人民共和国海关法》、《中国民用航空货物国际运输规则》、《中华人民共和国道路交通安全法》、《中华人民共和国进出境动植物检疫法》、《中华人民共和国海关对保税仓库及所存货物的管理规定》等国家针对物流行业制订的各项法律法规，采取措施克服以利益为目的的思想，在复杂的客户群中了解、掌握客户的资质和信用程度，严格审核客户资质，为企业通关做好预先把关。面对新业务的委托报关，公司积极协助企业与相关职能部门进行业务咨询，用专业知识为企业服务，发挥积极、专业的指导作用。对于一些不规范、不符合相关规定的业务，公司坚决拒绝接受委托。

报关行业的服务是将专业知识通过服务承诺、服务质量、服务速率呈现在客户面前，诚信服务直接影响到企业的生存与发展。公司一贯将诚信服务作为企业生存和发展的基石，在经营过程中始终遵循诚信服务的原则，工作中时刻为客户着想，把客户的合理要求放在首位，力求高质量短时间完成各种通关手续。《作业规范》一直以来是我们行业的执行标准，我们将责任心强、工作经验丰富、个人综合素质优良的员工安排在报关一线，保质保量地完成各项工作任务，做到通关过程碰到疑点、难点、突发问题，不逃避、不推脱，坚守承诺，努力协助客户与海关及检疫相关职能部门沟通，寻求解决方法，努力做到客户与相关职能部门均满意。公司始终坚守的这一做法，在业内产生了良性效果，得到各方的肯定和赞扬。为我公司货运代理业务的开展带来了积极深远的影响。

北京泽坤随着时间的沉淀，伴着时代的步伐，正努力实现从操作报关的传统物流公司到物流设计、通关咨询、实物操作的现代第三方新型物流企业的转型。泽坤精神必定在华北大地上生根发芽，我们相信随着国力的强大，中国的本土物流企业会一步步的走出国门，走向世界，迎来辉煌的明天。

（作者：王松）

# 坚持务实求真　打造诚信品牌
## ——上海星辰报关有限公司

上海星辰报关有限公司（以下简称上海星辰）成立于 1996 年，是获得中国海关第一批适用 AA 类管理的专业报关公司，是全国优秀报关企业之一，上海市报关协会常务理事单位。于 2011 年至今，坚持务实求真，打造诚信品牌，连续三年获得"诚信创建企业"称号。上海星辰在上海各个口岸业务点及部分内陆点都设立了分公司或现场办事处，热忱地满足不同客户的不同业务需求，优质高效为广大客户提供优质服务。

### 一、培养诚信服务理念，提高员工职业素养

上海星辰积极响应海关及行业协会关于"诚信自律，反腐倡廉"的倡议。公司首先对内培养诚信服务理念，提高员工职业素养，夯实企业自律发展的基础。

公司就加强内部员工职业道德，提高职业素养方面，采取多项措施并重，多管齐下的方式。俗话说"无规矩，不成方圆"，健全的规章制度是公司良好运行的基础保障。公司从健全公司的规章制度入手，在公司发展的进程中，不断地完善公司现有的内部管理制度。使每个员工在平时工作中有"规"可依，有"章"可循。了解自己的工作职责、管理内容、操作流程及工作方法，各岗位分工明确、规范运作，岗位与岗位之间又能协调运转、有效制衡，做到工作不推诿、责任不推卸。从客观上

规范了员工的日常职业行为。

其次，公司同样注重员工内在的诚信观念的培养。组织员工认真领会行业协会倡导的廉洁自律"八不准"的精神：即不准以海关名义欺诈敛财；不准邀请海关工作人员参加影响公正执法的宴请、娱乐等高消费活动；不准利用客户的商业秘密为自己或他人谋取不正当利益；不准以借为名赠送海关人员汽车及其他物品；不准向海关人员赠送现金、有价证券、各种支付凭证及礼物；不准通过任何方式干扰海关执法部门办案；不准打听窃取海关业务秘密；不准伪报、瞒报，参与庇护走私。通过学习加强对每个员工思想教育，召开每周的例会，总结每周得失，做得好的要发扬，有不足的也能及时纠正。根据公司的特点，组织全体员工学习党的方针、路线、政策。剖析案例，吸取教训，警钟长鸣，提高法制观念。通过弘扬先进事例，使员工从内心意识到诚信是个人立身之本。

## 二、狠抓报关服务质量，打造企业诚信品牌

抓好报关服务质量是企业生存的根本。公司加强日常管理，完善考核制度，做好日报表、月报表，利用公司的信息平台，总结单量、差错量、差错率，分析各种原因，通过对经常差错典型案例分析，提高服务质量，减少差错，提高效率。

重视对员工的业务培训，能更好地为客户服务。上海星辰的远景目标是建设"优秀的、民族的百年老店"，为此要求从业人员必须牢固树立"精确、精准、精益，严格、严密、严谨"的工作作风，日常工作中严格按照"客户第一、服务第一、质量第一"的方针，努力营造为客户为员工为社会创造更多价值的企业文化。海关推行无纸化通关以来，公司多次组织员工业务培训，加强与兄弟单位的交流合作，做到吃透的同时向客户积极宣传，全面推广无纸通关。自2013年6月份起，公司已经完成了从有纸报关向无纸通关的转变，现公司的业务除个别海关特殊要求以

外，无纸报关率已经达到了100%，在提高报关效率的同时也方便了客户的通关。

加强报关过程的电子化管理，提高报关服务效率，除了"软件"加强，也要在"硬件"上做改善。公司出资配备了报关管理系统，但随着公司业务的不断发展壮大，明显感觉到原来使用的报关管理系统已经越来越不能跟上公司的发展步伐。公司自2011年起，与相关企业合作，自主开发完成了一套成熟的报关信息平台的应用，使公司的报关、报检、财务等业务实现了资源共享，统一了客户管理，方便了员工的工作，有效地提高了工作的效率和正确率，同时也有效地总结各时段的工作业务，便于管理。更重要的是，该系统也完成了公司与客户的共享，使公司工作中的每一个环节透明公开，接收客户的监督与指导，维护了诚信服务的企业形象。

### 三、诚挚沟通协调，营造关、企双赢局面

加强关企沟通，实现海关管理与企业运营的共赢。公司定期组织关企交流会，一方面，让海关熟悉公司业务状况，使海关掌握最新的业务动态，了解企业在经营上的资源风险、货物类型风险、流程作业风险，从而开展更加行之有效的动态监管工作；另一方面，对企业运营尤其是涉及海关管理业务问题，虚心听取海关的建议和意见，认真查找存在的漏洞和问题并予以完善，确保公司规范经营、有效管理。同时要求每个公司员工要与客户多沟通、多确认、多交流，全面掌握报关信息，力求做到正确完整，及时纠正客户的错误与不足。公司积极组织相关人员参加海关和协会开展的各类宣讲会、培训会、专题辅导课等学习活动，不断提高员工的业务政策水平。按照《作业规范》、《报关服务质量要求》的标准要求，重视单证复核工作，联系各业务现场实际修订完善各项内控管理制度，同时抓好整改落实工作。以法律为武器，业务知识为手段，及时有效纠正客户的各种错误，

以理服人，避免客户走不必要的弯路。

"自律诚信"是每一个星辰人的信仰，是企业发展的重要理念，必将成为每一代星辰人的行为准则，并在探索实践中发扬光大。

（作者：林斌）

# 递送卓越品质　成就客户心愿
——中外运敦豪国际航空快件有限公司

中外运敦豪国际航空快件有限公司成立于1986年,是中外运与世界百强企业德国邮政（2007年《财富》全球500强企业排名第57位）合资的著名国际快递公司。公司本着"递送卓越品质,成就客户心愿,勇于开拓创新,承担社会责任"的工作思路,积极开展企业自律与诚信服务创建活动,积极发展国际快件业务,经过多年努力,已经成为快递行业的领头羊。2006年、2009年和2012年连续被中国报关协会评为全国优秀报关企业。

## 一、坚持诚信服务、为企业求发展

伴随着全球供应链体系的发展和国际快件行业竞争的加剧,发展成为了企业的第一要务。只有发展了,才能使企业立于不败之地和行业之先。

一是制度化。在进出口快件报关过程中,严格依照海关、检验检疫等法律法规,建立公司的业务管理制度,进出口报关操作流程及DHL运输标准流程（GSOP）。强化内部管理机制,建立IKO绩效考核指标,将报关质量,数量和实效列入个人考核体系。健全监督管理机制,通过透明、公开管理方法,使联络,制单,报关流程的每一个环节节点可控,严格把关,杜绝管理盲点。

二是信息化。中外运敦豪建立了企业内部网,将海关等政府部门的政策信息放在企业内部网上供相关人员学习和使用,利用先进的DHL电脑网络系统对快件进出口报关过程进行实时监控。同时利用DHL先进的电脑网络系统对进出口报关量和效率进行数据统计，为进出口报关管理提供科学依据和保障。

三是规范化。依据海关的政策调整，在系统中进行及时业务更新，培训和宣传。对象不仅仅是具体的报关人员，而且涉及联络，制单等相关操作人员，客户服务人员和销售人员，使海关新的法律法规落实到公司内部相关的每一个人，并对培训师和参加培训人员进行双重考核，确保做到在整个进出口货物报关过程中规范化。

## 二、坚持遵纪守法、协助海关把关

作为全球国际快件行业的主导企业并且是一家与海关共同签订了《关于共同加强快件通关管理，提高快件通关效率的合作备忘录》（MOU）协议的企业，中外运敦豪在遵守海关法律法规的大前提下，配合海关积极做好进出口快件报关工作。

维护知识产权，强化快件的风险管理。在进出口快件的风险管理和维护知识产权方面，中外运敦豪制定了特别的可疑货物监控流程的制度，从源头上杜绝海关规定的禁运品和假冒名牌等快件通过DHL运输网络渠道进出，积极维护产权人的利益，同时将一些不诚信的企业和不守法进出口收发件人列入公司黑名单，积极配合海关加强对进出口快件的风险管理和监管。

DHL在初始的EDI数据审核环节就开始进行风险控制，对可疑信息进行风险备案并向海关提供相关线索。中外运敦豪曾经与海关合作破获IPHONE手机走私案。DHL将有效信息进行分析和总结，为海关提供了十分重要的破案线索，成为关企合作的范例。

设立安全岗位，保证网络安全。为了有效保证DHL运输网络安全，公司在组织结构上专门设立了安全岗位，专职安全经理及相应的岗位，负责时时监控DHL网络发布的安全信息并将信息提供给本地区相关岗位负责人员并及时通报对口海关掌握安全动态。

### 三、坚持务实创新、为客户创造价值

如何将海关的相关规定有机地融化在客户的需求中，为客户创造价值，是中外运敦豪义不容辞的责任。为了做好这方面的工作，中外运敦豪首先向客户宣传好遵守海关规定的重要性，同时组织相关专业人员与客户沟通物流方案，依靠现代化的信息系统，专业的业务培训量身定做的操作流程，从而为客户提供了优质服务，满足了客户的实效要求。

DHL 的客户中，有诸多大型生产型企业，例如德尔福、安捷伦、NOKIA、富士康等等，中外运敦豪为其提供的专人清关服务，个性化的清关流程保证了客户顺畅的物流运作。为了给客户制定行之有效的物流方案，公司会专程指派经验丰富的清关专家前往客户公司，了解客户生产流程，了解客户实际需求，根据客户的具体情况制定个性化的清关物流方案。其中还包括包头、白城、晋城等偏远地区。中外运敦豪曾经寒冬里去长春德尔福工厂与客户沟通，再坐五小时的火车到达客户白城的工厂进行实地考察，了解客户的生产流程并制定了有效的物流解决方案。为了客户，中外运敦豪的员工不辞辛劳。

DHL 的客户除了 VIP 客户外，还会有各种不同的客户群体，面对 DHL 的每一个客户，中外运敦豪都会同等用心地提供服务。曾经，一个英国客户来天津与中国新娘举办婚礼，但突发病情，面临生命危险，他所服用的药物必须从英国寄送。此客户向英国 DHL 求助，英国 DHL 与中国 DHL 相互配合，每个转运环节都单独安排，货物到达北京后，中外运敦豪进行单独清关、转运、派送，货物早上到达北京，下午已经特殊安排派送到了天津客户手中。之后英国 DHL 致信表示，客户哭着给 DHL 打电话表示是 DHL 挽救了他的生命。一瓶小小的药物，DHL 投入的人力物力已经远远超过了赚取的运费，但为了客户，一切都值得，中外运敦豪所注重的并不仅仅是盈利。

# 树诚信理念　创服务品牌
## ——广州市花都口岸报关行

广州市花都口岸报关行（以下简称广州花都）成立于1995年，作为专业的报关公司，成立伊始就以"诚信经营、专业服务"作为经营方针，努力为客户提供优质高效的通关服务，赢得了服务对象认可，取得了良好的社会效益和经济效益。广州市花都口岸报关行先后获得"全国优秀报关企业"，"诚信服务奖"和广州关区首批适用A类管理的报关企业、进出口商品预归类资质，"广东省巾帼文明岗"，连续10年被广州市工商局认定为"重合同、守信用"企业。

### 一、确立诚信理念，夯实创服务品牌基础

广州花都坚持"内强素质、外塑形象"的理念，坚持在各部门开展"诚信服务创文明窗口"、"我的岗位无差错，请你放心"等活动，引导员工建立良好职业操守和职业道德，不弄虚作假瞒骗监管部门获取收益，不虚列服务项目蒙骗客户获取收益，把诚信经营的理念贯彻到日常的报关工作中。公司坚持诚信是立业之本，通过不断完善各种机制，规范员工工作行为，制定长远员工教育培训规划，建立适合公司制度的诚信教育培训计划，组织员工分岗位、分部门进行业务培训，鼓励员工参加知识增值培训学习，并予以报销费用。积极组织员工参加海关和报关协会的法规解读和业务讲座。为员工子女提供入学无忧保障制度等，为员工解决了后顾之忧。这既提高了员工的综合素质、又增强了员工对企业认同感和归属感，建立起一支遵守制度、诚信有礼、开拓拼搏、业务过硬

的员工队伍。

**二、应对客户需求，创新树服务品牌方式**

在日常的经营中，广州花都严格遵守监管部门的法律、法规，守法经营。为客户建立服务档案，引导客户遵循监管部门的要求，合规守法，诚信报关。公司坚持重合同、守信用，不以违法经营、投机取巧换取灰色经济收益。广州花都始终坚守"客户至上、诚信为本、优质服务、开拓创新"的服务宗旨。

广州花都在经营中本着"企业的需求就是我们的追求"的服务理念，主动密切与客户联系，深入了解客户的业务需求和服务意见。为客户提供更专业的、一条龙的服务，新设立预归类服务部门，为企业提供商品预归类，当年就为企业出具预归类建议书498份，加快了企业的通关速度，节省了物流成本。根据客户的需求，向监管部门申请建立单证暂存库房，为客户提供报关单单证暂存，提高了通关效率。

广州花都坚持以客户的需要为关注焦点，不定期发放企业调查表或组织业务骨干主动到企业中进行调研，认真倾听进出口企业负责人、报关报检员对通关工作的意见，了解企业在通关中遇到的问题和困难，及时解难悉惑。通过调研，切实为企业的发展出力献策，为企业提供有效的建议，从而赢得了大批客户的信任和支持。2013年6月一家汽车钢材有限公司签订的加工贸易手册在执行中被海关质疑损耗偏低，影响手册的正常核销，不能正常核销就会延误到新手册的签订，影响企业的生产。为更好服务企业，为企业解决问题，广州花都深入企业调研，了解企业生产车间、仓库运作具体情况，了解实际单耗产生情况后，与海关相关部门进行沟通，使企业最终能顺利核销手册，实实在在为企业解决了实际问题。该企业还专门给我们送来了感谢信和锦旗。

广州花都始终坚持以真诚的态度打动人，以周到的服务温暖人，企业提出来的需求，全力协调解决；企业未提出来的需求，主动深入到企业中去了解，为企业提供细致、贴心、周到的服务，尽心尽力为企业提供一个良好的通关环境，树立了良好的企业形象。

### 三、加强内控管理，提高立服务品牌效率

广州花都公司2006年通过了ISO9001质量认证，制定了各项报关制度和实施细则。广州花都坚持用规范的管理来减少申报差错。公司以《报关作业服务规范》为抓手，组织员工学习和研讨，结合业务工作实际，不断完善内部作业流程。加强与客户的联系沟通，从源头上保证进出口商品信息的真实性和所提供数据的准确性，将报关差错率指标层层落实到各部门及报关员个人。实行奖金与绩效挂钩，大大激发了员工的工作主动性和积极性。在办理通关各环节中，公司各部门认真执行差错分析制度，由专人对报关员扣分、客户投诉、单证差错等质量目标进行统计考核，要求相关责任人员进行原因分析，提出纠正和预防方案，加大控制力度，尽量减少和避免重复差错。对较严重的差错在公司内部进行通报，共同学习，定期邀请海关专家对报关差错进行案例分析和解读，使报关服务质量不断提高，差错率不断降低。

广州花都公司在企业的经营中，注重倡导践行"厚于德、诚于信、敏于行"的新时期广东精神。广州花都公司长期组织员工对花东镇保良村贫困孩子进行扶孤助学活动，鼓励员工参加"捐献可以再生的血液、拯救不可重来的生命"无偿献血活动，活动中还有员工获得了红十字会颁发的全国无偿献血银质奖。广州花都围绕广州市共建文明口岸的目标，组织员工积极参与口岸文明建设的各项活动，并获得2010年～2012年广州市共建文明口岸的先进单位。通过参与各项活动，公司员工的工作纪律、服务态度等得到进一步提高，员工懂得了企业要有良性的发展，需要有无私奉献的精神，需要真诚向善的力量，需要每个人在平凡的岗位上恪尽职守、兢兢业业。这样才能在社会形成良好的口碑，树立起企业良好的品牌形象，为企业发展奠定坚实的基础。

（作者：乔金辉）

# 在探索实践中创新通关服务方式
## ——上海华松报关服务有限公司

上海华松报关服务有限公司（以下简称上海华松）成立于1998年，主要为松江工业开发区的外商投资企业提供报关，报检服务。公司在青浦出口加工区、浦东国际机场、上海航交所、金山石化、松江工业区、嘉善等地设有办事机构。上海华松长期以来，按照"全国优秀报关企业"关于"诚信服务好、遵纪守法好、规范管理好、报关质量好"的创优标准，勇于创新、敢于实践，推进企业诚信建设，逐步在市场激烈竞争中站稳脚跟，公司连续数年获得"上海百优报关企业"；"全国优秀报关企业"；"全国优秀物流企业"；"2009年、2012年全国优秀报关企业"等称号；并获上海海关首批"AA"类报关企业资质；获得通过ISO9001：2008质量管理体系标准；2009年以来一直获上海关区"申报质量五星级企业"称号；2013年10月获得了"预归类服务单位"资质；目前还荣获"上海五星级诚信企业"。

勇于实践、敢于创新是上海华松的优良传统。上海华松从2001年松江出口加工区封关运作伊始即在加工区设立了业务办事处，十多年来上海华松本着勇于实践、敢于创新的经营思路，在探索实践中加强企业自律管理，开展优质服务，推进诚信建设。

2002年，由于加工区内的企业皆为IT产业，在物流环节上的要求相当高。原来的操作模式根本无法满足IT行业的需求。上海华松开始试点无纸报关，上海的第一张无纸报关就在上海松江出口加工区诞生的。当时无论是海关还是企业，大家都是心里没底，无纸申报试点当天，国务院领导吴仪亲临公司报关现场，指导与监看了报关过程，原本预计的从申报开始到浦东机场提货送达加工区工厂需要四小时，结果试运行实际只用了三小时，国务委员吴仪也予以肯定与鼓励。这也对上海华松出口加工区的报关工作提出了全新的要求，在报关工作的效率，服务时间上作出了相应的调整。也是由于这样的特殊性，上海华松一切以效率、服务、质量及诚信为宗旨，使得公司在松江出口加工区逐步获得了众多企业的信任及好评。由于松江出口加工区在全国来说也是第一个进入实际操作的出口加工区域，在起步阶段公司和海关一起摸索通关业务的操作细节，增加业务知识，及时帮企业解决困难。2003年以来，随着加工区企业数量的不断增加和规模的扩大增长，通关量呈现出上升的趋势，上海华松为客户着想，急客户所急，改变自己原来的工作安排，由原来的8小时工作时间改为24小时提供报关服务，同时配合海关7+2的工作布置，在星期六、星期天及国定假日期间实行无间断报关服务，使客户的生产效率成倍增长。

上海华松在经营发展中把优化报关业务、物流业务作为勇于实践、敢于创新的重要内容。为了规范和简化转关运输业务手续，提高海关转关运输业务办理效率，上海华松根据海关总署《长三角海关特殊监管区域转关业务管理办法》的有关规定，经双方海关同意，于2011年1月开展了在松江出口加工区与嘉兴出口加工区B区之间转关货物采用"分批送货，集中报关"业务。大大提高了不同关区不同特殊监管区域间货物流转的时效性。在松江、嘉兴两地海关的大力支持下，上海华松注重在以下三个方面帮助客户排忧解难：一是建立实施"特殊区域信息系统"联系协调制度。由于不同海关特殊监管区域采用不同"特殊区域信息系统"，造成货物信息无法共享及进出区单证不统一，上海华松积极配合两地海关制定建立实施"特殊区域信息系统"联系协调制度，做到单货相符，推进快速通关。二是通关现场设置协调联络员。在工作中遇到"特殊区域信息系统"出现故障，进出区单证无法生成等情况时，公司通过现场协调联络员及时联系现场海关，并启动相关应急措施，保证货物的正常流转。三是定期与两地海关通报工作情况。通过制定《长三角海关特殊区域转关业务联系人名单》，实现了上海华松与相关关员进行汇报及沟通。通过上述三项措施，配合海关做到货物全程监管，并在规定时间内集中报关，有效地提高了通关速度。

上海华松公司到目前在松江出口加工区已建立了完善的报关、运输、保税仓储力量。目前上海华松在加工区报关部配备了七条 EDI 报关终端，报关员三十五名（其中有四名报关员分别荣获 2009 年、2012 度全国优秀报关员称号），加工区运输部配备七十五辆厢式海关监管车辆，加工区保税仓储部拥有三万平方米的仓库（配有上下货平台，CCTV 监控系统，全区域保全系统），基本上实现了在加工区的一条龙服务体系，员工人数 200 多人，还在不断发展壮大之中。

上海华松公司勇于创新、敢于实践，在探索中创新通关服务方式，为有进出口业务需要的客户提供优质、便捷、安全的报关、报检、运输、仓储（保税物流）服务，在全力配合客户的服务基础上，并遵守相关的法律法规，推进了企业的诚信建设。

（作者：沈凤）

# 编　后

当我们为《全国报关行业自律与诚信创建活动专辑》（以下简称《专辑》）画上句号的时候，忐忑感慨之情油然而生……

《专辑》是报关协会敬业者们辛勤劳动的成果。在艰苦细致征集稿件的过程中，北京报关协会柳水才，上海报关协会顾百川、王秀彪，江苏报关协会刘方明、蒋纯清，天津报关协会王大隆，广州报关协会骆卫国，黄埔报关协会杨映隆、盘岩松等地方报关协会的领导以"高奏诚信建设主旋律，传播行业精神正能量"为己任，积极宣传发动，为《专辑》的成功出版作出了积极的贡献，再次向他们致以崇高的敬意和衷心的感谢。

组织出版《专辑》工作，我们本着"整合资源、凝聚智慧、自愿参与、服务会员"的原则。在当前党和国家实行"简政放权、转变职能"新形势下，行业的自律显得尤其重要。编辑出版《专辑》是行业自律探索的又一创举。通过报关业界精英们的共同努力，我们以行业协会的名义终于如愿出版此《专辑》，这是凝聚行业自律力量的佐证，是弘扬报关行业精神的缩影，是释放集体智慧能量的效应，我们为此欢欣鼓舞。在此，我们感谢默默无闻为《专辑》提供支持和赞助的协会和企业：山东、大连、江门、深圳、汕头、湛江、湛江等报关协会，江苏吴江开发区报关公司，吉林省国际仓储物流有限公司，江门市中岸报关报检有限公司，中国外运广东有限公司江门分公司，张家港外代报关行有限公司，中艺国际储运公司江苏公司张家港分公司，江苏海顺捷运国际货运代理有限公司，江苏海晨物流有限公司，苏州工业园区恒隆国际货运代理有限公司，无锡中外运，镇江中外，运无锡外代，青岛中远报关有限公司。

由于理论水平和编辑能力有限，本《专辑》还存在许多缺点和不足，真诚地欢迎同仁们和各位读者批评指正。

编写组<br>2014 年 3 月